高等职业教育药学类与食品药品类专业第四轮教材

实用商务礼仪 第4版

（供药学类、药品与医疗器械类专业用）

主　编　张　丽　位汶军

副主编　周丹丹　李　伟　姜力源　王琮瑶

编　者　（以姓氏笔画为序）

王学峰（山西药科职业学院）
王琮瑶（辽宁医药职业学院）
李　伟（山东医学高等专科学校）
位汶军（山东中医药高等专科学校）
张　丽（山西药科职业学院）
罗雯怡（重庆三峡医药高等专科学校）
周丹丹（广西卫生职业技术学院）
姜力源（山东药品食品职业学院）
唐敏芳（山东医学高等专科学校）
慕　青（山东中医药高等专科学校）

中国健康传媒集团
中国医药科技出版社

内容提要

本教材为“高等职业教育药学类与食品药品类专业第四轮教材”之一。全书共设置七个项目，内容涵盖商务礼仪认知、商务人员形象礼仪、商务沟通礼仪、商务酬宾礼仪、商务专题活动礼仪、商务职场礼仪和涉外商务礼仪等内容。本教材为书网融合教材，即纸质教材有机融合电子教材、教学配套资源（PPT、微课、视频、图片等）、题库系统、数字化教学服务（在线教学、在线作业、在线考试）。

本教材可供全国高职高专院校药学类、药品与医疗器械类专业教学使用，也可供医药行业从业人员商务礼仪培训使用。

图书在版编目（CIP）数据

实用商务礼仪／张丽，位汶军主编．—4 版．—北京：中国医药科技出版社，2021.8

高等职业教育药学类与食品药品类专业第四轮教材

ISBN 978－7－5214－2573－4

Ⅰ.①实…　Ⅱ.①张…②位…　Ⅲ.①商务－礼仪－高等职业教育－教材　Ⅳ.①F718

中国版本图书馆 CIP 数据核字（2021）第 132549 号

美术编辑　陈君杞

版式设计　友全图文

出版　**中国健康传媒集团**｜中国医药科技出版社

地址　北京市海淀区文慧园北路甲 22 号

邮编　100082

电话　发行：010－62227427　邮购：010－62236938

网址　www.cmstp.com

规格　889×1194mm $^{1}/_{16}$

印张　10 $^{3}/_{4}$

字数　287 千字

初版　2008 年 1 月第 1 版

版次　2021 年 8 月第 4 版

印次　2023 年 7 月第 3 次印刷

印刷　北京市密东印刷有限公司

经销　全国各地新华书店

书号　ISBN 978－7－5214－2573－4

定价　35.00 元

出版说明

“全国高职高专院校药学类与食品药品类专业‘十三五’规划教材”于2017年初由中国医药科技出版社出版，是针对全国高等职业教育药学类、食品药品类专业教学需求和人才培养目标要求而编写的第三轮教材，自出版以来得到了广大教师和学生的好评。为了贯彻党的十九大精神，落实国务院《国家职业教育改革实施方案》，将“落实立德树人根本任务，发展素质教育”的战略部署要求贯穿教材编写全过程，中国医药科技出版社在院校调研的基础上，广泛征求各有关院校及专家的意见，于2020年9月正式启动第四轮教材的修订编写工作。在教育部、国家药品监督管理局的领导和指导下，在本套教材建设指导委员会专家的指导和顶层设计下，依据教育部《职业教育专业目录（2021年）》要求，中国医药科技出版社组织全国高职高专院校及相关单位和企业具有丰富教学与实践经验的专家、教师进行了精心编撰。

本套教材共计66种，全部配套“医药大学堂”在线学习平台，主要供高职高专院校药学类、药品与医疗器械类、食品类及相关专业（即药学、中药学、中药制药、中药材生产与加工、制药设备应用技术、药品生产技术、化学制药、药品质量与安全、药品经营与管理、生物制药专业等）师生教学使用，也可供医药卫生行业从业人员继续教育和培训使用。

本套教材定位清晰，特点鲜明，主要体现在如下几个方面。

1. 落实立德树人，体现课程思政

教材内容将价值塑造、知识传授和能力培养三者融为一体，在教材专业内容中渗透我国药学事业人才必备的职业素养要求，潜移默化，让学生能够在学习知识同时养成优秀的职业素养。进一步优化“实例分析/岗位情景模拟”内容，同时保持“学习引导”“知识链接”“目标检测”或“思考题”模块的先进性，体现课程思政。

2. 坚持职教精神，明确教材定位

坚持现代职教改革方向，体现高职教育特点，根据《高等职业学校专业教学标准》要求，以岗位需求为目标，以就业为导向，以能力培养为核心，培养满足岗位需求、教学需求和社会需求的高素质技能型人才，做到科学规划、有序衔接、准确定位。

3. 体现行业发展，更新教材内容

紧密结合《中国药典》（2020年版）和我国《药品管理法》（2019年修订）、《疫苗管理法》（2019年）、《药品生产监督管理办法》（2020年版）、《药品注册管理办法》（2020年版）以及现行相关法规与标准，根据行业发展要求调整结构、更新内容。构建教材内容紧密结合当前国家药品监督管理法规、标准要求，体现全国卫生类（药学）专业技术资格考试、国家执业药师职业资格考试的有关新精神、新动向和新要求，保证教育教学适应医药卫生事业发展要求。

4. 体现工学结合，强化技能培养

专业核心课程吸纳具有丰富经验的医疗机构、药品监管部门、药品生产企业、经营企业人员参与编写，保证教材内容能体现行业的新技术、新方法，体现岗位用人的素质要求，与岗位紧密衔接。

5. 建设立体教材，丰富教学资源

搭建与教材配套的“医药大学堂”（包括数字教材、教学课件、图片、视频、动画及习题库等），丰富多样化、立体化教学资源，并提升教学手段，促进师生互动，满足教学管理需要，为提高教育教学水平和质量提供支撑。

6. 体现教材创新，鼓励活页教材

新型活页式、工作手册式教材全流程体现产教融合、校企合作，实现理论知识与企业岗位标准、技能要求的高度融合，为培养技术技能型人才提供支撑。本套教材部分建设为活页式、工作手册式教材。

编写出版本套高质量教材，得到了全国药品职业教育教学指导委员会和全国卫生职业教育教学指导委员会有关专家以及全国各相关院校领导与编者的大力支持，在此一并表示衷心感谢。出版发行本套教材，希望得到广大师生的欢迎，对促进我国高等职业教育药学类与食品药品类相关专业教学改革和人才培养作出积极贡献。希望广大师生在教学中积极使用本套教材并提出宝贵意见，以便修订完善，共同打造精品教材。

建设指导委员会

评审委员会

数字化教材编委会

主　编　张　丽　位汶军

副主编　慕　青　王学峰　唐敏芳　罗雯怡

编　者　（以姓氏笔画为序）

王学峰（山西药科职业学院）
王琮瑶（辽宁医药职业学院）
李　伟（山东医学高等专科学校）
位汶军（山东中医药高等专科学校）
张　丽（山西药科职业学院）
罗雯怡（重庆三峡医药高等专科学校）
周丹丹（广西卫生职业技术学院）
姜力源（山东药品食品职业学院）
唐敏芳（山东医学高等专科学校）
慕　青（山东中医药高等专科学校）

前言

商务礼仪是商务从业人员在商务交往中必须遵守的礼仪规范，在人们生活、工作、社会活动以及公司事业成功中所发挥的作用越来越大，已成为职场人在商务活动中必备的基本素质。作为当代的大学生，更应该学礼、知礼、守礼，提高自身的礼仪修养和交际能力，更好地适应未来职业和工作的需要。

《实用商务礼仪》是为培养高职高专学生商务礼仪技能而编写，适应高职高专院校礼仪教学需要，适合管理类、药学类等专业教学使用，也可作为公司职员礼仪培训的教材，还可以作为商界人士礼仪学习的参考书。

本教材与上一版比较主要具有如下特点：

1. 内容选取具有时代性和实用性 紧跟商务领域的发展趋势，选取最为常见和实用的商务活动礼仪，并根据学生的认知规律和礼仪活动的内在关系设置内容体系。从认知商务礼仪，到商务人员形象礼仪，继而介绍商务交际礼仪、商务会务仪式礼仪、商务酬宾礼仪、商务职场礼仪，具体到医药营销礼仪，最后是主要礼仪实训内容。循序渐进、条理清晰、简明实用。

2. 体例设计具有针对性和实践性 针对相关专业高职高专学生未来的岗位工作需要，采用“模块框架”“任务驱动”体例，突出高职教育的特色。以模块教学为单元安排教学任务，围绕任务的完成展开教学内容的编写；设计基于行动领域工作过程的典型化项目任务，筛选必需、够用的理论知识，技能操作要领结合图片呈现。突显职业性、趣味性和易操作性。

3. 形式编排具有灵活性和多样性 本书是纸质和数字化融合教材，结构设计新颖别致，更具知识性、趣味性和实操性。纸质教材中各模块前有“学习引导”和“学习目标”，以帮助学生明确知识要点；任务中礼仪知识精炼，并穿插有“知识链接”“即学即练”“实例分析”，有助于学生礼仪运用能力的拓展；模块后面有“知识回顾”，有利于学生对所学知识的梳理；最后有“目标检测”，内容包括选择题、综合问答题、案例分析、模拟实训，加深学生对所学内容的理解、记忆。数字化教材中包含与纸质教材内容对应的 PPT 课件、题库和微课、视频、动画，提高学生的学习兴趣，有利于学生对商务礼仪细节知识的把握与运用。

4. 编写人员符合校企结合要求 本教材编写人员主要来自医药类高职院校礼仪教学一线的教师，其中部分教师从事企业礼仪培训工作，富有教学经验和商务活动实践经验。此外，为突出高职人才培养的实践性和开放性特色，编写团队还吸收了资深的行业、企业专家建议，研讨医药商务礼仪的学习任务和学习内容，强化教材的科学性、合理性。

本教材由张丽、位汶军主编，张丽拟定编写提纲，并对全书统一协调、修改和润色。各部分内容的编者分别是：张丽项目一，慕青、位汶军项目二（慕青任务一、二，位汶军任务三），唐敏芳项目三，王琮瑶、李伟项目四（王琮瑶任务一、二，李伟任务三），罗雯怡项目五，姜力源、周丹丹项目六（姜力源任务一，周丹丹任务二）），王学峰项目七。

本教材在编写过程中，参阅了大量与商务礼仪相关的文献和实例，我们在书后附注“参考文献”，以尊重作者对礼仪研究和教学的付出和贡献，在此特向有关文献和资料的作者谨致谢意。

由于编者水平所限，本书难免存在一些错误和不足之处，恳请各位专家、读者批评指正。

编　者

2021 年 6 月

目录

CONTENTS

1 项目一 商务礼仪认知
1 任务一 礼仪认知
1 一、礼仪的渊源
2 二、礼仪的含义
3 三、礼仪的内容
4 四、礼仪的特征
6 五、礼仪的要诀
7 任务二 商务礼仪认知
7 一、商务礼仪的含义
7 二、商务礼仪的特征
8 三、商务礼仪的原则
10 四、商务礼仪的功能

13 项目二 商务人员形象礼仪
13 任务一 仪容礼仪
14 一、头发修饰礼仪
16 二、面部修饰礼仪
18 三、化妆礼仪
20 四、肢体修饰礼仪
22 任务二 仪表服饰礼仪
22 一、着装的基本原则
23 二、服饰色彩的搭配
24 三、女士着装礼仪
26 四、男士着装礼仪
29 五、饰品佩戴礼仪
32 任务三 仪态礼仪
32 一、表情礼仪
34 二、站姿礼仪
36 三、走姿礼仪
38 四、坐姿礼仪
40 五、蹲姿礼仪
41 六、手势礼仪

47 项目三 商务沟通礼仪
47 任务一 会面礼仪
47 一、界域礼仪
49 二、见面致意礼仪
54 三、介绍的礼仪
56 四、名片使用礼仪
59 任务二 交谈礼仪
59 一、称呼和问候礼仪
61 二、交谈礼仪
65 三、即兴演讲礼仪
67 任务三 通联礼仪
67 一、信函礼仪
70 二、电话礼仪
73 三、网络礼仪

80 项目四 商务酬宾礼仪
80 任务一 拜访和接待礼仪
80 一、拜访礼仪
81 二、接待礼仪
85 三、馈赠礼仪
87 四、送花礼仪

88 任务二 宴请与赴宴礼仪
88 一、宴请礼仪
92 二、赴宴礼仪
93 任务三 餐饮礼仪
93 一、中餐礼仪
95 二、西餐礼仪
97 三、自助餐礼仪
98 四、酒水饮用礼仪

105 项目五 商务专题活动礼仪
105 任务一 洽谈和签约礼仪
105 一、洽谈礼仪
109 二、签约礼仪
111 任务二 庆典和剪彩礼仪
111 一、庆典礼仪
112 二、剪彩礼仪
114 任务三 展览会和座谈会礼仪
114 一、展览会礼仪
116 二、座谈会礼仪

120 项目六 商务职场礼仪
120 任务一 职场应聘礼仪
120 一、求职应聘准备礼仪
124 二、求职应聘面试礼仪
128 三、辞职、离职礼仪
130 任务二 职场办公礼仪
130 一、办公室基本礼仪
132 二、办公室会议礼仪
135 三、办公室文书礼仪

142 项目七 涉外商务礼仪
142 任务一 涉外商务活动的基本礼仪
142 一、涉外商务礼仪的基本原则
145 二、涉外商务交往的一般礼仪
147 任务二 世界主要国家的商务活动礼仪
147 一、亚洲地区主要国家的礼俗
151 二、欧美地区主要国家的礼俗
155 三、大洋洲和非洲地区主要国家的礼俗

159 参考文献

项目一　商务礼仪认知

PPT

学习引导

“不学礼，无以立”。自古以来，礼仪在人们的社会生活中都处于至关重要的地位，“尊重他人、以礼待人”已成为人类共识，礼仪素养也是每一个现代人必备的素质。当今，各种人际交往活动和商务活动日趋频繁，必须讲究交往艺术和沟通技巧，以建立和谐的人际关系氛围，提升竞争力。因此，我们每个人都有责任、有必要加强自身礼仪的修炼，学礼、知礼、守礼。

本项目主要介绍礼仪的含义、特征，商务礼仪的原则、功能等基础知识，旨在加深学习者对礼仪和商务礼仪的理性认识，提高学习和遵行礼仪的自觉意识。

学习目标

1. **掌握**　礼仪的含义、特征；商务礼仪的含义、原则。
2. **熟悉**　礼仪的内容、要诀；商务礼仪的特征、功能。
3. **了解**　礼仪和商务礼仪学习的重要性，自觉提高礼仪修养。

任务一　礼仪认知

一、礼仪的渊源

（一）礼仪的起源

礼仪是人类步入文明社会的“通行证”。人类自诞生之日起，便开始了对文明与美的追求，逐渐摆脱愚昧、野蛮、落后。

礼仪是伴随着原始宗教而产生的。礼起源于原始社会的祭祀活动，史前社会后期，原始先民对自然现象充满了敬畏和恐惧，各种原始宗教祭祀活动便由此而生，表示对神秘不可知的自然界的敬畏和祈求，形成人类社会最初的“礼仪”——祭祀礼仪。东汉许慎《说文解字》解释：“礼，履也，所以事神致福也；仪，度也，宜也，匹也。”即礼是用来“事神”“致福”的形式，如祭祀、跪拜、鞠躬都是在致礼或行礼；仪是要符合礼的法度、规则、标准。所以《辞源》对礼仪做了这样的明确概括：“礼仪，行礼之仪式”。

（二）礼仪的发展

随着人类对自然与各种社会关系的认识加深，人类对自然现象的敬畏逐渐扩展到人类自身生活的各个方面，“礼”的内容也从“神事”变为“人事”，发展为今天的礼仪。等级阶级和国家产生后，“礼仪”从原始的图腾宗教意识发展成一整套的伦理道德观念，礼仪制度进一步得到发展，既是一种法律制度，又是一种仪式和规范，逐渐成为政治统治的工具。

礼仪的发展经历了起源、形成、变革、强化时期，发展到今天的现代礼仪。现代礼仪摆脱了封建落后的成分，以科学精神、民主思想和现代生活为基础，表现出现代社会关系和新的时代风貌。现代礼仪的基本特点是科学、民主、平等、友好，讲文明、懂礼貌、亲善友好、尊重他人，成为人们应有的基本礼仪素养。

二、礼仪的含义

（一）礼仪的含义

1. 礼仪的概念　礼仪是指人们在社会交往中约定俗成的、以示尊敬的、共同遵守的行为规范、准则及程序。它是人们以一定的程序、方式、规范和形式，以及通过语言、仪表、仪态、气质、风度等外在表象，来表现律己敬人的完整行为，反映了人们的道德风尚和精神面貌，是精神文明的产物。

2. 礼仪的本质　一个民族、一个国家和地区，为了维护安定和谐的人文环境，在纷纭复杂的人际交往中，应共同遵守一定的习俗和社会规范，礼仪就是通过某些规范化的行为体现人际间的真诚、尊敬、善意、友好、体谅等社会关系。恰到好处地实施礼仪，宗旨是使人人都感到舒适，实现社会交往各方间的相互尊重友好，创建和谐的人际关系和良好的社会风貌。

（二）礼仪的表现

礼仪的内涵极为丰富，涉及人们社会生活的各个方面，表现为多种不同的形式，可以从不同的角度加以理解。

1. 从修养角度看　礼仪是一个人的内在修养和素质的外在表现。

2. 从道德角度看　礼仪是为人处事的行为规范、标准做法、行为准则。

3. 从交际角度看　礼仪是人际交往中适用的一种艺术、交际方式或交际方法。

4. 从民俗角度看　礼仪是待人接物的一种惯例，是人际交往中必须遵行的律己敬人的形式和习惯做法。

5. 从传播角度看　礼仪是人际交往中相互沟通的一种技巧。

6. 从审美角度看　礼仪是一种形式美，是人心灵美的必然外化。

（三）礼仪的意义

礼仪具有沟通、协调、维护、教育等功能，可谓是人立身处世的根本，是人际关系的润滑剂。礼仪不仅是人类社会文明的重要标志，也是个人文明修养程度的体现。

1. 礼仪是人类社会文明的标志　礼仪属于文化，是构成社会精神文明的基本要素。古人认为“礼仪廉耻，国之四维”，将礼仪列为立国的精神要素之本。一个国家、民族或地区的礼仪，往往反映着其文明水平和整体素质。凡是文明的民族都注重礼仪，如创造辉煌古代文明的中国素有“礼仪之邦”的美称；近代英国以绅士风度而闻名；现代日本、韩国以新的礼仪之邦被称道。礼仪要求全体社会成员讲文明、讲礼貌、讲卫生、讲秩序、讲道德，心灵美、语言美、行为美、环境美。这有助于净化社会风气，推进社会精神文明建设，提升国民整体素质和国家文明水平。

2. 礼仪是个人文明修养的体现　礼仪往往表现为礼节礼貌，它所涉及的常常是生活琐事，但可以反映出一个人的教养和素质。正如英国哲学家约翰·洛克所言：“没有良好的礼仪，其余的一切成就都会被人看成骄傲、自负、无用和愚蠢。”不学礼，无以立。我国历来把无礼、失礼视为很耻辱的行为，传统的礼制文化又被称为“耻感文化”。因此，学习礼仪、遵守礼仪有助于提升个人的精神品位和文明素养，每个人都应成为礼仪的载体、文明的化身。

知识链接

礼仪学习的目标

1. 礼仪是关于做人的道理，其关键不是如何体现自己的高雅，而是找到最好的方式来表现对他人的尊重、赞赏和关心。

2. 尊重他人必先尊重自我，我们尊重自己到什么地步，尊重他人才会到什么地步。当我们用自己的知识能力表现出这种尊重时，这一行为才不会有任何的虚假，才会体现出彻底的真诚。

3. 礼仪的终极目标不是去赢得商业合约，不是去建立互利的关系，而是为自己赢得尊重和友谊，这是学习礼仪的最高目标。

三、礼仪的内容

（一）礼仪的基本要素

礼仪由礼仪的主体、客体、媒体、环境四个基本要素构成。

1. 礼仪的主体　礼仪的主体是指礼仪活动的操作者和实施者，它既可以是个人，也可以是组织。当礼仪活动规模较小、较为简单时，其主体通常是个人；当礼仪活动规模较大、较为复杂时，其主体通常是组织甚至是国家。没有礼仪主体，礼仪活动就不可能进行，礼仪也就无从谈起。

2. 礼仪的客体　礼仪的客体即礼仪的对象，是指礼仪活动的具体指向者和承受者，可以是人也可以是组织机构，可以是物质的也可以是精神的，可以是有形的也可以是无形的。

3. 礼仪的媒体　礼仪的媒体是指礼仪活动所依托的一定的媒介，有人体礼仪媒体、物体礼仪媒体、事体礼仪媒体等。在具体操作时，不同的礼仪媒体往往是交叉配合使用的。

4. 礼仪的环境　礼仪的环境是指礼仪活动特定的时空条件，分为礼仪的自然环境和礼仪的社会环境。礼仪的环境，经常决定了礼仪规范和方式的不同选择，决定了礼仪的具体实施方法。

（二）礼仪的相关概念

礼、礼貌、礼节，都属于礼仪的范畴，都是人们在社交中表现出来的尊敬和友好的行为，有时可以通用，但它们又有各自特殊的含义和要求。

1. 礼　礼是表示敬意的统称，也可作为“礼仪”“礼貌”乃至“礼品”的简称，如“懂礼仪”“懂礼节”“懂礼貌”皆可简称为“懂礼”，而“送礼品”常简称为“送礼”。

2. 礼貌　礼貌是人们在相互交往中表示尊重、友好的行为规范，是人们言谈举止等谦虚恭敬、仪表仪态得体恰当的表现，体现了时代风貌和人们的个人修养、道德观念及精神面貌，属于行为方面的修养。礼貌经常出现在口语中，如“讲礼貌”“待人要礼貌”。

3. 礼节　礼节是人们在日常生活，特别是交际场合中表示尊敬、祝颂、慰问、哀悼等惯用的规则和形式，如“外交礼节”“鞠躬礼节”。较为正式的礼节形式就是仪式。

4. 礼仪　礼仪是礼和仪的综合，是社会交往中律己敬人的完整行为。表达敬意的仪式、体现礼节的仪式都叫礼仪，礼仪经常可以取代“礼”“礼节”“礼貌”作为书面规范语。如“注意礼貌”“注意礼节”皆可表述为“注意礼仪”。

礼貌、礼节、礼仪相互之间既有区别，又有联系。礼貌是礼仪的基础，礼节是礼貌的具体表现方式，是礼仪要求的具体化和基本组成部分，礼仪则是由一系列具体表现礼貌的礼节构成，在层次上要高于礼貌、礼节，其内涵更深广。

（三）礼仪的类别

礼仪是包罗万象的社会文化系统，渗透在社会生活的方方面面和各行各业，几乎无时不在、无处不有，古今中外，概莫能外。现代礼仪按照其内容、适用对象和适用范围的不同大致可分为以下几类。

1. 社交礼仪 亦称社会交际礼仪，指人们在一般性的交往应酬中应当遵守的基本礼仪。主要包括见面致意、问候、介绍、交谈、拜访、接待、宴会、舞会、聚会、馈赠等社会活动礼仪。

2. 公共礼仪 指人们在社会活动尤其公共场所中应当遵守的礼仪。主要包括特定公共场所礼仪（赛场、影剧院、图书馆、阅览室），旅游、观光礼仪（商场、宾馆、饭店、景区），乘车交通礼仪（行路，骑自行车，乘汽车、火车、轮船、飞机），办公区域礼仪等。

3. 职业礼仪 指人们在社会活动尤其职业场所中应遵守的礼仪。主要包括政务礼仪、商务礼仪、服务礼仪等。

4. 习俗礼仪 指与各民族传统风俗习惯有关的礼仪。主要包括节日庆贺、婚丧嫁娶、祭祖扫墓、敬神娱乐等方面的礼仪。

5. 涉外礼仪 亦称国际礼仪和外事礼仪，指人们在国际交往中应当遵守的有关礼仪。主要包括国家领导人出访、接待，外交庆贺、馈赠、援助、慰问、凭吊等方面的礼仪，国际间共同参与活动时的各种礼仪。

6. 宗教礼仪 指各种宗教特有的准则和规范。

答案解析

即学即练

日常生活中有很多基本的礼仪，作为大学生应遵守哪些常用礼仪？（　　）

A. 个人形象礼仪　B. 公共场所礼仪　C. 社会交际礼仪　D. 校园礼仪

四、礼仪的特征

（一）规范性

礼仪在一定程度上具有规范性，这是因为礼仪是人们在社会交往中，为了相互尊重而必须遵守的行为规范。这种规范性不仅约束着人们的言谈举止，使之合乎礼仪，而且也是人们在一切交际场合必须采用的一种“通用语言”，是衡量他人、判断自己是否自律敬人的一种尺度。正所谓有“礼”走遍天下，无“礼”寸步难行。任何人要想在交际场合表现得彬彬有礼，就必须严格遵守各项礼仪规范，对礼仪无条件地加以遵守，否则便难以被交往对象所接受、理解。

（二）传承性

礼仪是一个国家、民族在自然、经济、政治、宗教、文化等因素的交互作用下，经过漫长的历史过程积淀下来的智慧结晶。任何国家或地区都有自己鲜明的民族特色，其当代礼仪都是在本国、本民族既往礼仪成果的基础上继承、发展起来的，礼仪一旦形成，通常会长期沿袭。如我国古代的尊老敬贤、父慈子孝、礼尚往来等反映民族传统美德的礼仪，至今仍积极影响着社会生活的方方面面。今天是过去的延续，每个民族的礼仪都是其历史发展的产物，没有传承性，民族性就不存在。

（三）时代性

不同的时代具有不同的礼仪。礼仪作为一种行为规范，虽然有较强的相对独立性和稳定性，但也毫不例外地随着社会时代的进步而不断发展、丰富和完善。社会的进步、文明的发展以及政治的变革、经济的发展、思想观念的变化、科技的应用，必然导致礼仪在民族传统的基础上，摒弃不合时宜的陈规陋习，不断注入新内容，在运用时也更具灵活性。现代社会的快节奏、高效率以及社会交往范围的扩大，使现代礼仪向更文明、简洁、实用的方向发展。

（四）差异性

由于不同国家、地区和民族的人们生活环境不同、文化有别、传统习惯有异，同一礼仪会因时间、地点或对象的变化而变化，礼仪的内容和形式也有所不同。礼仪的这一特点，要求我们在礼仪活动中，既要注意各民族、国家、区域文化的共同、共通之处，又要注意谨慎地处理彼此间的文化差异；既要保持自尊，又要尊重别人，把地域差别作为交流的前提和条件，做到“入乡随俗”。

实例分析

实例 一位外国游客在下榻宾馆的商场选购纪念品。她来到销售文房四宝的柜台，对服务员小刘说：“我想买两方砚台送给我热爱书法的丈夫。”于是，她们来到销售砚台的柜台前，该游客指着两方刻有荷花的砚台对小刘说：“这两方砚台大小正合适，可惜的是造型不太喜欢。”后来，小刘向她推荐别种造型的砚台，客人满意地买下了鱼子纹歙砚，并连声向小刘道谢。

问题 从礼仪的角度分析外国游客购买荷花砚台时为什么犹豫？

答案解析

（五）共通性

礼仪是基于人类共同生存、生活相处、交往需要而产生、发展、完善的，因此礼仪必然带有全社会约定俗成、共同认可、普遍遵守的共通性特征。虽然礼仪的内容大都以约定俗成的民俗习惯、特定文化为依据，各国家、各地区、各民族形成了许多特有的风俗习惯，但就礼仪本身的内涵和作用而言，仍有共通性。特别是随着现代科技的进步，人们交往范围不断扩大，各国、各民族的礼仪文化互相渗透，共通性日趋明显。例如：问候、握手、打招呼、礼貌用语、各种庆典仪式、签字仪式等大体上是国际通用的。也正是由于礼仪的共通性，才形成了国际交往礼仪。

（六）对等性

法律面前人人平等，而礼仪面前却不能“人人平等”。礼仪具有对等性，即形式上的“等级性”，强调“尊者优先”“长幼有序”“男女有别”，如宴会上讲究礼宾次序、按位次就座、女士优先等，都体现了礼仪的对等性，在外交礼仪方面等级更为分明，毫不含糊。因此，人际交往中要自我定位，树立角色意识，必须有主客、长幼、主从、尊卑、职责概念，不能不守规矩、随心所欲。

（七）平等性

礼仪在形式上具有“对等性”，但在本质上又是平等的。礼仪的平等性，是指人的人格尊严是平等的，在人际交往过程中，任何人都应该做到有来有往，以礼待人，既不能盛气凌人，也不能卑躬屈膝。平等性是现代礼仪的基础，是现代礼仪有别于以往礼仪的最主要原则。在交际活动中，对任何交往对象都应一视同仁，给予同等程度的礼遇，如此才能和谐沟通，创造良好的人际关系。

五、礼仪的要诀

（一）要在尊重

古语云："守礼莫若敬""恭敬之心，礼之端也"。可见，尊重是礼仪的核心和基本要求，一切礼仪规范都是围绕尊重这个核心制定的。尊重包括自尊和尊人，自尊是赢得他人尊重的前提，一个不懂自尊的人必然也得不到他人的尊重，要自尊就应做到自知、自省、自信、自强。"敬人者人恒敬之，爱人者人恒爱之"，尊重他人是要尊重他人的人格、爱好、性格特质、风俗习惯及其他各种权利，同时还应学会从别人的角度去思考问题，不把自己的意志意愿强加于人，做到"己所不欲，勿施于人"。

（二）贵在真诚

"著诚去伪，礼之经也"，真诚是礼仪的真谛。孔子说过，"礼"基于"仁"，"仁"源于孝悌，孝悌始于内心。内心没有对他人的敬意，表面上的尊重就是虚伪。苏格拉底曾言："不要靠馈赠来获得一个朋友，你需贡献你诚挚的爱，学习怎样用正当的方法来赢得一个人的心。"礼仪应是发自内心的、对人真诚的尊重、关心和爱护，并用自然得体的言行表达出来。真正彬彬有礼的君子应是表里如一、内外和谐的人。

（三）基在修养

礼仪是一种高尚、美好的行为方式，它可以净化人的心灵，陶冶人的情操，提高人的品位，完善人的人生。修养是礼仪的基础，礼仪是一个人文化修养、品德教养等精神内涵的外在体现，于良好修养基础上体现的礼仪才是成熟得体的礼仪。每个人都应注重提高自己的礼仪修养，在礼仪的熏陶下拥有宽阔的胸襟、坦荡的心怀，做一个知书达礼、谦虚诚恳、善解人意、品德高尚的人。

（四）讲究得体

古语云："君子之交淡如水，小人之交甘如醴。"在施礼、讲礼时要适当得体，做到"恰如其分"。待人接物时，应恰当得体地表达自己的自律和敬人之意，若施礼过度或不足，反而是失礼。刻板讲礼、过分拘谨不可取，礼过盛者情必疏，过分热情也会让人心生反感。在社会交往中，要不断调整自己的心态，以平常心看待一切，以平和心应对外界的变化，既要彬彬有礼，又不能低三下四，既要热情大方，又不能轻浮谄谀。

（五）重在自律

自律就是要严于律己，即把外在的、带强制力的约束转化成内在的、自觉的意识和行动。自律是施行礼仪的基本保障，古训"非礼勿视，非礼勿听，非礼勿言，非礼勿行"，实际上就是礼仪自律的具体要求。我们应该把学习和运用礼仪当作个人的自觉要求，在心目中树立起礼仪信念和行为准则，并以此来约束自己的社会交往行为，做到"一日三省吾身"，不断用礼仪规范对照检查自己的社交行为，形成良好的礼仪习惯，并用自己的言行去影响周围人。可以说，一个人培养和提高礼仪修养的过程，就是在高度自觉的意识支配下提高个人整体素质的过程。

任务二　商务礼仪认知

商务人员是企业商务活动的形象使者。作为商务人员，要想保持良好的商业信誉和个人形象，在竞争激烈的行业领域中取得成功，就必须认真学习并正确运用商务礼仪。

一、商务礼仪的含义

（一）商务礼仪的含义

商务礼仪是指公司或企业的商务人员在商务活动中，为了塑造良好的个人和企业形象，对交往对象表示尊重友好而应当遵循的礼仪原则与规范。简言之，商务礼仪是一般礼仪在商务活动中的运用和体现。商务礼仪能够展示企业的文明程度、管理风格和道德水准，塑造良好的组织形象，获得社会各方的信任和支持。

（二）商务礼仪的内容

商务礼仪基本内容包括：商务人员形象礼仪、商务交际礼仪、专题商务活动礼仪、商务仪式礼仪、商务会务礼仪、商务拜访与接待礼仪、商务办公礼仪等。

（三）商务礼仪的界定

商务礼仪被界定为商务交往的艺术，在商务活动中恰当运用规范的商务礼仪，可以使商务活动以更加体面友好的方式顺利进行。一般而言，商务礼仪以英美文化为基础，带有浓厚的英美文化特点，突出的表现就是在商务活动中尊位的确定是按照“以右为尊”的原则、国际社会公认的“第一礼俗”是“女士优先”。商务礼仪是个性与共性的结合体，是由共同遵守、约定俗成的国际通行礼仪实践惯例与各国、各地、各民族的礼仪习俗结合而形成的。

知识链接

商务礼仪与一般人际交往礼仪的区别

1. 一般人际交往礼仪主要是个人之间的行为礼仪，主体是行为者个人；而商务礼仪属于企业商务活动，主要是通过商务人员所表现出来的企业行为，不是纯个人行为，主体是企业或企业化的商务人员。

2. 一般人际交往礼仪注重情感的沟通，满足于彼此情感之间的交流互动；而商务礼仪不仅注重情感沟通，而且注重信息交流，注重利用大众传媒来沟通企业与公众的关系，旨在实现理性和感性的结合，实现情理、利益的和谐统一。

3. 一般人际交往礼仪的目的在于通过修身养性、以礼待人来塑造个人自身完美的形象；而商务礼仪的主要目的在于树立和维护企业的良好形象，带有企业文化的色彩。

二、商务礼仪的特征

商务礼仪除了基本礼仪的特征外，还具有其自身的特征：限定性、信用性、时机性和文化性等。

（一）限定性

从礼仪的范围看，商务礼仪具有限定性。礼仪可以协调组织人们的行为，商务礼仪的适用范围是商务交往中的组织活动和人际交往活动，即从事各种商务活动时才适用商务礼仪，其他情况下不适用。

（二）信用性

从礼仪的内涵看，商务礼仪具有信用性。商务活动中，各方都有利益上的需要，因此诚实守信很重要。言必信，行必果，参加商务活动的各方均应诚心诚意，力求达成协议，而不是夸夸其谈，言而无信，决而不行。

（三）时机性

从礼仪的行为看，商务礼仪具有时机性。商务活动的时机性很强，有时说话做事恰到好处，问题就会迎刃而解；有时说话做事把握不好，就可能时过境迁、错失良机；有时商务人员固执不让步，对方也可能被拖垮，从而失去成功的机会。

（四）文化性

从礼仪的性质看，商务礼仪具有文化性。商务活动虽然是经济活动，但是商务礼仪体现的是文化。企业组织自身的良好形象，商务人员优雅得体的谈吐举止，都是组织和个人文明典雅、有礼节素养的体现。要想在对方心目中树立文明的企业组织形象，必须塑造良好的企业文化，必须不断提高商务人员个人文化素养。

三、商务礼仪的原则

（一）尊重的原则

尊重原则是礼仪的首要原则和最根本的原则。尊重和友善，是礼仪的核心和情感基础。现实社会中人与人是平等的，尊重长辈、关心客户不但不是自我卑微的行为，反而说明一个人具有良好的素养，是一种至高无上的礼仪。当然，礼待他人也是一种自重，不应以伪善取悦于人，更不可以富贵骄人。

有人曾把商务礼仪的基本原则概括为“充分地考虑别人的兴趣和感情”。商务人员在商务活动中必须遵循尊重自己、尊重自己的企业和尊重公众相统一的原则。尊重自己是人的基本品格，懂得尊重自己的人必定会懂得尊重企业和公众；只有尊重自己的企业，才能接受自己的企业，做到爱岗敬业，真正为企业所接纳；只有尊重公众、关心客户，才能与之良好沟通，赢得公众的理解、支持与合作。

（二）真诚的原则

“真诚”就是诚实守信、不虚伪、不做作，是立身之本、为人之道，是人最宝贵的品格。戴尔·卡耐基强调“待人以诚”，把真诚待人视为礼仪和交往的通则。礼仪应是真诚的、表里一致的、内外和谐统一的，缺乏真诚之心的礼仪形式，就是做作的客套与虚情假意，是一种缺乏诚意、装腔作势的行为。

商务礼仪的目的，不仅在于追求礼仪外在形式的完美，更应将其视为商务人员情感的真诚流露与表现，注重商务活动的长远效益。商务活动是信息传递、情感交流、思想沟通的过程，只有恪守真诚原则，通过长期潜移默化的影响，才能获得最终的利益，否则不可能达到目的。

（三）谦和的原则

“谦和”就是谦虚、和善、随和。谦和不仅是一种美德，更是社交成功的重要条件。礼之用，和为贵。在社交场合表现平易近人、热情大方、善于与人相处、乐于听取他人的意见，显示出虚怀若谷的胸襟，有着较强的调整人际关系的能力，就会对周围的人具有很强的吸引力。

商务活动中，适当的谦虚和妥协退让，有时会达到意想不到的效果，实现“双赢”。当然，此处强调的谦和并不是指过分的谦虚、无原则的妥协退让，更不是妄自菲薄。应当认识到过分的谦虚其实是社交障碍，尤其在与西方商务人士的交往中，不自信的表现会让对方怀疑你的能力。

（四）宽容的原则

“宽容”即宽待、相容，就是心胸坦荡、豁达大度，有很强的容纳意识和自控能力，能设身处地地为他人着想。礼仪的实施，既要严于律己，更要宽以待人。中国传统文化历来重视并提倡宽容的道德原则，并把宽以待人视为一种为人处世的基本美德。

商务活动中，出于各自的立场和利益，交往各方其实存在不相容的心理状态，难免出现误解和冲突，甚至错过促成合作的机会。要想缩小这种心理上的差异，在与对方交往中多一点和谐、多一份信赖，就必须遵循宽容原则，学会谦虚与宽容，不计较个人得失，正确应对处理好各种关系与纷争，争取到更长远的利益。

（五）适度的原则

所谓适度，就是要注意感情适度、谈吐适度、举止适度，只有这样才能真正赢得对方的尊重，达到沟通的目的。礼仪是一种程序规定，而程序自身就是一种“度”。无论是表示尊敬还是热情，都有一个“度”的问题，也就是要把握好分寸，否则施礼就可能进入误区，甚至会使他人陷于难堪境地。

商务活动交往中，沟通和理解是建立良好合作关系的重要条件，如果不善于把握沟通时的感情尺度，结果往往会适得其反。例如在一般商务交往中，要考虑时间、地点、环境等条件，对待不同的客户或交往对象，要因人而异，做到“恰如其分，得体适当”，只要使自己的内心情感表达出来，让对方感受到你的真诚就可以了。

知识链接

商务礼仪的3A原则

美国学者布吉尼教授提出了商务礼仪的3A原则，强调在商务交往中不能只见到物而忘掉人，强调人的重要性，要注意人际关系的处理，不然就会影响商务交往的效果。

1. 接受对方（Accept） 要诚恳地接受对方，宽以待人。体现在商务交谈过程中，注意不要打断别人；不要轻易补充对方；不要随意更正对方。

2. 重视对方（Appreciate） 要看到对方的优点，不要专找对方的缺点，更不能当众指正。重视对方的技巧：一是要善于使用尊称；二是要记住对方，比如接过名片要认真拜读。

3. 赞美对方（Admire） 适当地赞美，可以使沟通更加和谐，可以化解交流的矛盾。赞美对方也有技巧：一是实事求是，不能太夸张；二是适用对方，要夸到点子上。

即学即练

答案解析

有一位私立学校的校长，把记住全校每个学生的姓名作为作业，每天练习。在他12年任期内，学生的注册基金提高了6倍。这位校长的行为体现了礼仪的（　　）原则。

A. 尊重　　B. 宽容　　C. 适度　　D. 自律

四、商务礼仪的功能

（一）提高商务人员的个人修养

比尔·盖茨说“企业竞争，是员工素质的竞争”。一个企业的员工恰到好处地运用礼仪，就会为自己的企业树立良好的信誉和形象，更容易获得社会各方的信任和支持，最终在激烈的竞争中立于不败之地。商务活动中，个人形象代表企业形象，个人形象是通过其仪容、仪表、举止、谈吐和教养综合表现的，而礼仪在这些方面都有详尽的规范，也是衡量一个人文明程度的准绳。它不仅反映一个人的交际技巧与应变能力，而且还反映其气质风度、阅历见识、道德情操、精神风貌，因此可以说礼仪即教养。商务人员学习运用礼仪，将有助于提高自身的素质和文明程度，展示良好的教养与优雅的风度，用高尚的精神塑造人，进而更好地塑造企业形象。

（二）建立协调的人际沟通关系

古人云：“世事洞明皆学问，人情练达即文章。”这句话讲的其实就是交际的重要性。礼仪具有调节人际关系的作用，人际交往应酬是要讲究艺术的，一个人只要与人交往，就不能不讲礼仪。一方面，礼仪作为一种规范，对人们之间的相互关系模式起着规范、约束和及时调整的作用；另一方面，礼仪形式、礼仪活动可以化解矛盾、建立新关系模式。商务人员学习运用礼仪，除了使个人在交际活动中充满自信、胸有成竹、处变不惊外，其最大的好处在于，它能够帮助人们规范彼此的交际活动，更好地向交往对象表达自己的尊重、敬佩、友好与善意，增进彼此间的了解与信任，进而造就和谐、完美的人际关系。

（三）塑造和维护良好的企业形象

企业竞争是员工素质的竞争，但更进一步说就是企业形象的竞争。企业形象是企业内、外部公众对企业的总体评价和信赖程度，是企业良好公共关系的综合反映。良好的企业形象意味着企业有较高的知名度和美誉度，在市场上具有竞争优势，是企业的无形财富。商务礼仪是塑造企业形象的重要工具，对商务人员来说，礼仪是其思想水平、文化修养、交际能力的外在表现；对企业来说，礼仪是企业价值观念、道德观念、员工整体素质的集中体现。商务礼仪可以强化企业的道德要求，将某些观念具体化为固定的行为规范，并通过实施这些规范来塑造企业的良好形象，有助于企业商务活动的顺利进行和企业长远效益的实现。

实例分析

实例 某国内医疗设备厂欲与美国客商约瑟先生合作，引进“大输液管”生产线。约瑟先生详细考察后，对企业的发展和管理很满意，双方决定第二天正式签定协议，建立长期合作。范厂长请约瑟先生到车间参观，车间井然有序，约瑟先生赞许地直点头。突然，范厂长感到嗓子不适，本能地咳嗽了一声，随口向车间的墙角吐了一口痰，地面留下了一片痰迹。

第二天一早，翻译送来了约瑟先生的信，信中写到：“尊敬的范先生，我十分佩服您的精明和才智，但是您在车间里吐痰的一幕使我彻夜难眠。恕我直言，一个厂长的卫生习惯可以反映一个工厂的管理水平，况且，我们今后生产的是用于治病的输液管。贵国的成语说得好：人命关天！请原谅我的不辞而别，否则上帝会惩罚我……”

问题 这个故事给了我们什么启示？

答案解析

目标检测

答案解析

一、选择题（1～5 题为单项选择，6～10 题为多项选择）

1. 古训“非礼勿视，非礼勿听，非礼勿言，非礼勿行”，实际上就是礼仪（　　）原则的具体要求

A. 尊重　B. 宽容　C. 适度　D. 自律

2. 礼仪面前不能“人人平等”，强调“尊者优先”，礼仪具有形式上的（　　）

A. 平等性　B. 等级性　C. 规范性　D. 发展性

3. 礼仪具有（　　）特征，因此我们在礼仪活动中，把地域、文化等差别作为交流的前提和条件，做到“入乡随俗”

A. 传承性　B. 共通性　C. 差异性　D. 平等性

4. 礼仪的宗旨是（　　）

A. 严以律己　B. 宽容大度　C. 平等待人　D. 使人人感到舒适

5. （　　）是人们在一般性的交往应酬中应当遵守的基本礼仪（　　）

A. 公共礼仪　B. 社交礼仪　C. 职业礼仪　D. 商务礼仪

6. 礼仪是指人们在社会交往中约定俗成的、以示尊敬的、共同遵守的行为规范、准则及程序。它包括一定的（　　）

A. 程序　B. 方式　C. 规范　D. 形式

E. 风俗习惯

7. 礼仪的本质是通过某些规范化的行为表示人际间的（　　）等

A. 真诚　B. 尊敬　C. 善意　D. 友好

E. 体谅

8. 礼仪的主要功能是（　　）等

A. 沟通　B. 协调　C. 维护　D. 教育

E. 愉悦

9. 礼仪具有（　　）特征

A. 传承性　B. 时代性　C. 共通性　D. 差异性

E. 对等性

10. 商务礼仪除了礼仪的基本特征外，还具有其自身的（　　）特征

A. 限定性　B. 信用性　C. 时机性　D. 文化性

E. 规范性

二、综合问答题

1. 举例说说礼仪的含义和本质。
2. 如何理解礼仪的基本特征？
3. 举出三个古代的礼仪至今仍在使用的例子，说明礼仪传承性的特征。
4. 简述如何遵循商务礼仪的基本原则。
5. 谈谈学习和运用礼仪和商务礼仪的重要性。

三、案例分析

案例 英国著名戏剧家、诺贝尔文学奖获得者萧伯纳有一次访问苏联，在莫斯科街头散步时，遇到了一位聪明伶俐的小女孩，便与她玩了很长一段时间。分别时，萧伯纳对小姑娘说："回去告诉你妈妈，今天和你一起玩的是闻名世界的萧伯纳。"小姑娘望了望萧伯纳，也学着萧伯纳的口气说："回去告诉你妈妈，今天同你一起玩的是苏联小姑娘安妮娜。"这使萧伯纳大吃一惊，立刻意识到自己太傲慢了。后来，他常忆起这件事，并感慨万分地说："一个人不论有多大的成就，对任何人都应该平等相待，要永远谦虚。这就是苏联小姑娘给我的教训，我一辈子也忘不了她！"

分析：萧伯纳和苏联小女孩的故事给我们什么启示？

四、模拟实训

实训内容：

1. 做一次社会街拍，从多个角度指出生活中人们礼仪运用的欠缺之处。
2. 设计一个商务活动场景（拜访客户等），将礼仪知识穿插其中，并进行情景剧表演与分析。

实训要求：

1. 学生 4～6 人一组，以小组为单位，课外拍摄照片和小视频并进行剪辑；通过微信从礼仪的角度进行播放和讲解，老师、同学共同观看点评。
2. 学生 8～10 人一组，以小组为单位，课下搜集、选择、编写和讨论剧本，从礼仪的角度进行编排；课上由"演员"按照选择的剧本分角色进行知识点的演示，老师、同学共同观摩并进行点评。

书网融合……

知识回顾 微课 习题

项目二　商务人员形象礼仪

PPT

学习引导

商务活动实际上就是商务人员间的交往活动，在交往中，第一印象是非常重要的，而这往往来自于商务人员的个人形象。形象礼仪是一个人仪容、仪表、仪态的综合表现，它不仅反映个人的文化修养和素质品味，也会在交往过程中给对方留下深刻印象。得体地塑造和维护美好的个人形象，是社交活动的基础，是商务人员做好工作的前提，同时也在很大程度上影响着企业的成败。

本项目主要介绍商务人员的仪容、仪表、仪态礼仪及在社会生活和工作中的具体运用，旨在帮助学习者正确运用商务礼仪，进行自我职业形象设计，强化职业特征和外在魅力。

学习目标

1. **掌握**　仪容修饰要求；着装原则及配饰技巧；常用体姿、表情礼仪规范。
2. **熟悉**　礼仪举止规范；服饰搭配技巧与化妆技巧；香水的选择与使用。
3. **了解**　基本手势的运用；美容护发常识。

任务一　仪容礼仪

仪容，是指一个人的外表和容貌，包括头部、面部、颈部、肢体等可视的肌肤，还有毛发和可感的体味。在人际交往中，每个人的仪容都会引起交往对象的特别关注，进而影响着对方对自己的整体评价。

商务礼仪对个人仪容的首要要求是仪容美，具体有以下三层含义。

一是仪容的自然美，指仪容的先天条件好，天生丽质。尽管以貌取人不合情理，但先天美好的仪容相貌无疑会令人赏心悦目，感觉愉快。

二是仪容的修饰美，指根据个人条件与规范，对仪容进行必要的修饰，扬长避短，设计、塑造出美好的个人形象，在人际交往中使自己显得有备而来，自尊自爱。

三是仪容的内在美，指通过努力学习，不断提高个人的文化、艺术素养和思想道德水平，培养出个人高雅的气质与美好的心灵，使自己秀外慧中，表里如一。

真正意义上的仪容美，应当是上述三方面的高度统一，忽略其中任何一个方面，都会使仪容美失之偏颇。在这三者中，仪容的内在美是最高境界，仪容的自然美是人们的愿望，而仪容的修饰美则是仪容礼仪关注的重点。要做好仪容的修饰美，自然要注意修饰仪容。修饰仪容的基本规则是美观、整洁、卫生、得体。

一、头发修饰礼仪

只要稍加留意就会发现，人际交往中，人们观察他人的第一眼首先是从头看起。头发是我们人体的制高点，是交往对象无法忽视的重要部分，讲究仪容必须“从头做起”。因此，作为一名商务人员，要想维护自己的美好形象，就必须做到头发整洁，发型得体。

（一）头发的清洁与养护

1. 勤于梳洗 无论有无交际应酬活动，无论男女都要勤于梳洗自己的头发，努力使头发保持清洁卫生的状态，确保不油腻粘连、不毛糙、无发屑、无汗馊味。勤于梳洗有三个作用：一是有助于保养头发；二是消除异味；三是有助于清除异物。若是蓬头垢面，满头异味，发屑随处可见，是十分有损个人形象的。

正确梳洗要做到：洗发次数要适中，一般每周2～3次；洗发的水质要温和，宜用摄氏40°左右的温水，含酸或含碱过多的矿泉水均不宜用来洗发；要选择适合自己发质的洗发水和护发素，以保持头发的柔软光滑；洗发后最好令其自然晾干，有益于保护头发。同时至少一个月理一次发，如果要出席重要的商务活动或社交活动，最好是去美发店，请理发师对自己的头发精心修饰。

2. 重在养护 头发的作用有两种，一是保护头部、避免着凉，二是它的美化修饰作用。所以平日里我们也要重视对它的养护。

（1）内“养”头发 要从营养调理与饮食补充等方面着手养发，如日常多吃含碘丰富、富含蛋白质和维生素的食物，尤其要多吃核桃一类的坚果或黑芝麻一类的“黑色食品”，以使头发生长得乌黑靓丽。

（2）外“护”头发 要有意识地使头发免于接触强酸或强碱性物质，尽量防止头发长时间暴晒、污染，选用质量好的洗发水和护发素，梳理头发时用力适度、轻梳慢理，选择不会伤及头发、头皮的梳子，避免经常去烫染头发，适当修剪使头发秀美。

（二）发型的选择与设计

发型是构成仪容美的重要内容，得体美观的发型，能给人一种整洁、庄重、洒脱、利落、活泼的感觉，能展现一个人良好的修养与品位。发型的选择与设计，除了受流行时尚、个人品位左右外，还应与本人的发质、脸型、身材、职业、性别、年龄等因素相协调，切不可一味地追求自由个性而不讲规范。

1. 发型与发质相协调 在选择发型前，首先必须了解自己的发质。人的发质通常可分为硬发、软发、沙发、卷发四种类型，每一种类型都各具特点，在发型的选择上也有不同的要求。

（1）硬发 比较粗硬，生长稠密，含水量也较多，有弹性且弹力稳固。可被塑造成多种发型，但因其粗壮稠密，在塑造发型时应重点对其“删繁就简”。

（2）软发 既软又细且稀少，缺少硬度，弹性差，在造型上难度较大，尤其不宜塑造外观平直的发型，但却适于展现头发之美。

（3）沙发 含水量少，干涩稀疏，晦暗无光，并且常呈蓬乱之状，不宜塑造中、长类的发型。

（4）卷发 长短不一，但却自然地呈现出弯曲之态，具有天然之美，几乎可以塑造任何发型。

2. 发型与脸型相协调 人的脸型各不相同，各有优缺点，为显其美应尽量通过发型设计来修饰不足。发型和脸型搭配得当，可以使自己扬长避短，展现个人的性格、气质，使人更具魅力。常见的脸型有椭圆型、圆型、方型、长型、“由”字型、“甲”字型、菱型。

（1）椭圆型脸 形似鹅蛋，故又称鹅蛋脸，是一种比较标准的脸型，发型选择范围较大，任何发式与它配合都能达到和谐的效果。但若采用中分发型，左右均衡、顶部略蓬松的发式，会更显脸型之美。

（2）圆型脸 接近于孩童脸，圆圆的给人温柔可爱的感觉，较多的发型都适合，不宜做太短的发型。应选择头前部或顶部略半隆的发式，两侧略向后梳，将两颊及双耳稍微留出，尤其适合梳纵向线条、垂直向下的发型或盘发，这样既可以在视觉上冲淡脸圆的感觉，又显得端庄大方。

（3）方型脸 较阔的前额与方形的腮部缺乏柔和感，发型应重点侧重于以圆破方，设法掩饰棱角，使脸型显得圆润。可采用不对称的发缝、翻翘的发帘来增加发式变化，并尽量增多顶发。但切勿理寸头和短发，耳旁头发不宜变化过大，额头不宜暴露，不宜采用整齐平整的发廓线。

（4）长型脸 脸庞较长，前额发际线较高，下巴较大且尖，端庄凝重，给人以古典感，选择设计发型应重在抑“长”。顶发不宜太丰隆，前额的头发可适当下倾，两颊部位的头发适当蓬松些，露出双颊使之显得饱满。可以留长发，也可以齐耳，垂发不宜笔直，发尾要松散流畅。若将头发做成自然成型的柔曲状，会更理想。

（5）“由”字型脸 头顶及额部较窄，下颌部较宽，俗称三角形脸。发型应力求上厚下薄，顶发丰隆。双耳之上的头发可令其宽厚，双耳之下的头发，可限制其发量，前额不宜裸露在外，不宜留长直发。

（6）“甲”字型脸 上宽下窄，特征与三角形脸相反，俗称倒三角形脸。设计发型时，重点注意额头及下巴，宜选短发并露出前额。双耳以下发量宜适当增多切勿过于丰隆或垂直。选择不对称式的发型，效果通常不错。

（7）菱型脸 上额角较窄，颧骨突出，下巴较尖。设计发型时，重点考虑颧骨突出的地方，用头发修饰一下前脸颊，把额头头发做蓬松拉宽额头发量，如毛边发型、短穗发等。

3. 发型与身材相协调 身材有高、矮、胖、瘦之别，每个人都要根据自己的身材体型选择和设计发型。

（1）身材高大者 在发型方面有较多选择，可以作直短发，甚至可以理寸头，也可以长发披肩，或是作成“波浪式”。

（2）身材矮小者 最好选择短发型使其“显高”，千万不要去做长发型，尤其女士们不要去做长过腰部的披肩发。

（3）身材高瘦者 可适当利用某些发型如长发或“波浪式”卷发，使自己显得丰盈一些，但不应盘高发髻或把头发剪得太短。

（4）身材矮胖者 一般不宜留长发，更不应将头发作得蓬松丰厚，应作短发型，并且最好露出双耳来，使自己看上去比较高瘦。

4. 发型与性别、年龄、职业、着装等相协调 在选择发型时，必须客观地正视自己的性别、年龄、职业，切勿“以不变应万变”，使自己的发型与性别、年龄、职业相去甚远，彼此抵触。

（1）性别 一般男士以短发为宜，做到前不覆额、侧不掩耳、后不及领、面不留须，不宜长发披肩，梳辫挽髻；女士可以留短发但不宜太短，不可将头发随意披散或挡住眼睛，应选择平易质朴的直发型，最好不要超过肩部。若是社交活动需要，或确实对潇洒飘逸的长发“情有独钟”，头发可留长一些，必要时以盘发、束发作为变通。

（2）年龄　人有长幼之分，头发亦受此影响。例如，一头飘逸披肩的秀发，在少女头上相得益彰，但若出现在年逾八十的老奶奶头上，则不合时宜。

（3）职业　发型应根据职业和环境的不同而设计，对于商务工作者而言，在工作场合着职业装时，发型要庄重保守、简洁大方，切不可求新求异。

（4）着装　发型也应与自己的着装搭配协调。比如，女士在节假日着运动装、旅游装时，可扎成高高的马尾辫，显得青春活泼；在参加晚宴或舞会着晚礼服时，可盘高发髻，显得高贵典雅。

二、面部修饰礼仪

（一）面容的修饰

面容是人的仪容之首，是人体暴露在外时间最长的部位，也是最为动人之处。由于性别和人们认知角度的差异，男女在面容修饰的方式、方法和具体要求上有各自不同。商务人员应当杜绝仪容上的脏、乱、差，每天洗脸净面，保持五官整洁，具体应做到：

1. 眼部　“眼睛是心灵的窗户”，随时清洁眼睛的分泌物，保持“心灵之窗”清澈明亮，要特别注意眼病的防治，避免红眼睛和黑眼圈。若需佩戴眼镜，应注意三点：一是眼镜除了实用之外，必须关注其质量是否精良、款式是否适合本人；二是眼镜一定要每天擦拭，以保持镜片清洁，定期对镜架进行清洗；三是在社交场合或工作场合不能戴墨镜，这样很不尊重对方，也会有拒人于千里之外之嫌。

眉毛是容貌的重要组成部分，适当修剪可以让整个面部平衡、清晰。在洗脸、化妆或其他情况下，应特别留意自己的眉部是否清洁，防止出现灰尘、死皮或脱落的眉毛等异物。

2. 嘴部　牙齿洁白，口腔无异味，是对口腔的基本要求。每天坚持早晚刷牙、饭后漱口和剔牙，以去除口腔内残渣、牙垢和异味；注意保持牙齿的洁白，及时去除牙石（斑），最佳办法就是定期洗牙，一般成人半年左右应洗牙一次；在重要应酬之前忌食蒜、葱、韭菜、腐乳、烈酒等气味刺鼻之物，尽量少抽烟，不喝浓茶；平时应有意识地保护嘴唇不干裂、爆皮。

男士应养成每天修面剃须的良好习惯。如确有必要蓄须的话，也要考虑工作是否允许，并且要经常修剪，保持卫生，不管是留络腮胡还是小胡子，整洁大方是最重要的。未蓄须者，切忌胡子拉碴去参加各种社交活动，因为这是对他人不敬的行为。个别女士因内分泌失调而长出类似胡须的汗毛，应及时清除。

3. 耳部　耳部特别是耳后容易藏污纳垢，注意去除耳朵污垢和耳内分泌物以保持清洁，不要在公共场所清理自己的耳朵，耳孔内过长的耳毛要及时修剪。

4. 鼻部　养成每天洗脸时清洁鼻腔的好习惯，随时清理鼻腔内和鼻子外侧的污物；切勿在公共场合擤鼻涕、挖鼻孔、拧鼻子、拔鼻毛；毛发重的男性应经常修剪鼻孔外的鼻毛，严禁外现；鼻部“黑头”要认真清洗，可用专门的“鼻贴”将其处理掉，切勿乱挤乱抠造成局部感染。

5. 颈部　颈部与头部相连，属于面容的自然延伸部分，也是人体最易显现年龄的部位，应重视其清洁护理，防止皮肤老化。颈部护理需注意防止紫外线、外界刺激的影响，如秋冬气候干燥、风沙较大时，也容易使颈部干燥起皱，需防止其长时间暴露在外；避免频繁低头抬头、减少皱纹的产生；选用合适的颈部护肤品，保护颈部皮肤。

（二）皮肤的保养和护理

皮肤柔软细腻、具有光泽、富有弹性，是人体健康的表现，也是化妆的基础和仪容美的前提。研究表明，美好容颜的养成80%靠内在营养，20%靠外在护理。因此，我们要正确地保养和护理皮肤，尤其是面部，长期的养护、适当的美化可以保持青春、延缓衰老。

1. 皮肤保养

（1）保持良好的心态　俗话说：“笑一笑，十年少；愁一愁，白了头。”乐观的人始终是美丽的，精神愉悦、身心舒畅是最好的美容保健方法。保持乐观的情绪，避免过分的焦虑、忧愁和悲伤，是皮肤保养的首要准则。

（2）保证充足的睡眠　睡眠充足有助于人体正常的新陈代谢，加快细胞更新，皮肤可以获得更多的氧气和养分，使肌肤富有光泽。

（3）注意合理的饮食　多吃富含维生素的食物和水果蔬菜等美容佳品，养成多喝水的习惯，保持吸收、消化系统的畅通，皮肤才有自然健康的美。少吃辛辣刺激性食物，不抽烟，不酗酒。

（4）适当参加户外活动　户外运动可以促进表皮细胞的新陈代谢，出汗帮助体内有害物质排泄，“日光浴”也有益于皮肤健康。但要注意防止外界因素对皮肤的刺激，如碰撞、暴晒、滥用刺激性化妆品等，以免损伤皮肤。

（5）根据不同季节保养皮肤　春季是皮肤最容易发生过敏的季节，加之春季阳光中紫外线含量急剧增加，应特别注意皮肤的清洁、保湿、营养和防晒，外出活动应防止紫外线对皮肤的伤害。夏季，皮肤易受到过量紫外线的伤害，产生干燥、起皱、老化、变黑等，需要做好防晒、清洁、补水的工作。秋季，皮肤经过夏日暴晒后处于疲劳状态，可在洁肤后使用营养性护肤品，每周做一次皮肤按摩，加快皮肤血液循环，去角质和面膜护理也是十分必要的。冬季，皮肤新陈代谢变慢，应适当减少洗脸次数，用面霜等油包水型化妆品，加强皮肤按摩。多摄取含维生素A的食物，注意皮肤防护，减少冷空气对皮肤的刺激。

（6）根据不同肤质保养皮肤　人的皮肤有干性、中性、油性三种肤质，应区别对待。肤质可以通过以下方法去鉴别：洗净脸后，不涂抹任何化妆品，皮肤有紧绷感，20分钟后紧绷感消失的为油性皮肤，30分钟后紧绷感消失的为中性皮肤，30分钟后仍有紧绷感的为干性皮肤。当然肤质不是一成不变的，它会随着年龄、季节、生活环境的变化而变化。

干性皮肤，表面油脂分泌少，脸部无光泽，经不起风吹日晒，对外界的刺激十分敏感，极易出现色素沉着和皱纹。这类皮肤应注意做好日常保湿工作，并尽量减少刺激、避免暴晒。中性皮肤，油脂分泌适中，对外界的刺激不太敏感，皮肤表面柔滑滋润，富有光泽，是比较理想的皮肤。这种皮肤要保护好生理性皮脂膜，使它更好地发挥功能。油性皮肤，表面油脂分泌多，面部油亮光泽，肌肤纹粗，毛孔明显，易生粉刺，但不易起皱纹。护理的重点是注意皮肤表面的清洁补水，做到水油平衡，防止生长痤疮。

2. 皮肤护理

（1）蒸面护理　利用蒸汽熏蒸皮肤，使毛孔扩张，以促进皮肤新陈代谢，帮助毛孔内污物排出，使皮肤清洁通畅。具体方法：往盆中倒上热水，将脸洗净贴近水面熏蒸10分钟左右，之后用冷毛巾敷面使毛孔收缩，最后用收缩性化妆品调理皮肤，并用营养霜护肤。蒸面以每周一次为宜，次数不可过频，否则会造成皮肤松弛、毛孔粗大。

（2）正确洗脸　夜晚是皮肤新陈代谢、血液循环和呼吸最旺盛的时间，因此，睡觉前要将脸洗干净，不用或少用化妆品。洗脸时应先用卸妆乳彻底清除面部化妆品和其他污垢，再用洗面奶或香皂清除残留，之后用温水或冷、热水交替将面部冲洗干净。洗脸后用紧肤水收缩毛孔，令皮肤恢复弹性，涂用适合自己肤质的润肤霜滋润，防止干燥粗糙。

（3）面部按摩　面部按摩是皮肤护理的重要方法之一，主要是运用灵巧的手指和手法，借助一些涂在面部的按摩膏，按照一定的方式和顺序有节奏地轻柔按摩。

知识链接

简便的面部按摩方法

1. 将适量的按摩面霜取出，涂于掌心，用手掌心的温度温热面霜，然后适量点在额头、两颊、鼻子、下巴等部位。

2. 双手中指和无名指并拢，从额头中部开始，自下而上，由中间向两边揉圈至太阳穴并点按；由下巴中心打旋斜向上至耳部；由鼻翼两侧至眉头作圆形运动；在上眼帘由眼头端移向太阳穴，下眼帘由眼头端移向眼尾及太阳穴轻压；沿嘴唇周围做环状按摩。

3. 按摩时，手、肘尽量伸展，动作要平稳，手指不可大力拉扯使皮肤变形；按摩一定要向一个方向用力，不要来回揉搓，轻柔有节奏；按摩每日一次，每次 3 分钟；面部破损有伤时，不可做皮肤按摩。

三、化妆礼仪

化妆，是通过对美容用品的使用，用来修饰自己的仪容、美化自我形象的行为，是塑造形象、体现尊重的不可或缺的方法与手段。通过化妆可以使人们更加美丽自信，简单地说，化妆就是有意识、有步骤地来进行美容，但化妆不是简单的涂脂抹粉，而是一种审美品位与操作技巧相结合的综合艺术。

（一）化妆的功能

对商务人员来说，化妆的功能主要有两个：一是要求职员化妆上岗，有助于体现单位的令行禁止和统一性、纪律性，有助于使单位形象更为鲜明、更具特色。二是要求职员化妆上岗，意在向工作中的交往对象表示尊重。因此，商务交往中化妆与否，绝非个人私事，而是衡量其对交往对象尊重与否的一个尺度。

（二）化妆的原则

1. 自然美化原则　化妆要化得美丽生动、具有生命力，更要真实、和谐、自然，切不可矫揉造作。化妆是为了修饰自己容貌的不足之处，使自己变得更加靓丽，但要避免人工修饰痕迹过浓。突出自己的自然美，以淡雅的妆容给人留下深刻的印象，才是化妆的最高境界。

2. 整体协调原则　面部协调，即面部化妆部位色彩搭配及浓淡协调，所化的妆针对脸部个性特点，整体设计协调；全身协调，即面部化妆还需与发型、发色、服饰、饰物协调，力求完美的整体效果；场合协调，即根据不同场合化不同的妆容，化妆要与场合气氛协调；身份协调，即化妆后要适合自己所从事的职业。

（三）女士化妆程序

从技巧上讲，进行一次完整而全面的化妆有一定的规范。下面列举女士全套化妆的大体步骤以供参考。

1. 洁面、护肤　用洗面奶去除脸上的油污，使面部保持清洁。随后，扑打化妆水，再涂以适合自己皮肤的护肤品，防止化妆品直接接触皮肤，起到保护皮肤的作用。此外，还有助于涂敷粉底打底色，为面部化妆做好准备。

2. 打粉底、扑定妆粉　打粉底，可以遮盖弥补面部瑕疵，调整肤色、修饰脸型和突出五官，使皮肤具有平滑、细腻的质感。脸的正面，宜选用比肤色浅 1～2 号的粉底，使肤色增白；脸的侧面，宜选用比肤色深 1～2 号的粉底，以收缩面部轮廓，注意两色衔接处应自然。扑定妆粉，可防止妆容脱落，抑制过度的油光。操作时用蘸有蜜粉的粉扑在皮肤上拍按，使蜜粉与粉底充分融合，最后用粉刷将多余的浮粉扫掉。

3. 涂眼影、画眼线　涂眼影、画眼线可以修饰眼型，渲染眼睛魅力，增强眼睛的立体感。一般涂眼影只需 1～2 种颜色，涂眼影时，以眼球最高位处为界涂色，越靠眼帘处越深，越向眉毛处越浅。画眼线一般画在睫毛根部，上眼线以外眼角为点，沿睫毛根部向中间画，长度为眼睛的 2/3。下眼线方向同上，较上眼线短，长度为眼睛的 1/3 或 1/2 即可，也可不画。

4. 修眉、描眉　修饰眉毛是为了给眼睛加上精致的窗框，以达到“眉清目秀”的效果。任何有经验的化妆者，都会将描眉视为化妆时的重中之重。修饰眉毛有三点需要注意：一是修眉，根据每个人的眉毛多少、眉型走向和脸型，用专用镊子拔除那些杂乱无序的眉毛，打造合适的眉型；二是描眉，描出的眉型必须兼顾本人的性别、年龄与脸型，要对眉毛逐根进行细描，忌讳一画而过；三是描眉后应使眉型有立体感，注意两头淡、中间浓，上边浅、下边深。

5. 美化鼻部　鼻影是很重要的一个化妆步骤，由于亚洲人的鼻子一般都比较扁塌宽大，画好鼻侧影可以修饰鼻型的缺陷，使鼻部看起来更加立体小巧。通常先用鼻影刷沾取鼻影粉，从眼头开始下笔，先扫画在眼窝前部分，加深鼻梁的阴影面积，向下晕染到鼻头，于鼻头位置再进行左右晕染。注意阴影颜色最深的位置是眉头下方、山根位置，然后越往下越淡，这里的秘诀就是晕染，用刷子或者手指来回晕染。最后将高光画在鼻梁中间，进行提亮。

6. 涂腮红　涂腮红既能调整脸型，又能使面部呈现红润健康和立体感。腮红的颜色要与眼影、唇红色彩统一。涂腮红时，内侧不超过眼睛的中线，下侧不超过耳中线。腮红应抹在微笑时面部形成的最高点，然后向耳朵上缘方向抹一条，将边缘晕开，方法是用大号毛刷从颧骨向鬓发方向刷，颊下侧从鬓发边向额骨方向刷，不宜涂得太浓，应距眼角处一手指宽度。

7. 修饰唇部　涂口红可以加深嘴的轮廓，使其生动润泽、富有魅力。先用唇线笔勾出理想的唇型，若嘴唇过大、过小、或太厚、太薄，应适当修饰。下唇线比上唇线画的略长，这样可显得和蔼可亲。唇线画好后用口红在轮廓内涂上色彩，要涂得饱满、轮廓清晰，嘴角处要涂满。最后还可以涂上唇油，增加晶莹润泽的效果。

8. 夹睫毛、涂睫毛膏　睫毛膏可使睫毛显得浓密细长，增加眼睛的美感。先用睫毛夹将上睫毛在根部、中部和尖部分三次夹卷曲，使睫毛上翘，再从睫毛根部向尖部涂刷睫毛膏。必要时可以粘接假睫毛并同样涂刷睫毛膏，操作时应多加小心，勿将睫毛膏蹭在皮肤上。

9. 修正补妆　化妆完毕要检查效果，看是否对称、均匀、自然，是否与服装、发型等整体协调，进行必要的调整补充和修饰矫正。

（四）男士化妆要求

美容不是女士的专利，男士想要显得有风度、庄重文雅，容貌修饰是必须的。

1. 清洁 职场男士工作时，基本上可以不化妆，但绝对不能胡子拉碴地上班或会面。成年男子皮脂腺分泌活跃，油脂容易黏结灰尘形成污垢，甚至会出现粉刺。因此，男士的美容主要是对皮肤进行清洁按摩，尽可能让自己清爽、干净、大方，保持皮肤的健康卫生。

2. 修饰 男士应该选择适合自己皮肤的护肤品。唇部可用无色唇膏或润唇膏，化妆重点在画眉，补缺断处，突出眉毛的“剑”形效果，但应勿露痕迹。

3. 剃须理发 男士经常剃须可使面部清洁、容光焕发。除有特殊宗教信仰与民族习俗外，商务人士不要蓄须，要养成每天剃须的习惯，还应做到定期理发、修剪鼻毛、遮掩腋毛、掩饰腿毛等。

（五）化妆的禁忌

1. 忌当众化妆 众目睽睽下化妆是非常失礼的，化妆或补妆时应避开公众视线。工作时间不能化妆，如有必要补妆，需在化妆间或洗手间进行。

2. 忌在异性面前化妆 聪明的人不会在异性面前化妆。对关系密切者，这样做会使其发现自己本来的面目；对关系普通者，则有“以色事人”充当花瓶之嫌。

3. 忌因化妆妨碍他人 有人将自己的妆化得过浓、过重，香气四溢，就是对他人的一种妨碍。

4. 忌妆面残缺 化妆要有始有终，维护妆面的完整性，不能只突出某些部位，而“冷落”某些部位；如饮水、休息、出汗后妆面残缺，一定要及时补妆。

5. 忌用他人化妆品 化妆盒都具有隐私性，随便使用他人化妆品，等于侵入其隐秘的私人空间。而且，直接接触皮肤的化妆品、化妆用具极易带上细菌，容易造成交叉感染。

6. 忌评论他人化妆 他人化妆与否、如何化妆都属于个人自由，不宜评头论足，也不宜批评和指责其妆容效果。

四、肢体修饰礼仪

（一）手部、臂部的修饰

手是肢体中使用最多、动作最多的部分，被誉为人的“第二张脸”，手部形象与个人的整体形象密切相关。社交活动中要完成各种手语、手势，难免受到他人关注，所以适时适度地保护与美化手部是十分必要的，如果手部“形象”不佳，个人的整体形象将大打折扣。具体要求有以下四点。

1. 清洁 日常生活中手是接触他人和物品最多的地方。从清洁、卫生、健康的角度来讲，手脏、接触物品后或拿食物入口前、上过卫生间后，都应及时洗手。手部肌肤的油脂腺较少，较身体其他部位更易干燥，又经常暴露于空气中。因此，细心呵护双手要注意：每晚用护手霜按摩；去除手上的死皮；做家务或粗活时戴上手套；偶尔可敷一些现成或自制的护手膜。

2. 不涂艳丽的指甲油 女性可根据不同情况需要，涂上不同颜色的指甲油以美化指甲。适当的美甲可以增添手部魅力，给对方留下美好印象。同指甲颜色相近的指甲油能够起到很好的修饰作用，但颜色过于醒目艳丽的指甲油则不宜用在商务工作场合中。

3. 不蓄长指甲 手指甲通常不宜长过指尖，要适度修理，养成“三天一修剪、每天一检查”的良好习惯，还应注意及时剪除指甲周围的死皮。有人习惯将小指甲留长，有人当众剪指甲，这些都是不良举止。

4. 腋毛不外露 穿着肩部外露的服装，最好剃去自己的腋毛。另外，若手臂长有较浓密的汗毛，必要时应将其去除。

（二）腿部、脚部的修饰

人际交往中常有“远看头，近看脚”的观察习惯，如果对腿脚部清洁掉以轻心，就会被戏称为“凤凰头，扫帚脚”。应特别注意三点：一要勤洗脚、勤换袜子，不穿不透气、易生异味的袜子；二要定期更换自己的鞋子，在穿鞋前，务必细心清洁鞋面、鞋跟、鞋底等处，定期擦油，使其锃亮光洁。三不要光腿、光脚或露脚趾、脚跟穿鞋，这些都会显得散漫，令客户反感。

此外，日常还应养成良好的卫生习惯。要坚持勤洗澡，常换衣袜，除去身上的尘土、油垢、汗味和其他不良异味；体毛必须修整或遮盖；商务职场男性和女性应有意识地不穿暴露腋毛的衣服；社交场合进餐后一定要剔牙，但切忌当面剔牙；还要避免当众打哈欠、搔痒、吐痰、搓污垢、抠耳朵、抠眼屎、掏鼻孔、擤鼻涕、脱鞋袜等行为，这样既不卫生，也不文雅。

（三）香水使用礼仪

香水是一种用香料、酒精和蒸馏水制成的溶液，能散发持久浓郁的香气，香料一般为天然香花精油或天然动物香料，溶剂为纯酒精。根据其香型，香水可分为植物香型香水和动物香型香水；根据其香精油浓度高低，可分为香精、淡香精、淡香水、古龙水和清淡香水。商务社交场合中正确使用香水能够帮助使用者提升个人形象和魅力。

1. 香水使用的场合 香水使用一定要注意结合场合与环境。公务场合应用淡雅清新的香水，而在私下亲密的时刻，则可以用浓烈诱人的香水。白天和夏季应以清淡的香水为主，如古龙水和淡香水；晚上和冬季由于温度低，香水应相应增加浓度，如香精、淡香精。探病或就诊时尽量不用香水；参加严肃会议或工作场合，要使用淡香水；在外就餐时，应将香水喷在腰部以下，过浓的香水会影响人的食欲。香水，独具“个性”，但是多种混合，香味常常是不太好闻的，因此切忌将两种以上的香水混合使用。

2. 香水使用的部位 香水宜涂在人体体温较高、有脉搏跳动处，这样更利于香气的发散，如手腕、耳后、颈项两侧的脉搏处，手臂内侧及膝盖内侧也是合适的部位。香水除了可以直接涂抹于皮肤上，还可喷洒在衣服上，一般多喷于内衣、外衣内侧、裙下摆以及衣领后。需要特别注意的是，面部、腋下汗腺、易被太阳晒到的暴露部位、易过敏以及有伤口的皮肤，均不宜使用香水。

3. 香水的选购

（1）一款品质良好的香水均具有三段式香味，由前味、中味、后味表现出起承转合的韵律感。中味是香水原本的味道，在选购时要以中味为准，它通常是在香水喷洒后十分钟左右得来的香味。

（2）选购香水时，最好避免一次性试闻太多款，最多只闻三种，因为嗅觉疲劳后很难分出其差异。不要直接从瓶口闻香，而要将香水喷在试香纸、手腕上或空气中，等香水干了再闻。

（3）试用香水时，几种香水试用的位置距离越远越好，左右手腕和手肘内侧，每处可试一种香水，并记住涂抹位置；试完香水后至少要等 10 分钟，酒精挥发掉后才能知道香水真实的气味。最好是离开香水柜台一会儿，对其进行一番“考验”后再买。

（4）不要在剧烈运动或饭后试用香水，体温和食物味道会影响香水的气味；不要以为别人身上好闻的味道就一定适合自己，香水在不同人身上有着细微的差别。

实例分析

实例 阿美是一所美容学校的学生，初学美容美发，对其非常感兴趣，走在大街上总爱观察别人的妆容，因此发现了一道道奇特风景线。

甲，一位普通中年妇女，扎了个简单的马尾辫，没有其他化妆，只涂了一个很红很艳的嘴唇，突出了一张嘴。

乙，一位身着职业装的青年女士，大波浪卷长发，浓妆艳抹，脸上精采纷呈但脖子却粗糙马虎，在脸庞轮廓上有明显的分界线，像戴了面具一样。

丙，一位学生模样的少女，画着粗的黑色眼线将眼睛包围起来，像个“大括号”，看上去生硬、不自然。

丁，一位中年男士，迎面走过浓浓的香水味道直冲鼻孔，让人有些喘不上气。

问题 请帮阿美分析，以上四位在仪容方面存在哪些问题？

答案解析

任务二　仪表服饰礼仪

仪表是一个人的外表，主要是指人的服装穿着、饰品佩戴等。意大利著名影星索菲亚·罗兰说过：“你的衣服往往表明你是哪一类人，它们代表着你的个性。一个和你会面的人往往自觉不自觉地根据你的衣着来判断你的为人。”

服饰是一种文化，穿着得体不仅可以展示一个人良好的文化修养、高雅的审美情趣，还能给人留下鲜明的印象，赢得他人信赖。尤其在商务活动中，人们总是有意无意地以美的标准去塑造自己，通过服饰美展示内心对美的追求。

一、着装的基本原则

（一）TPO 原则

TPO 是英文 Time（时间）、Place（场合）、Object（目的）三个单词的缩写，是目前国际上通行公认的穿衣原则。

1. 时间原则 指服饰打扮应考虑时代、季节及一天内各时段的变化。着装应顺应时代潮流和节奏，过分落伍或新潮都会令人侧目；着装应与不同季节的气候条件相适应，夏天应凉爽、简洁、素雅，冬天应以保暖、简练为佳，春秋两季应轻巧灵便、厚薄适宜；着装应有日装、晚装之分，白天要根据工作性质选择，要求轻便、舒适、端庄，便于活动，晚间可能有宴请、音乐会、舞会等社交活动，要求艳丽、华贵、典雅。

2. 场合原则 指服饰打扮要与场所、地点相适应，以获得视觉与心理上的和谐感。不同的场合和环境应选择不同的服饰，通常公务场合应庄重保守，社交场合应时尚个性，休闲场合应舒适自然。与环境不协调的服装，会给人华而不实、呆板怪异的感觉。

3. 目的原则 着装往往体现着穿者个人的意愿和目的，即着装应适应自己扮演的社会角色，既表现出自己的个性风格，又要对应别人，向交际对象表现出诚意与尊重，使对方能够接受你的仪表。只有这

样，才能达到预期交际或工作的目的。比如与顾客会谈、参加正式会议，衣着应庄重考究；听音乐会或看芭蕾舞，则应按惯例着正装；如果以便装出席正式宴会，不但是对宴会主人的不尊重，也会令自己尴尬。

即学即练

答案解析

国际上通行公认的穿衣原则是（ ）

A. OPT 原则 B. TOP 原则 C. POT 原则 D. TPO 原则

（二）整洁性原则

一个衣着整洁的人总能给人积极向上的感觉，总是受欢迎的；而一个衣衫褴褛的人，给人的感觉总是消极颓废的。任何情况下，身着任何服装都应是干净整洁的，不能有破损、皱褶、污渍，扣子等配件不能残缺不齐，否则有失雅观。

（三）整体性原则

着装的整体包括：人的内在精神、气质、修养和外在的形体，以及服装本身款式、色彩、质地、工艺等所表现的“神韵”。正确的着装能使形体、容貌等形成和谐的整体美，服饰美就是从多种因素的和谐统一中显现出来的。

（四）个性化原则

不同的人由于年龄、职业、文化素养的差异，自然会有不同的气质，一个人的穿着要与他的年龄、体型、脸型、肤色、性格、职业等多种因素相吻合，通过服饰突显其独特的个性魅力，达到扬长避短、显美隐丑的效果。

（五）协调性原则

着装要与体型、肤色、年龄相协调。例如，体形瘦小的人适合穿色彩明度高的浅色服装，这样显得丰满；体形肥胖的人用明度低的深颜色则显得苗条；脖子短的人可以选择无领或低领款的上衣；肤色黑的人不宜穿颜色过深或过浅的服装，而应选用与肤色不明显的粉红色、蓝绿色，最忌用色泽明亮的黄橙色或色调极暗的褐色、黑紫色；皮肤黄的人不宜选用半黄色、土黄色、灰色的服装；中老年妇女不能像少女一样穿超短裙等。

二、服饰色彩的搭配

色彩，被称为“服装之第一可视物”，是服装留给人们记忆最深的印象之一，而且在很大程度上也是服装穿着成败的关键所在。因此，服饰一定要讲究配色。

（一）服饰色彩的特性

色彩是由不同的色相、明度、纯度、色性呈现出来的。色相就是色彩所呈现出来的质的面貌；明度是颜色的明暗度；纯度是颜色的饱和度；色性是颜色的冷暖。因此，色彩具有冷暖、轻重、缩扩等特性。

1. 色彩的冷暖 能使人产生温暖、热烈、兴奋之感的色彩为暖色，如红、黄、橙色；使人有寒冷、抑制、平静之感的色彩为冷色，如黑、蓝、绿色。灰、紫色为中间色，白、粉色为过渡色。

2. 色彩的轻重 色彩越浅，明度越强，它使人有上升之感、轻感；色彩越深，明度越弱，使人有下垂之感、重感。

3. 色彩的缩扩 冷色、深色属收缩色，运用到服装上使人苗条；暖色、浅色为扩张色，运用到服装上使人丰满。

（二）服饰配色的方法

着装要注意色彩搭配，服装配色以“整体协调”为基本准则。全身颜色最好不要超过三种，且以一种颜色为主色调，太多则显得乱而无序，灰、黑、白三种颜色在服装配色中占有重要位置，几乎可以和任何颜色相配。在服装色彩使用上想要成功，最重要的是掌握服饰色彩的搭配方法。

1. 统一法 即亲近色调和法。在配色时将色调相近或相同，明度有层次变化的色相相互搭配，形成和谐统一的效果。相同配色，如全身白色、蓝色、黑色，这种配色法最适合单位、团体统一制服，以产生同工作环境的和谐感。相近配色，如墨绿配浅绿色、红色配深红、咖啡配米黄色等，给人以端庄、稳重、高雅的感觉。同色搭配时，掌握一个原则，就是上浅下深，上明下暗。

2. 对比法 即在配色时运用明暗特性相反的色彩进行组合，它强调的是色彩上强烈反差对比衬托的魅力。如黑白色搭配，色彩明朗，格调新颖，具有深入浅出的效果。

3. 呼应法 即配色时，在某些部位刻意采用同种色或类似色，使其遥相呼应，产生和谐统一的美感。例如社交场合穿西装的男士讲究“三一定律”，使公文包、腰带、皮鞋的色彩呼应一致。

4. 点缀法 即主色调搭配法，是在统一完美的主色调基础上，相配各种颜色，相互陪衬，相映成趣。采用这种方法，主色起决定性作用，装饰色越少就越显鲜明，起到画龙点睛的作用。如灰色衣饰添加小部分红色装饰就很悦目，如果多处添加就显俗气了。

知识链接

不同色彩的寓意

服饰色彩多种多样，其不同的色彩搭配，会有不同的寓意。

暖色调——红色象征热烈、活波、兴奋、富有激情；黄色象征明快、鼓舞、希望、富有朝气；橙色象征开朗、欣喜、活跃；粉色象征活泼、年轻、明丽娇美。

冷色调——黑色象征沉稳、庄重、冷漠、富有神秘感；蓝色象征和平、心灵的安静；绿色象征生命、鲜嫩、愉快、青春等。

中间色——黄绿色象征安详、活泼、幼嫩；红紫色象征明艳、夺目；紫色象征华丽、高贵。

过渡色——白色象征朴素、高雅、明亮、纯洁；灰色象征中立、和气、文雅。

三、女士着装礼仪 微课 1

一般来说，女士更注重自己外表的美化。女性服装比男装色彩更加丰富、款式更加别致，但应避免过分夸张和花哨。职业女性在正式场合的着装，以西装套裙为首选，西装套裤、连衣裙、旗袍、礼服亦可考虑，但均宜简洁大方、端庄素雅，展现女性的良好修养和独特品位。

（一）西装套裙穿着礼仪

裙式服装最能展现女性的魅力，西装套裙以其严整的形式、多变却不杂乱的颜色、新颖却不怪异的款式，成为职业女性最规范的工作装。女士在正式场合一定要选择符合要求的套裙，而且穿着要得法。

1. 定好款式 西装套裙的款式应比较规范，既不能像时装一样赶新潮，又不能粗俗乏味。套裙以西服式样居多，但上装的衣领、袖口、衣襟、衣摆，下装的开叉、收边等，都可于细微之处见风格。西装套裙的造型变化主要集中在长短与宽窄两个方面。上衣与裙子的造型，有上长下长、上短下短、上长下短、上短下长四种形式，视觉上都能取得较好效果；大小应相宜，过大或过小，过肥或过瘦都不合适，上衣最短可以齐腰，裙子最长可以达到小腿中部，但超短裙是不能在正式场合出现的。

特别应当注意，上衣的袖长以恰好盖住着装者手腕为宜。衣袖如果过长，甚至在垂手而立时挡住大半个手掌，往往使人看上去矮小无神；衣袖如果过短，动不动就“捉襟见肘”，则会显得滑稽随便。

2. 选好衣料 西装套裙所选面料的质地应当上乘，上衣与裙子应使用同种面料。除了选择纯毛、羊绒、亚麻、真丝、高织棉制品，也可选择含人造纤维的混纺面料。面料应当匀称、平整、滑润、挺括、富有弹性，而且不易起皱。

西装套裙的色彩应当淡雅、清新、庄重，不宜太夸张，基本要求以冷色调为主，体现着装者的端庄与稳重，最佳颜色是炭黑、藏青、烟灰、茶褐、雪青等，精致的方格、印花和条纹也可以。在此基础上有时亦可稍有变化，以两件套西装套裙为例，上衣与裙子可以一色，也可以采用上浅下深或上深下浅两种不同的搭配，使之形成对比。夏季选择明朗、轻柔的白色、浅粉、浅蓝、淡黄、淡绿系列，更能显示出女性柔美的气质。

3. 协调妆饰 高层次的穿着打扮，讲究的是着装、化妆与配饰风格统一，相辅相成。穿着西装套裙时，套裙整体要整洁、协调、端正；化妆不得缺少，但不能化浓妆而要化淡妆，主要是因为在工作岗位上要突出的是工作能力、敬业精神，而非自己的性别特征和靓丽容颜；饰品不宜过多，尽量选择同色系的饰品佩戴，不戴首饰也是可以的。

4. 配好鞋袜 穿着西装套裙时，应选择浅口的中、高跟皮鞋，不宜穿凉鞋、布鞋、靴子、旅游鞋等，颜色应与衣服颜色一致或略深些，形成混然一体的搭配，黑色皮鞋是适用最广的，可以和任何服装相配。袜子应是近似肤色的长筒丝袜或连裤袜，长度一定要高于裙子边缘，配裙装不穿袜子，穿短袜、有破损的、带大花纹的袜子都是不礼貌的。不论是鞋子还是袜子，均以简洁为好，色彩、图案和装饰都不要过多。

5. 兼顾举止 西装套裙最能够展现女性的柔美曲线，这就要求着套裙时一定要注意举止优雅。比如，走路时不能大步奔跑而只能小步走，步子要轻而稳；拿自己够不着的东西，可以请他人帮忙，不要掂起脚尖、伸直胳膊或是俯身探头去拿；当着别人的面不能随便解开衣扣、脱下上衣，更不能撩起裙子。

特别需要指出的是，女士在正式场合露面之前，一定要抽出点时间仔细检查一下自己所穿衣裙的纽扣是否系好、拉链是否拉好。大庭广众之下，如果衣扣系得有所遗漏，或者裙子拉链忘记拉上或滑开，都会很尴尬。

（二）连衣裙穿着礼仪

连衣裙造型多样，能尽显女性特有的恬静和妩媚，交际场合中的连衣裙应以大方典雅为宜，单色连衣裙在大多数场合效果都很好，点、条、格面料的连衣裙图案也应力求简洁。要注意避免造型怪异、领口过低、衣裙过紧、面料过透的连衣裙，鞋袜搭配的要求与西装套裙的要求一致。

（三）旗袍穿着礼仪

旗袍是我国独有的、富有浓郁民族文化的传统女装，其流畅的造型曲线贴切自然地勾勒出东方女性柔美的身材，体现出含蓄凝重的东方神韵。近年来，旗袍以其独特的优势魅力，逐渐成为中国女性的礼服。作为礼服的旗袍，最好是单一颜色，面料以呢绒绸缎为主，长度最好是长至脚面，开叉的高度应在膝盖以上、大腿中部以下。穿无袖式旗袍，冬天可配以披肩，但不适合戴手套和帽子。穿旗袍可配精致小巧、挎在手腕上的坤包，并要小步慢行，显示端庄文雅。旗袍鞋袜搭配的要求与西装套裙、连衣裙的要求一致。

（四）礼服穿着礼仪

晨礼服也称常礼服，主要在白天穿，由面料、颜色相同的上衣与裙子搭配而成，也可以是单件连衣裙。一般以长袖为多，肌肤暴露的很少。可戴手套和帽子，也可携带一只小巧的手包或挎包。晨礼服适用于参加在白天举行的庆典、茶会、游园会、婚礼等。

晚礼服，是一种露背的单色拖地或不拖地的连衣裙，可佩戴颜色相同的帽子和长纱手套以及各种饰物。晚礼服是最正式的礼服，主要用于晚间举行的各种正式活动，如官方举办的各种宴会、酒会、大型交际舞会等。

（五）女士着装禁忌

1. 忌过分杂乱 女性正式场合着装不宜太过鲜艳、醒目，更不能珠光宝气。穿制服上岗应遵守规定，如女员工穿制服套裙应搭配合适的鞋子，不能赤脚穿凉鞋，衬衫下摆应塞到裤裙里等。

2. 忌过分裸露 服装样式不能太过暴露，胸部、腹部、腋下、大腿是公认的着正装时不准外露的四大禁区。

3. 忌过分透薄 着装如果过于单薄或透亮，稍有不慎就会使内衣甚至身体敏感部位“公诸于众”，令人十分难堪。

4. 忌过分肥大或瘦小 着装若是过分肥大，会显得松松垮垮、无精打采；若是过分瘦小，则又会捉襟见肘、工作不便。

5. 忌鞋袜不合适 每天应当把皮鞋擦得干净、光亮，破损鞋子应及时修理或调换，袜子也要整洁卫生。

四、男士着装礼仪 微课 2

西装是一种国际性服装，是世界公认的男士正统服装，也称西服。在外交、社交和商务等正式场合，男士着装以西装最为稳妥，也可以着礼服、中山装，配白衬衫。男士穿着应和谐搭配、不求华丽，运用好“三色原则”与“三一定律”。

（一）西装穿着礼仪

西装因具有造型优美、做工考究、四季皆宜等特点，是最常见的办公服，也是全世界男士最流行的服装。一套合体的西装，可以使穿者潇洒精神、风度翩翩。西装七分在做，三分在穿，其穿着十分讲究，有一整套严格的礼节。

1. 选好款式、型号 西装在款式上有流派之分，但各流派之间差异并不大，只是在后开叉的部位、扣子数量、衣领形式等方面有所不同。因此，要充分根据自己的身高、体型来选择合适自己的西装。西装衣领应紧贴衬衫领口，上衣长度宜在垂下手臂时与虎口相平，袖长至手腕，胸围以穿一件“V”字领羊绒衫后松紧度适宜为好，裤长以裤脚盖住脚背 2/3 最为适合。

2. 选好面料、颜色 西装面料应力求高档。一般情况下，纯毛面料应为首选，高比例含毛的混纺面料也可以，不透气、不散热、发光发亮的各类化纤面料尽量不用。以高档毛料制作的西装，大多具有轻、薄、软、挺的特点。轻，指的是西装不重、不笨；薄，指的是西装面料单薄，不过分厚实；软，指的是西装穿起来柔软舒适，既合身又不给人以束缚挤压感；挺，则指的是西装外表挺括雅观，不发皱、不松垮、不起泡。

西装的颜色必须庄重、正统，不能过于轻浮和随便，首推藏蓝色、灰色，黑色是礼服西装的颜色，更适合庄重肃穆的礼仪性活动，其他“杂色”或有格子、条纹等图案的西装，多数情况下与正式场合无缘。上乘西装的特征之一，便是没有任何图案。

3. 穿好衬衫　西装必须要配长袖衬衫，衬衫不要过旧，颜色与西装颜色协调，不能是同一颜色，首选白色，蓝色、灰色等素色也可考虑，其他单色或花色皆不可取。衬衫领头一定要整洁、挺括，领围以合领后伸入一个手指为宜，领子应高出西装领口约 1.5cm，袖口应长于西装袖口 1 ~ 2cm。衬衫的下摆必须扎在西裤里，袖口扣好，不可卷起。系领带时衬衫领口扣子必须系上，不系领带时衬衫领口扣子要解开。根据要求，衬衫里面不应穿内衣，若特殊原因需穿时，内衣领和袖口不能外露，不能过分臃肿，否则会显得不伦不类。

4. 系好领带　领带被誉为西装的“灵魂”，正式场合一般都应系领带。领带的质地以丝、毛为佳，化纤次之。颜色、图案应与西装协调，以单色为好，图案以圆点、条纹、方格等几何图形为宜。领带结是领带最重要的部分，各种不同的系法可以形成不同大小形状的领带结，具体可视衬衫衣领的角度选择。领带系好后，长度以大箭头触及皮带扣为标准，如有西装背心相配，领带应置于背心之内，领带尖亦不可露出背心外。

常用的领带打法见图 2 - 1。

a.普通打法（平结）

b.标准打法（温莎结）

c.交叉打法（交叉结）

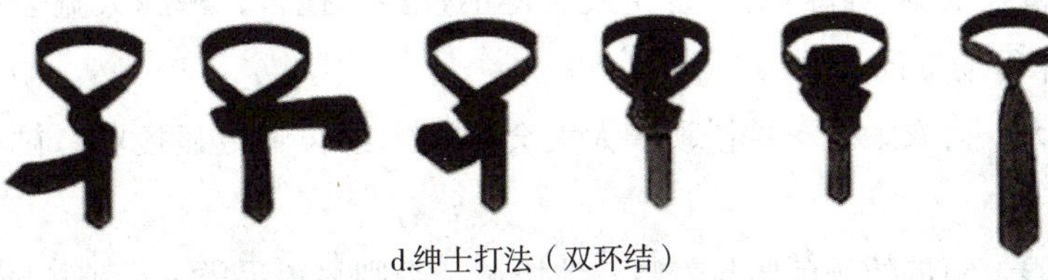

d.绅士打法（双环结）

图 2 - 1　常用的领带打法

5. 扣好纽扣 西装有单排扣和双排扣之分，单排扣又分为单粒扣、双粒扣和三粒扣，双排扣又分为两粒扣、四粒扣和六粒扣。西装纽扣的系法有讲究，双排扣西装要将所有扣子都扣好；单排扣西装要求将实际纽扣即单粒扣、双粒扣的第一粒、三粒扣的中间一粒或中、上两粒扣上，双粒扣的第二粒、三粒扣的第三粒都是样扣，不必扣上；西装有内扣的，必须系上。

6. 用好口袋 西装口袋应少装东西，如果可以则尽量不装，保证西装在外观上不走样。通常，西装的口袋都有各不相同的作用。上衣外侧的两个衣袋只作装饰用，不可装东西；左胸外侧口袋除可装一块装饰用的手帕外，不应再放其他东西；左胸内侧衣袋可以装名片夹，右胸内侧衣袋可以装票夹和笔；西裤口袋也不可装物，以求臀围合适、裤型美观，后兜可以稍装零用钱。

7. 配好鞋袜、皮带 西装套装必须要配皮鞋，不能穿旅游鞋、便鞋、布鞋及露脚趾的凉鞋；皮鞋应与西装搭配协调，款式庄重正统，以黑色牛皮鞋为首选，穿时应保证鞋面无尘、鞋底无泥；袜子以棉、毛最好，混纺次之，单色为宜，颜色要比西装稍深一些，忌穿白色、花色或肉色袜子。腰带应为皮带，宽度在 2.5 ~ 3cm 之间，系好后留有皮带头长度一般为 12cm 左右，过长或过短都不合美学要求。

8. 整体搭配协调 正式场合如宴会、正式会谈、典礼及晚间社交活动，西装穿着必须注意整体搭配协调。一般来说，衬衫、领带、鞋袜等和西装在色调上要符合“三色原则”，即全身色彩不宜超过三种，最好是选择深色西装、白色衬衫、黑色鞋袜、单色领带。要拆掉西装袖口的商标，熨烫平整、保持整洁；衣、裤扣要扣好，拉锁要拉严，袖口和裤边不能卷起；腰间不挂手机、钥匙等物品，口袋不装或少装东西。

非正式场合如旅游、参观，以及半正式场合如一般性会谈、访问，可视场合气氛在西装色彩、图案及搭配上大胆一些，如花格呢、淡色的套装、单件上装配各种西裤，都不失为恰到好处的选择。

（二）男士穿西装宜携带的物品

1. 公司徽标 公司的徽标需要随身携带，准确佩戴位置是男士西装左胸上方。

2. 钢笔或签字笔 从事商务活动要经常使用钢笔，正确携带位置是男士西装内侧口袋，而不是外侧口袋或衬衫口袋。

3. 名片夹 选择质地优良的名片夹随身携带，可以确保名片的清洁整齐。接受他人名片后放入名片夹以示尊重，方便日后备用查找。

4. 公文包 应尽量避免在口袋中携带物品，男士常用的手机、笔记本、笔可以放在公文包里。公文包的式样、大小应该和整体着装配合，颜色、质地应与皮带、皮鞋保持一致，即符合“三一定律”。

（三）男士着装禁忌

1. 忌裤腿太短 短裤腿会造成视觉误差，使矮个子显得更矮，对高个子而言，则会给人重心不稳之感，略显滑稽。

2. 忌裤裆太肥、裤腿太宽 裤裆太肥会使人显得不整洁、拖沓，裤腿太宽会给人造成视觉上的怪异感，更关键的是带来行动上的不便。

3. 忌衬衫领子太大、衬衣太瘦 衬衫领子太大会使脖子细长者更显瘦弱，衬衣太瘦会突出发胖的腹部，显得不够大方。

4. 忌领带颜色刺眼 领带的颜色要与着装整体协调，否则显得另类，会破坏整体美。

5. 忌穿涤纶面料西装 涤纶面料质感欠佳，表面“浮光”显得档次不够，且透气性与吸湿性均不好，长期穿着对人体不利。

6. 忌西装配运动式皮鞋　西装是十分讲究的正式服饰，要搭配正式皮鞋才算和谐，而运动式皮鞋太过随意，这样搭配缺乏整体性和配套性，有拉低品位之嫌。

五、饰品佩戴礼仪

服装的饰品包括首饰和配饰。首饰包括项链、戒指、耳环、手镯、手链、手表、胸饰等，配饰包括领带、丝巾、围巾、帽子、腰带、包、鞋袜、眼镜等。饰品佩戴尤其是首饰佩戴，必须遵守一定的礼仪规范和佩戴原则，与个人的整体形象、风格、服装协调一致。

（一）饰品佩戴原则

首饰是女士们不可缺少的重要饰品，在整体服饰中发挥着装饰作用。首饰的佩戴是一门艺术，佩戴适宜可以增添光彩；反之，即使珠光宝气也庸俗不堪。

1. 符合身份　选戴首饰时，不仅要顾及个人爱好，更要符合身份，要与自己的性别、年龄、职业、工作环境协调。一般来说，有碍于自己工作的、炫耀自己财力的、突出个人性别的首饰如脚链等尽量不戴。

2. 适量为佳　佩戴首饰要适量，而不是越多越好。一般身上佩戴的首饰总量不宜超过三种，每种不宜超过两件。佩戴多件首饰时，在色彩与质地上要协调一致，戴得过多过杂会显得繁杂零乱、没有品位。

3. 注意场合　上班、运动或旅游时，可不戴或少戴首饰；晚宴、舞会或喜庆场合应佩戴首饰；吊唁、丧礼场合只允许戴结婚戒指和素色饰品。

4. 考虑性别　正式场合男性不佩戴首饰为佳，必要时以戴一枚婚戒为宜。若佩戴首饰过于花哨繁杂，会有损男子的阳刚之气，也不符合商务人士的身份。女士佩戴首饰的种类较多，选择范围较广，但也不宜佩戴过多，可选择戒指和项链。

5. 搭配协调　佩戴首饰时，要与自己的身材、脸型以及季节和周围环境相吻合，特别要与服装在风格上搭配，这样才会“锦上添花”。首饰的个性是通过使用者个人气质表现出来的，要善于利用各种饰物点缀为人增色，来衬托个人的特质。

（二）常见首饰的佩戴

1. 戒指　戒指不仅是手指的装饰品，还是特定信息的传递物，意味着永恒，可以反映出佩戴者的婚姻状况。较为通行的佩戴规范是把戒指戴在左手上，除大拇指外，各个手指都可以佩戴，不过戴在不同的手指上有不同的含义。戴在食指上，表示无偶、求爱；戴在中指上，表示已经恋爱、热恋中；戴在无名指上，表示已订婚或结婚；戴在小指上则暗示自己是独身主义者。一般情况下，一只手上只戴一枚戒指，最多两枚，戴两枚以上是不合适的。

2. 项链　项链象征着平安、富贵，人们可根据自己的脸型、着装、时间、场合选择佩戴项链。一般来说，脸长脖细者宜佩戴贴颈的短项链，圆脸脖短者宜佩戴细长粒小的项链；细小的项链与圆领上衣相配会显得清秀，厚实的高领毛衣则适合粗重的项链；夏季炎热，宜佩戴白金项链，黄金项链宜在其他三季佩戴。金项链给人一种华贵富丽之感；珍珠项链则以白润光洁给人高雅的美感；各色宝石项链以折射的荧光显示出优雅高贵；景泰蓝、玛瑙等项链则以深沉古朴表现典雅大方。

3. 耳饰　耳饰有耳环、耳钉、耳坠、耳扣等，它的色彩造型对人的面部形象、气质风采影响比较大。耳饰的选择应与衣服相协调，纯白色和银耳饰可配任何衣服，钻石耳饰或洁白晶莹的大珍珠耳饰，宜配深色高级天鹅绒旗袍或高档礼服。正式场合中应避免戴发光、发亮、发声的耳饰。耳饰还应兼顾脸型，形状要和脸型成反比，圆脸不适合又圆又大的耳饰，宜佩戴体积较小、形状细长且贴耳的链式耳饰；长脸不适合长而下垂的耳饰，宜佩戴宽大耳饰。

4. 腕饰 手镯和手链都是戴于手腕上的饰物，但佩戴方法有所不同。一般情况下手镯可以戴一只，也可同时戴两只，戴两只时款式花色应相同，左右手各一只。工作场合通常是不戴手镯的，尤其是服务行业如售票处、商店、餐饮业等。手链男女均可佩戴，但仅限戴一条且戴于左手。一只手上同时戴两条手链，双手同时戴手链，手镯手链同时佩戴，都是不适宜的。目前，手表也常作为一种腕饰，但与手镯、手链也不能戴在同一只手上。

5. 胸针 胸针的佩戴是有讲究的。男士的胸针佩戴方式有严格要求，穿带领的衣服时胸针要佩戴在左侧；穿不带领的衣服，则佩戴在右侧；发型偏左时佩戴在右侧，反之则戴在左侧。而且，胸针的上下位置应该在第一纽扣及第二纽扣之间的平行位置上。

女士佩戴胸针则较自由，传统的佩戴方法是将胸针扣在外套的翻领上。一般而言，颜色素雅、面料薄的裙装适合配颜色鲜艳、花型小的胸花，颜色鲜艳、面料厚的裙装适合配颜色素雅、花型大的胸花。金色胸针适合配暖色调套裙，银色胸针适合配冷色调套裙。钻石胸针和胸花属于女性晚间的装饰品，不宜白天佩戴。

（三）常见配饰的佩戴

饰品的选择、搭配与使用等细节，往往更能充分客观地反映出商务人员的素养。商务人员适宜佩戴的饰品除了首饰外，还有领带、丝巾、围巾、帽子、腰带、包、鞋袜、眼镜等。

1. 丝巾 丝巾深受女士喜爱，不管什么场合，利用飘逸柔媚的丝巾点缀，都能使穿着更有味道。丝巾可以调节脸部气息，如红色系可映衬面颊红润，或是突出整体打扮，如衣深巾浅、衣冷巾暖、衣素巾艳。佩戴丝巾要注意，如果脸色偏黄，不宜选用深红、绿、蓝、黄色丝巾；脸色偏黑，不宜选用白色、有鲜艳大红图案的丝巾。常见丝巾的佩戴方法有巴黎结、领带结、西班牙结、海芋结、竹叶结等，如图 2－2。

2. 围巾 围巾一般在冬春季节使用比较多。它的搭配要和衣服、季节协调，厚重的衣服可以搭配轻柔的围巾，但轻柔的衣服却绝不能搭配厚重的围巾。厚重围巾一般适合室外或部分公共场所，到了房间里就要及时摘掉。

3. 帽子 帽子可以起到遮阳御寒的作用。一般来说，男士进入房间后就应该摘掉帽子挂在衣架上，也可以拿在手里。女士的限制则少一些，在公共场合也可以不脱帽，但无论男女，正式的商务场合都必须脱帽。

4. 手套 在西方传统服饰中，手套曾是必不可少的配饰。现在手套除了御寒外，作用无非就是保持手部清洁和防止太阳暴晒了。进屋以后，一般要马上摘下手套，吃饭的时候，手套必须摘下；和别人握手，不管冬夏都要摘掉手套；女士握手时，有时不用脱手套，但摘掉手套更显礼貌。

5. 包 男士的包比较简单，一般都是公文包，手提式的长方形公文包是最标准的。面料应该是牛皮、羊皮制品，且以黑色、棕色最正统，从色彩搭配的角度来说，公文包颜色和皮鞋一致，看上去就显得完美和谐。除商标外，公文包在外表上不要带有任何图案、文字，包括真皮标志，否则有失身份。

a.巴黎结

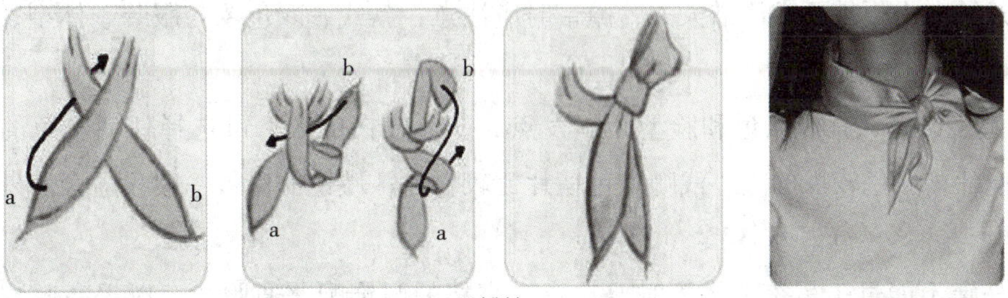

b.凤蝶结

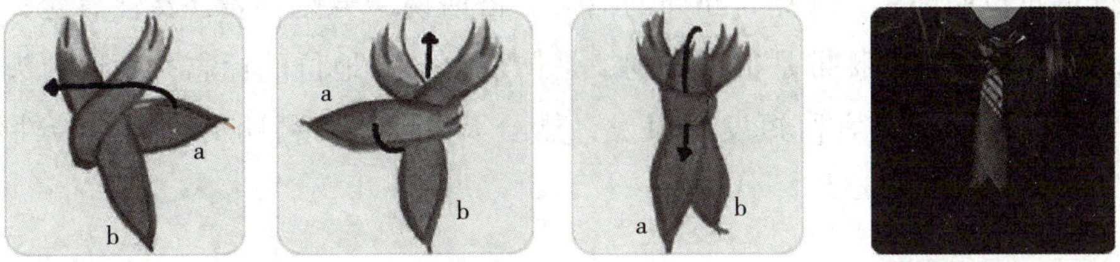

c.领带结

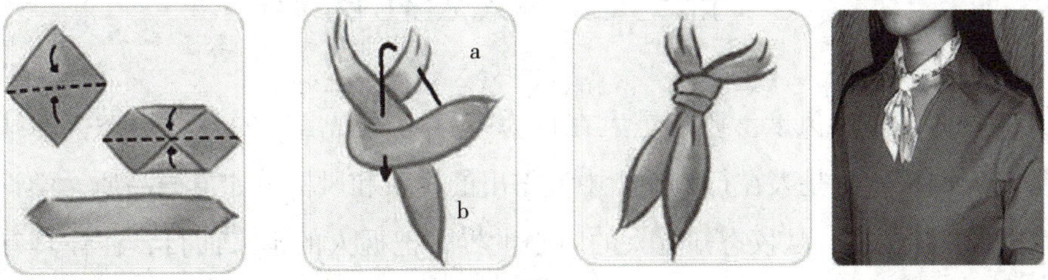

d.竹叶结

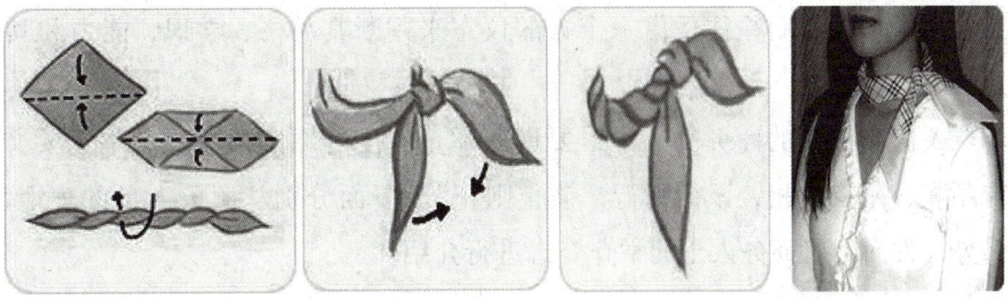

e.海芋结

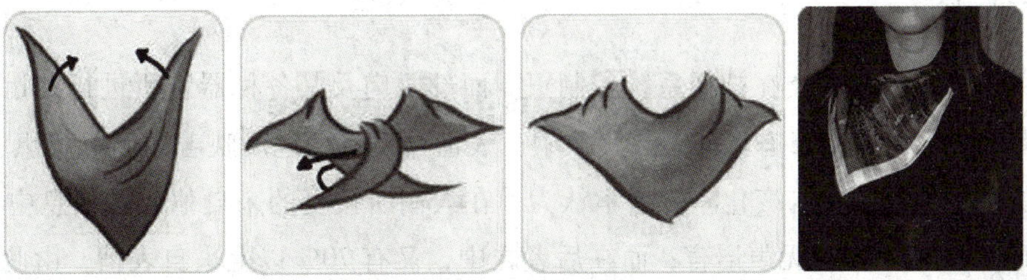

f.西班牙结

图 2－2　常用的丝巾打法

女士包是女性在各种场合中不可缺少的饰物，既有装饰价值又有实用性，颜色应和服装搭配。根据外型和用途女士包可分为三种：肩挂式、平提式、平拿式。一般女士上班或参加商务会议可用平提式包，可以放下 A4 纸大小的文件，不仅使用方便，而且显得干练。另外，女士还应准备一个小巧的手包，里面放少量的化妆品、钥匙、钱物等，可以出席正式场合时用。

6. 腰带 男士的腰带比较单一，质地大多是皮革的，没有太多装饰，穿西服时都应系腰带。夏季只穿衬衫并扎到裤子里时，也要系上腰带。颜色方面要遵从“三一定律”，要求腰带的颜色与公文包、皮鞋的颜色一致。女士腰带要求简洁大方，佩带时应注意，款式、颜色要与服装、体型、社交场合协调适应。

7. 眼镜 眼镜选择通常以肤色和脸型为出发点。肤色较白的人，可选择任何颜色的镜片，但不宜选择淡蓝色的镜片；肤色较黑的人，浅咖啡色镜片比较合适。墨镜的佩戴一般只适合户外，室内和正式工作场合慎用。

饰物佩戴一定不能过于累赘，搭配时要注意，高档的佩饰配普通服装，以提高服装的品质，或以高品质的服装配低价位的饰品，以提高配饰的品质。俗话说，男性看表，女性看包；女人看头，男人看腰。意思是说男性的表和腰带是很重要的，是体现财力和地位的标志；女性的头发和手提包是很重要的。商务场合的女性适宜留短发或束发，能给人以干练、精明的印象，男性不宜留光头或长发。

任务三 仪态礼仪

仪态是指人的身体姿态和风度。姿态是人在行为中身体显现出来的各种形态，如站立、行走、就座、眼神、手势等；而风度则是人在行为举止中流露出的气质和风格，如道德品质、学识修养、个人情趣等外在表现。达·芬奇说：“从仪态知觉人的内心世界，把握人的本来面目，往往具有相当的准确性和可靠性”。仪态被视为“无声语言”，具有传情达意的功能，甚至比口头语言更能让人感到真实、生动和易接受。人际沟通中，人们往往凭借一个人的仪态来判断其品格、学识、能力和其他方面的修养程度。

商务礼仪要求人们在正式的商务交往中，要遵守举止有度的原则，即要求举止要文明、优雅、敬人，做到“站有站相，坐有坐相，该行则行，该止则止”。下面分别从商务人员的表情、站姿、走姿、坐姿、蹲姿、手势等方面，对商务人士的举止姿态进行介绍。

一、表情礼仪

面部表情简称表情，是人类在神经系统控制下，面部肌肉及其各种器官所进行的运动、变化和调整，以及面部呈现的某种特定形态。在人际交往中，表情真实可信地反映着人们的思想、情感、反应，以及其他一切方面的心理活动与变化。传播学认为，在人们所接受的来自他人的信息中，只有 45% 来自有声语言，而 55% 以上来自无声语言；而在后者之中，又有 70% 以上来自表情，由此可见其在人际交往中的重要性。

面部表情是人心理状态的外在表现，是一种含义深广的“体态语”，它包括脸色的变化、肌肉的收展以及眼、鼻、嘴等的动作，但构成表情的主要因素是眼神和微笑。一个能够巧妙运用面部表情的人，也是善于塑造自我形象的人，是善于进行社会交际的人。商务工作人员应学会解读他人的面部表情，并恰当地运用表情来帮助自己表达感情，促进人际关系沟通。

（一）眼神的礼仪

眼睛是心灵的窗户，是人体传递信息最有效的器官，在眼、耳、鼻、舌、身五种感觉器官中，眼睛最为敏感，它通常占人类总体感觉信息的70%左右。从一个人的目光可以看到他的内心世界，正如印度著名诗人泰戈尔所说："一旦学会了眼睛的语言，表情的变化将是无穷无尽的。"

一个人的眼神可以表达出异常丰富的信息，让人基本觉察出他的情绪，但微妙的眼神有时只可意会，难以言传，只能靠我们在实践中用心体察、积累经验、努力把握。眼神主要由注视的时间、角度、部位和瞳孔的变化等组成。

1. 注视的时间 人际交往中，注视对方时间的长短往往非常重要。人们在交谈时，听的一方通常应多注视说的一方，视线接触对方脸部的时间应占全部谈话时间的1/3～2/3。如果注视对方时间不到全部相处时间的1/3，表示轻视或没兴趣；注视对方时间占全部相处时间的1/3，表示友好；注视对方时间占全部相处时间的2/3，表示重视；注视对方时间超过了全部相处时间的2/3，往往对对方怀有敌意。

2. 注视的角度 注视他人时，目光角度即发出的方向可反映其与交往对象的亲疏远近。注视的角度有正视、仰视、俯视、斜视。正视（平视）即视线水平，表示对人的尊重、理性、平等、自信、坦率等，适用于面对身份、地位平等者；仰视，即主动处于低位，抬眼向上注视他人，表示尊重、敬畏、信任、期待等，适用于面对位尊者；俯视，即眼睛向下注视他人，一般用于身居高处之时，表示对晚辈的爱护、宽容，有时也可表示对他人轻慢、歧视；斜视，是平视的一种特殊情况，表示对人的轻蔑、轻视，是很失礼的行为。

3. 注视的部位 人际交往不应"目中无人"，注视他人部位不同不仅说明自己的态度不同，也说明双方关系不同。注视对方双眼为底线、前额为上顶角的三角部位，表示严肃、认真、有诚意，称为公务型注视；注视对方双眼为上线、嘴为下顶角的三角部位，称为社交型注视；注视对方双眼为上线、胸部以上部位，称为亲密型注视。一般情况下，与他人相处时不宜注视其头顶、大腿、脚部与手部，对异性而言，通常不应注视其肩部以下尤其胸部、腿部位置。

4. 瞳孔的变化 心理学家往往用瞳孔变化大小，来测定判断一个人对不同事物的兴趣、爱好、动机等。兴奋时，人的瞳孔会扩张到平常的4倍大；反之生气或悲哀时，消极的心情会使瞳孔收缩到很小，眼神必然无光。所谓"含情脉脉""怒目而视"等都与瞳孔的变化有关。

恰到好处的眼神应始终保持坦然、和善、尊重、理解和有神。在一般的社会交往中，不得回避正常的目光交流，应正视对方以示尊重，与对方视线接触时间以1～2秒为比较适宜；直盯着对方是失礼的行为，上下打量对方更是一种轻蔑和挑衅；不应出现冷漠的、傲慢的、狡黠的、疲惫的、呆滞的、游移不定的、左顾右盼的、挤眉弄眼的眼神；频繁而又急速的转眼是一种反常的举动，常被用作掩饰的手段，极不礼貌。

（二）微笑的礼仪

1. 微笑的魅力 微笑，是面部肌肉放松、嘴角微翘、嘴唇微启不露牙齿或微露上齿、笑不出声的表情。微笑的妙处在于它温文尔雅，含而不露，它既是一种表情，又是一种感情，既是一种品格，还是一种技巧。

生活中离不开微笑，工作中也离不开微笑，社交中更需要微笑。因为微笑能使人自然放松，如沐春风；微笑能沟通人们的心灵，架起友谊的桥梁，是“参与社交的通行证”，是真正的“世界语言”和“世界通用货币”；微笑在经济活动中，是礼貌待人的基本要求，是服务业竞争的一种有效手段。

实例分析

实例 世界著名希尔顿饭店的总经理希尔顿，每当遇到员工时，都要询问这样一句话：“你今天对顾客微笑了没有？”他指出：“饭店里一流的设备重要，而一流服务员的微笑更重要，如果缺少服务员的美好微笑，好比花园里失去了春日的太阳和春风。假如我是顾客，我宁愿住进虽然只有破旧地毯却处处可见到微笑的饭店，而不愿走进只有一流设备而不见微笑的地方。”正是因为希尔顿深谙微笑的魅力——“简单”“可行”“不花本钱”又“行之久远”，最终使希尔顿饭店誉满全球。

问题 希尔顿饭店誉满全球的秘诀是什么？

答案解析

2. 微笑的要领 尽管微笑有其独特的魅力和作用，但若不是发自内心的真诚微笑，那将是对微笑的亵渎。有礼貌的微笑应是自然坦诚的内心真实情感的表露。否则强颜欢笑，假意奉承，“微笑”则可能演变为“皮笑肉不笑”“苦笑”“假笑”。真诚的微笑要做到四个结合：

（1）笑与口眼相结合 要口到、眼到、神色到，笑眼传神，微笑才能扣人心弦。

（2）笑与神、情、气质相结合 “神”，就是要笑得有情入神，笑出自己的神情、神色、神态，做到情绪饱满，神采奕奕；“情”，就是要笑出感情，笑得亲切、甜美，反映美好的心灵；“气质”就是要笑出谦逊、稳重、大方、得体的良好气质。

（3）笑与语言相结合 语言和微笑都是传播信息的重要符号，只有注意微笑与美好语言的结合，声情并茂，方能发挥出微笑应有的特殊功能。

（4）笑与举止相结合 微笑时，与自己的言谈举止、面部器官以及肌肉协调配合，以笑助姿，形成完整、统一、和谐的微笑美。

3. 培养真诚甜美的微笑

（1）保持良好的心境 真正的微笑发自内心，反映着一个人的文化修养和精神追求，只有健康向上、充满自信、真诚友善、心底平和、不卑不亢的人，才会有美妙的笑容。

（2）养成经常微笑的习惯 微笑的习惯需要有意识地训练。比如，多回忆美好往事，随时随地提醒自己保持微笑，经常面对镜子练习微笑，发出“一”或“七”的声音进行词语发音训练等。

二、站姿礼仪

站姿，是人站立时所呈现出的具体姿态，它是人最基本的姿势，也是其他姿势的基础。在人际交往中，规范、优美的站姿能衬托出一个人美好的气质和风度。

（一）站姿的规范

“站如松”，正确的站姿，应该给人一种平、直、高、松的感觉，即：头正平、双肩平、两眼平视；腰直、腿直，后脑勺、背、臀、脚后跟成一条直线；重心上拔，看起来显高；表情放松，自然明朗。

站姿的基本要领：头端、肩平、胸挺、腹收、身正、腿直、手垂。具体来讲，站姿通常呈现为三个基本形态，即立正、稍息与跨立。由于性别差异，男女的基本站姿又各有要求。对男士的基本要求是刚劲挺拔，英姿稳健；对女士的基本要求则是亭亭玉立，文静优雅。

（二）男士的站姿

1. 标准式站姿　身体正直站立，双目平视，下颌微收，提髋立腰，吸腹收臀，双臂置于身体两侧，手指自然弯曲，虎口向前，双腿自然并拢，双膝靠紧，两脚跟并拢，两脚掌打开（45°～60°）呈“V”型，脚位亦可在此基础上些许变化，即双脚平行打开，大致与肩同宽。

2. 前搭手站姿　身体立直，双手在体前相握，左手放在右手上，置于腹前，双腿自然并拢，双膝靠紧，两脚跟并拢，两脚掌打开（45°～60°）呈“V”型。

3. 后背手站姿　即双手在背后交叉，右手贴在左手外面，放置于两臀之间尾骨处，两腿分开，不超过肩宽，两脚平行。这是男士常用的一种接待站姿，洒脱中略带威严。

4. 背垂手站姿　即一手背在后面，贴在臀部，另一手自然下垂，中指对准裤缝，两脚并拢或者分开，或是左手背后，右手完成服务工作。

a.标准式站姿

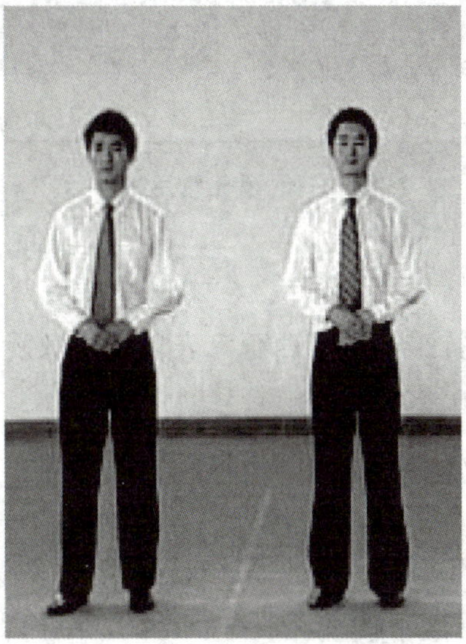

b.前搭手站姿

c.后背手站姿

图 2－3　男士常用站姿

（三）女士的站姿

1. 标准式站姿　站立时抬头、挺胸、收颌，目视前方，双肩放松，稍向下压，双臂自然垂于体侧，后背挺直，两腿并拢立直，膝和脚跟靠紧。两脚脚尖向外略展开。

2. 前叉手站姿　两手在腹前交叉，右手搭在左手上，置于腹部，两脚尖向外略展开，一脚在前，将一脚跟靠于另一脚内侧前端，形成斜写的小“丁”字步。这种站姿自然优雅，是女士常用的一种接待站姿。

3. 背垂手站姿　遵守站姿的基本要领，身体保持正直，两脚并立或者成小“丁”字步。手可以选择：一手背在后面，贴在臀部，另一手自然下垂，中指对准裤缝；或是左手单臂背后，右手完成例如斟酒等服务工作。

“调节式”站姿 在发表演说、新闻发言、作报告宣传时，为减轻长时间站立双腿的疲倦，男女还可采用“调节式”站姿。即用双手支撑在讲台上，两腿轮流放松，但上身必须保持正直，双腿不可叉开过大，伸出的脚不可伸得过远，变换不可太过频繁。

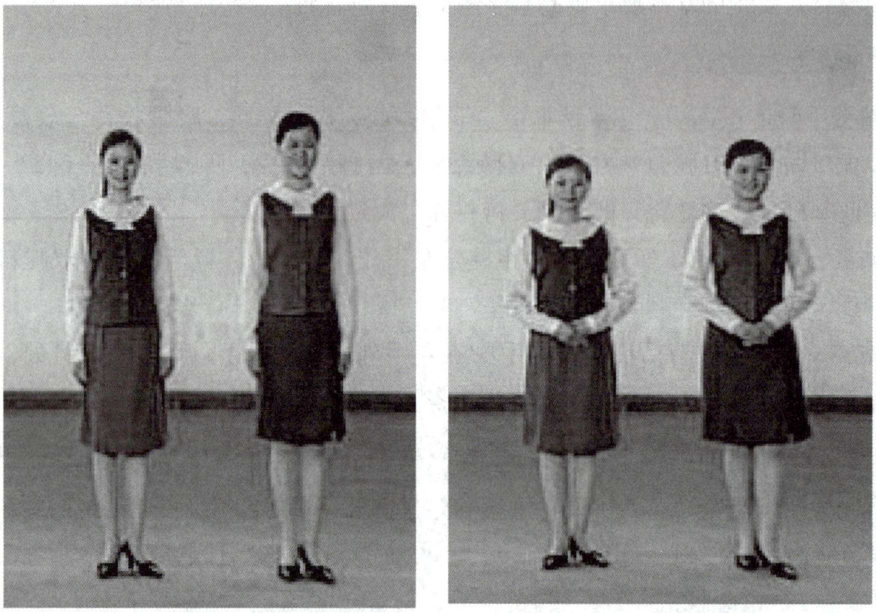

a.标准式站姿　　b.前叉手站姿

图 2－4　女士常用站姿

（四）不良站姿及禁忌

1. 精神状态不佳 站立时无精打采，东倒西歪，表现自由散漫，随意扶、倚、靠、趴等。站得久了若条件许可，可坐下休息，但决不能站无站相。

2. 全身不够端正 头脖歪、斜肩或一肩高一肩低、弯腰弓背、挺腹撅臀、曲臂屈膝，身体倚靠在墙或其他物体上等。

3. 腿脚不规范 两腿弯曲、叉开很大、抖动等；双脚随意乱动，脚在地上踢来蹭去，用脚勾东西、蹭痒痒，脚尖乱点乱划，鞋不穿好，脱下鞋子、半脱不脱、脚后跟踩在鞋帮上等；站立过久可采用稍息的姿势，双腿可以适当叉开一些，但应美观文明。

4. 手臂不规范 双手叉腰、双臂环抱胸前、两手插袋等；做小动作，如摆弄打火机、香烟盒、衣带、头发、咬指甲等。

三、走姿礼仪

走姿，是站姿的延续动作，指人在行走过程中所形成的姿势，自始至终都处于动态之中。协调稳健、轻盈敏捷的走姿会显得人气度不凡，给人留下美好的印象。

（一）走姿的规范

“行如风”是人们对优美走姿的赞美，即行走要像风那样快而有力。走姿的基本规范是要自然、矫健、优美、有节奏感。

走姿的基本要领：上身保持标准站姿基础，双肩平稳，两臂伸直放松，自然摆动，前后摆幅以30度至35度为宜，在摆动中离开双腿不超过一拳的距离；起步时上体稍向前倾，提髋屈大腿带动小腿，膝盖伸直，重心落前脚掌，脚尖向正前方伸出；步幅大小适中，步速自然舒缓，步高适中。正常步幅约一个脚长，即前脚脚跟与后脚脚尖相距为一个脚长。行走速度，男士一般为每分钟118～120步，女士每分钟108～118步。

行走时，应以正确的站姿为基础，并且要全面、充分地兼顾以下六个方面。

1. 全身伸直，昂首挺胸 行走时，要面朝前方，双眼平视，头部端正，胸部挺起，背部、腰部、膝部要避免弯曲，使全身看上去成一条直线。

2. 起步前倾，重心在前 起步行走时，身体应稍向前倾，身体重心应落在反复交替移动的前面那只脚的脚掌上，这样身体会随之向前移动。要注意的是，当前脚落地、后脚离地时膝盖一定要伸直，踏下脚时再稍微松弛，并立刻使重心前移，这样走动时步态就一定好看。

3. 脚尖前伸，步幅适中 行进时，向前伸出的那只脚应保持脚尖向前，不要向内或向外，同时还应保持步幅大小适中。

4. 直线前进，自始至终 行进时，双脚行走的轨迹大体上应成一条直线。同时要克服身体在行进中左右摇摆，并使腰部至脚部始终都保持直线的形状移动。

5. 双肩平衡，两臂摆动 行进时，双肩、两臂都不可过于僵硬呆板。双肩应当平稳，力戒摇晃；两臂则应自然，一前一后有节奏地摆动。摆动时，手腕要逆行配合，掌心向内，手掌向下伸直，摆动的幅度以30°左右为佳。不要双手横摆，不可同向摆动。

6. 全身协调，匀速前进 行走时，大体上速度要均匀、有节奏感。全身各部位的举止要协调配合，表现得轻松自然。

（二）不同场合的走姿

参加喜庆活动，步态应轻盈、欢快、有跳跃感，以反映喜悦的心情。

参观吊唁活动，步态要缓慢、沉重、有忧伤感，以反映悲哀的情绪。

参观展览、探望病人，脚步应轻柔、稳重。

办事联络，往来于各部门之间，步伐要快捷稳重，以体现办事者的干练。

步入会场、走向台上、迎向宾客，步伐要稳健、大方、充满热情。

迎接外宾等重大正式场合，脚步要稳健，节奏稍缓。

（三）不良走姿及禁忌

1. 左顾右盼 行走时方向要明确，不可忽左忽右，变化多端，不能摇头晃脑或身体乱晃不止，更不能反复回过头来注视身后，给人心神不定的感觉。

2. 歪肩晃膀 走路时两臂摆动应自然，不可大摇大摆，不要将两手贴着裤缝走路，也不要双手插兜或背着手走路。

3. 弯腰驼背 行进中，身体重心不能太过前倾，看上去步态不稳，也不要太过后“坐”，给人拖拖拉拉的感觉。

4. 扭腰摆臀 行走时，臀部摆动应自然，幅度不要过大，更不要扭腰。

5. “八”字步态 走路时两脚尖始终朝前，向内侧伸或向外侧伸构成内“八”字或外“八”字，都会引起步态的晃动，看上去极不雅观。

6. 步幅、步高、步速无常 行走切勿忽快忽慢，步子不要太小或太大，双腿不要过于弯曲或走曲线，不要脚蹭地面，也不要用力过大、跺脚等制造声响，影响他人。

四、坐姿礼仪

坐姿，是人在就坐后所保持的一种静态的姿势，它是人际交往中采用最多的姿势。无论是伏案学习、参加会议，还是会客交谈、娱乐休息，都离不开坐姿。坐姿不正确显得懒散无礼，而正确、规范的坐姿会给人以优雅、稳重、自然大方的美感。

（一）坐姿的规范

“坐如钟”即人在坐立时要像钟一样端正、稳健。

坐姿的基本要领：头正稍抬，双目平视，表情自然；上体自然坐直，双肩自然下垂；两小腿与地面垂直，双脚平踏于地；双手放在腿上，或双臂微曲放在桌面上，或手放在沙发、椅子扶手上。

男女坐姿要求不同：男士可两腿分开略与肩宽，双脚平踏于地，两手分置于两腿上，穿西装时可解开上衣纽扣，应体现出自信、豁达、威严。女士两腿要自然弯曲、并拢无空隙，两脚平落地面、不宜前伸，两手搭放于一腿上，应体现出庄重、矜持、文静。

（二）就座离座

就座也叫入座、落座，即从走向座位直到坐下这一过程，是坐姿的前奏；离座是离开座位的过程，是坐姿的后续。就座、离座都是坐的重要组成部分。

1. 注意顺序 如果与他人一起入座，则落座时一定要讲究先后顺序，礼让尊长。就座时合乎礼仪的顺序有两种：一是尊长优先，即请位尊者首先入座；二是同时就座，它适用于平辈与亲友、同事之间。无论如何，抢先就座都是失态的表现。

2. 讲究方位 不论是从正面、侧面还是背面走向座位，通常都讲究从左侧走向自己的座位，从左侧离开自己的座位，简称为“左进左出”，这一原则在正式商务场合一定要遵守。

3. 落座无声 入座时切勿争抢，在整个就座的过程中，不管是移动座位还是放下身体，都不应发出嘈杂的声音。不慌不忙、悄无声息，本身就体现着一种教养，调整坐姿同样也不宜出声。

4. 就座得法 就座时应转身背对座位。如果距座位较远，可将右脚后移半步，待腿部接触座位边缘后再轻轻坐下。着裙装的女士入座，通常应先用双手摆平裙摆，随后再坐下。

5. 离座谨慎 离座时不要突然跳起惊吓他人，也不要弄出声响，或把身边东西弄到地上去。

（三）男士的坐姿

1. 标准式 上身正直上挺，双肩正平，两手放在两腿或扶手上，双膝并拢，小腿垂直落于地面，两脚自然分开成45°。

2. 前伸式 在标准式的基础上，两小腿前伸一脚的长度，左脚向前半脚，脚尖不要翘起。

3. 交叉式 在标准式的基础上，一脚置于另一脚之上，在踝关节处交叉，交叉后的双脚可以前伸、内收，亦可略向左侧或右侧斜放。

4. 屈直式 在标准式的基础上，左小腿回屈，前脚掌着地，右脚前伸，双膝并拢。

5. 重叠式 右腿叠在左腿膝上部，右小腿内收贴向左腿，脚尖自然地向下垂。

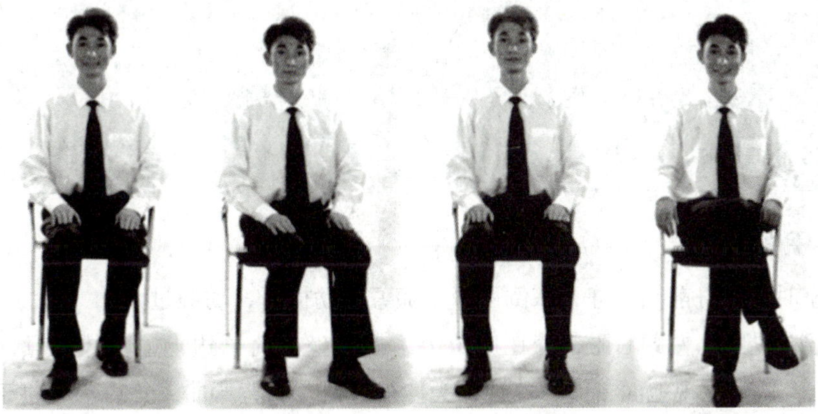

图 2－5　男士常用坐姿

（四）女士的坐姿

1. 标准式　上身挺直，双肩平正，两臂自然弯曲，两手交叉叠放在两腿中部，并靠近小腹。两膝并拢，小腿垂直于地面，两脚保持小丁字步。

2. 前伸式　在标准式的基础上，两小腿向前伸出，两脚并拢，脚尖不能翘起。

3. 后点式　在标准式的基础上，两小腿后屈，脚尖着地，双膝并拢。

4. 交叉式　在标准式的基础上，一脚置于另一脚之上，在踝关节处交叉，交叉后的双脚可以前伸、内收，亦可略向左侧或右侧斜放。

5. 侧坐式　双膝、双腿并拢，上身挺直，两脚同时向左或向右斜放，并且与地面形成 45°夹角，双手叠放于左腿或右腿上，身体呈“S”形。这种坐姿适合女士穿裙子坐在较低的沙发上。

6. 屈直式　在标准式的基础上，右脚前伸，左小腿屈回，大腿紧靠，两脚前脚掌着地，并在一条直线上。

7. 叠腿式　在标准式的基础上，一条腿的小腿垂直于地面，另一条腿叠放在它之上，要注意上边小腿往里收，贴住另一腿，脚尖向下压，双腿亦可斜放左右一侧，与地面呈 45°夹角。这种坐姿女士穿短裙时慎用。

图 2－6　女士常用坐姿

即学即练

女士穿短裙坐在矮沙发上时，一般采用下列哪种坐姿（　　）

A. 正坐式　　B. 侧坐式　　C. 重叠式　　D. 交叉式

答案解析

（五）不良坐姿及禁忌

1. 就座、离座时，上身前倾后仰，东倒西歪；随意挪动椅子，动静过大。

2. 就座后，摇头晃脑、左顾右盼，骑在座位上，故意坐在椅子边上，身体前倾，不够稳定等。或是头靠在座位背上，低头注视地面，闭目养神，头伸得过低，脊背弯曲，耸肩等，过于放松，萎靡不振地瘫坐在椅子或沙发上。

3. 就座后，两腿过于叉开或长长地伸出去，大腿并拢、小腿分开，摇腿跷脚，腿脚不停地抖动，或将脚架在桌面上等。男士、女士均不宜在礼仪场合使用“大二郎腿”的叠腿方式或用手把叠起的腿扣住，翘小二郎腿时脚尖不停地抖动。

4. 就座后，将脚抬得过高，脚尖相对或指向他人。半脱鞋用脚勾住桌、椅腿，将脚翘起抖动或翘到他人座位上，两脚在地上蹭来蹭去或踩踏其他物体等。

5. 就座后以双手端臂，双手抱于脑后或抱住膝盖，双手放在臀下或不停地乱动，如摆弄手中头发、饰品、手指、戒指等东西，摸摸碰碰、敲敲打打，双手架在大腿中间等。

五、蹲姿礼仪

蹲姿，是人处于静态体姿时的一种特殊情况，多用于拾捡物品、帮助别人或照顾自己等。如何蹲得优雅、美观是人们需要注意的。

（一）蹲姿的规范

蹲姿的基本要领：直腰下蹲、弯腰拾物、直腰站起。即走到物品的旁边（左侧），目视物品、脚稍分开、上体正直、单腿屈膝下蹲。直腰下蹲后，弯腰捡拾低处物品，或进行低处工作。取物或工作完毕后，先要直起腰部，使头部、上身、腰部处在一条直线上，再稳稳站起。

（二）常见的蹲姿

1. 高低式蹲姿　双膝一高一低，男女士都可采用。要求是：左脚在前完全着地，小腿基本上垂直于地面；右脚在后脚掌着地，脚跟提起；左膝高于右膝，臀部向下。此时，女性要靠紧双腿，男性则可以适度将其分开。服务人员选用这种蹲姿既方便又优雅。

2. 交叉式蹲姿　双腿交叉在一起，造型优美典雅，通常适用于穿短裙的女性。要求是：右脚在前，全脚着地；左脚在后，脚跟抬起；左腿在下，右腿在上，右小腿垂直于地面，二者交叉重叠；两腿前后靠近，合力支撑身体；上身略向前倾，臀部向下。

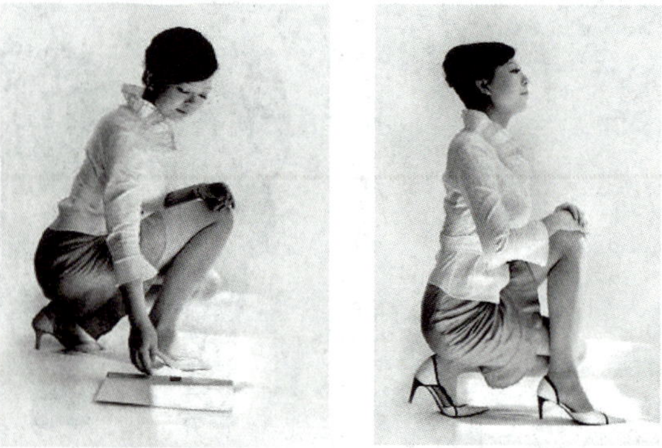

a.高低式蹲姿　　b.交叉式蹲姿

图 2－7　常见的蹲姿

（三）不良蹲姿及禁忌

1. 突然下蹲 下蹲时要注意缓缓而行，切勿惊吓到周围人。

2. 离人太近，方位失当 在他人身边下蹲时，应保持适当距离，还要与之侧身相向，正面面对他人或背部面对他人下蹲，都是不礼貌的。

3. 姿势拙劣 大庭广众下下蹲时，切不可直腿、弯腰、撅臀下蹲，也不可两腿下蹲或平行下蹲。两腿叉开，臀部向后撅起，都是不雅的姿态。

4. 随意下蹲 不可蹲在椅子上、蹲着休息或在不需要的情况下随意下蹲。

5. 女士下蹲不谨慎 女士下蹲无论采用何种蹲姿，都应注意将两腿靠紧，臀部向下，以塑造优美典雅的蹲姿；身着裙装下蹲时不要毫无遮掩，防止隐私暴露。

六、手势礼仪

俗话说，“心有所思，手有所指”，如果说眼睛是心灵的窗口，那么手就是心灵的触角，是人的第二双眼睛。手势，实际是指人两只手臂所做的动作，它既可以是静态的，也可以是动态的。由于手是人身体上最灵活的一个部位，所以手势是体态语言中最丰富、最有表现力的。

（一）手势运用的要求

1. 准确 手势语能反映出一个人复杂的内心世界。人们常用手势来传递各种信息和感情，为避免手势的混乱和歧义，应尽量准确地使用手势，使对方能够明晰、准确、完整地理解自己的用意。

2. 适度 与人交谈时可根据谈话内容配合一定的手势，这样有助于双方的沟通，但手势要简约明快，不可过多以免喧宾夺主。同时，手势应与口语、面部表情、情感等相协调。

3. 规范 在一定的社会背景下，每个手势如鼓掌、介绍、邀请等，都有其约定俗成的动作和规范要求，不能乱使用以免产生误会。如鼓掌，右手掌心向下，有节奏地拍击掌心向上的左掌，反过来则成为“鼓倒掌”。

（二）手势的类型

手势在传递信息、表达意图和情感方面发挥着重要作用，是人际交往中不可缺少的体态语。商务活动适当地使用一些得体的手势，能起到辅助语言交流和增强表达力的作用。

人的手势极其丰富，常用的主要有：举手致意、挥手告别、握手友好、摆手回绝、合手祈祷、拍手称快、拱手答谢、抚手示爱、指手示怒、颤手示怕、捧手示敬、举手赞同、垂手听命等。

手势大致可归纳为四类：指示性手势、情意性手势、象征性手势、形象性手势，其中商务人员运用较多的是指示性手势。

1. 指示性手势 主要用于指示具体的方向、地点或物体，其动作简单、表达单一，一般不带感情色彩。最常见的是引领手势，比如，“请看”的手势。

2. 情意性手势 是表达人带有强烈感情情绪的手势，其表现方式极为丰富，感染力极强。比如，表达“我非常喜欢”时双手捧胸的手势。

3. 象征性手势 是用生动的手势表示约定俗成的概念，从而引起对方的思考联想。比如，“翘拇指”在中国表示赞美，在美国、法国、印度表示搭车。

4. 形象性手势 主要是通过模拟事物的形状引起对方的联想，给人一种具体明确的印象。比如，说到高山手向上伸，讲到大海手平伸外展。

（三）指示手势的运用

指示手势用于介绍友人、引导来宾、指示方向、指示具体事物或数量等，由进行速度、活动范围和空间轨迹三部分构成。

1. 指示手势 运用规范手势语能反映出人复杂的内心世界，有助于表情达意，但运用不当便会适得其反。规范的指示手势如下：

（1）将手抬至一定的高度，手掌自然伸直，掌心略内收朝上，手指并拢，拇指自然分开，手腕伸直，使手与小臂成一直线，肘关节自然弯曲，大小臂以140°弯曲为宜，以肘关节为轴，朝一定方向自然伸直手臂。

（2）出手要讲究柔美、流畅，上体要稍向前倾，始终随手指的方向移动，配合眼神、表情和其他姿态，并配合一定的语音，兼顾对方是否意会到目标，使手势更显协调大方，避免僵硬死板。

2. 常用的指示手势

（1）单臂横摆式　在表示“请”时常用横摆式。做法是：五指并拢，手掌自然伸直，手心向上，肘微弯曲，腕低于肘。开始做手势应从腹部之前抬起，以肘为轴向一旁摆出，到腰部与身体正面成45°时停止，头部和上身微向伸出手的一侧倾斜。另一手下垂或背在背后，目视宾客，面带微笑，表现出对宾客的尊重、欢迎。

（2）双臂横摆式　当来宾较多时，表示“请”可以动作大一些，采用双臂横摆式。做法是：双臂从身体两侧向前上方抬起，两肘微屈，向两侧摆出。进行方向指引时也可以双臂向同一个方向摆出，指向前进方向一侧的手臂应抬高一些、伸直一些，另一只手稍低一些。

（3）直臂式　需要给宾客指方向时，用直臂式。做法是：手指并拢，手掌伸直，屈肘从身前抬起，向指引的方向摆去，摆到肩的高度停止，肘关节基本伸直。

（4）斜摆式　请客人落座时，手势应摆向座位的地方。做法是：手要先从身体一侧抬起，抬到高于腰部后，再向下摆去，使大小臂成一斜线。

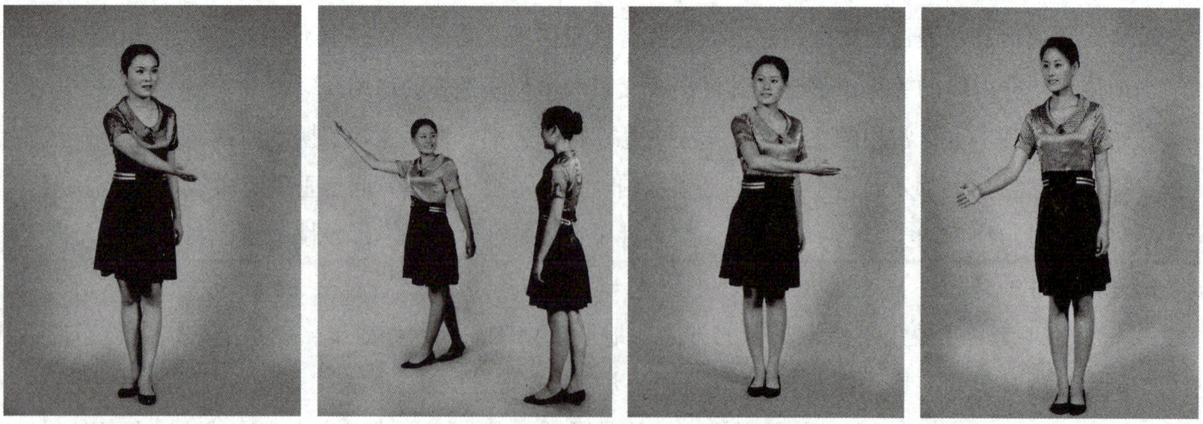

a.横摆式手势　b.直臂式手势　c.曲臂式手势　d.斜臂式手势

图2－8　常用的指示手势

知识链接

常见的手势及寓意

1. “OK”手势 在美国表示“赞扬”“允许”“了不起”“顺利”“好”；在法国表示“零”或“无”；在印度表示“正确”；在中国表示“零”或“三”两个数字；在日本、缅甸、韩国则表示“金钱”；在巴西则是“引诱女人”或“侮辱男人”之意；在地中海一些国家则是“孔”或“洞”的意思，常用此来暗示、影射同性恋。

2. 伸大拇指手势 大拇指向上，在说英语的国家多表示“OK”之意或是打车之意，若用力挺直则含有骂人之意；大拇指向下多表示坏、下等人之意。在我国，大拇指向上伸表示赞同、一流、好，向下伸则表示蔑视、不好之意。

3. “V”字型手势 掌心向外，表示胜利；掌心向内，在西欧表示侮辱、下贱之意。这种手势还时常表示“二”这个数字。

4. 伸出食指手势 在我国及亚洲一些国家表示“一”“一个”“一次”等；在法国、缅甸等国家则表示“请求”“拜托”之意。

5. 捻指作响手势 就是用拇指和食指弹出声响，表示或高兴或赞同或无聊，有轻浮之感。因其声响有时会令人反感或显示没有教养，应尽量少用或不用这一手势，尤其不能对异性运用此手势，带有挑衅、轻浮之意。

（四）不良手势及禁忌

1. 随便乱做手势 手势运用要恰到好处，不可做过多手势，也不可单调重复一种手势，手势动作不宜太大或拘束低劣。手势力度的大小、速度的快慢、时间的长短，也不可过度。

2. 不规范的手势 手势运用要规范到位、协调一致，要与全身协调、与情感协调、与语言协调，使其文雅自然。否则会“画蛇添足”，有损交际者形象。

3. 失敬于人的手势 如用手指指点他人，用食指指向他人，掌心向下挥动手臂，勾动食指或除大拇指外的其他四指招呼别人等。

4. 易误解的手势 同一种手势因文化背景不同，会被赋予不同的含义。使用手势时一定要考虑地域差别，以防造成不良后果。

5. 不雅的手势 在公众场合不得使用如摸头、搔痒、掏耳、抠鼻、剔牙、咬指尖、抱大腿、摆弄衣服等手势。

目标检测

答案解析

一、选择题（1～5 题为单项选择，6～10 题为多项选择）

1. 男士西装的着装原则是（　　）

A. 单色原则　　B. 三色原则　　C. 双色原则　　D. 同色原则

2. 男士穿西装要遵守的三一定律是指（　　）颜色要一致

A. 上衣、裤子、腰带　　B. 领带、鞋子、袜子

C. 鞋子、领带、公文包　　D. 鞋子、腰带、公文包

3. 商务礼仪中，男士西装如果是两粒扣子，那么扣子的系法应为（　　）

A. 两粒都系　　B. 系上面第一粒　　C. 系下面一粒　　D. 全部敞开

4. 商务礼仪中，男士西装如果是三粒扣子，那么扣子的系法应为（　　）

A. 全部都系　　B. 系上面两粒或者中间一粒

C. 系上面一粒　　D. 全部敞开

5. 跷二郎腿的坐姿（　　）

A. 男士、女士都不可采用

B. 男士可以采用，女士不可采用

C. 只要注意上边的小腿往回收，脚尖向下，女士也可采用

D. 女士可以采用，男士不可采用

6. 下列哪项不是穿西装所必须的（　　）

A. 一定要打领带　　B. 一定要穿皮鞋

C. 一定要配领带夹　　D. 一定要穿白衬衫

E. 一定要配公文包

7. 西服穿着的三大禁忌包括（　　）

A. 袖口上的商标没有折　　B. 在正式场合穿夹克打领带

C. 正式场合穿西服套装时选择白袜子　　D. 领带使用一拉得

E. 穿夹克不能打领带

8. 商务交往中女性佩戴首饰的原则是（　　）

A. 符合身份，以少为佳　　B. 同质同色

C. 不佩戴珍贵的首饰　　D. 不佩戴展示性别魅力的首饰（如腰链、脚链）

E. 多多益善

9. 男性的“三个三”是指（　　）

A. 全身不能多过三种品牌

B. 鞋子、腰带、公文包保持一个颜色，黑色最

C. 全身颜色不得多于三种

D. 西服袖口商标要拆掉；不穿尼龙袜，不穿白色袜

E. 领带质地选择真丝和毛的，除非制服配套否则不用一拉得，短袖衬衫打领带只能是制服短袖衬衫，夹克不能打领带

10. 商务礼仪中对着装描述正确的有（　　）

A. 社交场合可穿时装、礼服、中山装、单色旗袍、民族服装等

B. 通常情况下，男士不用领带夹，但穿制服可使用

C. 女性在商务交往场合不能穿皮裙

D. 高级场合：男性看表，女性看包

E. 普通商务场合：男性看腰，女性看头

二、综合问答题

1. 仪容、仪表、仪态分别侧重指什么？

2. 如何根据不同的脸型、身材、职业、着装等选择合适的发型和妆容？

3. 怎样理解“姿态”的养成？请检查自己的站姿、坐姿、走姿和蹲姿，找出毛病并加以纠正。
4. 举例说明商务活动中如何运用正确的眼神、真诚的微笑和恰当的手势。
5. 联系实际分析商务人员服饰穿着原则以及佩戴饰物的原则。

三、案例分析

案例 1　小李大学毕业后被聘为某医药公司的一名业务员。他口头表达能力不错，对公司产品介绍得体，在业务员中学历最高，人既朴实又勤快，公司老总对他抱有很大期望。可小李做销售代表半年多了，业绩总上不去，问题出在哪儿呢？

原来，小李上班时总穿一身驼色西装、黑色皮鞋配白色袜子，背一个军绿色的双肩包。他喜欢留长指甲，里面藏着很多污垢。脖子上的衣领经常是黑色，有时手上还记着电话号码。他喜欢吃大饼卷大葱，吃完也不祛除口腔异味。接待他的人往往打量一番，便把他支走了。此外有客户反映他说话太快，经常没听懂或没听完客户的意见就打断客户，急于发表看法。有时风风火火，好像每天都忙忙碌碌，很少有停下来的时候，但经常遭遇客户无言离开的尴尬。

分析：1. 小李在个人形象方面有哪些不妥之处，应如何改进？

2. 结合本案例谈谈仪容、仪表在商务活动中的重要性。

案例 2　远东贸易公司坐落在一个风景秀丽的海滨城市。一天，该市照明器材厂的业务员金某手拿企业新设计的照明器样品，兴冲冲地登上远东贸易公司六楼，脸上的汗珠还未来得及擦一下，便径直走进了公司业务部张经理的办公室，正在处理业务的张经理被吓了一跳。

“对不起，这是我们厂设计的新产品，请您过目。”金某说道。张经理停下手中的工作，接过金某递过来的照明器，随口称赞道：好漂亮啊！”并请金某坐下，倒上一杯茶递给他，然后拿起照明器仔细研究起来。金某将茶水一饮而尽，看到张经理对新产品如此感兴趣，便如释重负地往沙发上一靠，跷起二郎腿，点上一根烟，边吸烟边悠闲地环视着张经理的办公室。

当张经理问他电源开关为什么装在这个位置时，金某习惯性地用手挠了挠头皮然后作了解释，但张经理还是有点半信半疑。谈到价格时，张经理问：“这个价格比我们预算高出很多，能否再降低一些？”金某回答：“我们经理说了这是最低价格，一分也不能降了。”张经理沉默半天没有开口。金某却有点沉不住气，不由自主地拉松领带，眼睛盯着张经理，张经理皱了皱眉，“这种照明器的性能先进在什么地方？”金某又挠了挠头皮，反反复复地说“造型新，寿命长、节电。”

随后张经理托词有事离开了办公室，只剩下金某一人。金某等了一会儿，感到无聊，便非常随意地抄起办公桌上的电话，同一个私人朋友闲聊起来。这时，门被推开了，进来的却不是张经理，而是办公室秘书。

分析：1. 案例中的金某有哪些失礼之处？

2. 你认为他如何做会更好？

四、模拟实训

实训内容：学生分小组自编创设一个商务活动情景，模拟商务场合的仪容、仪表、仪态礼仪。

场景一：参加一个医药公司开业盛典的仪容、服饰设计。

场景二：工作场合的仪态表现。

实训要求：

1. 老师提出要求并加以指导；学生 6 ~ 8 人一组，课下准备，课上在形体室进行练习并演示。
2. 学生设计自己的发式、妆容和服饰；女士化淡妆、穿西装套裙、套裤或旗袍、连衣裙，男士穿西装、打领带；注意面部表情、手势等的正确运用。

3. 正确运用不同的站姿、坐姿、走姿等，如正式场合肃立、服务场合自然站立，交谈中的正坐、侧坐、交叠式坐，会议、餐宴时的入座、离座，引领、参观中的走直线、停顿、拐弯、侧行、侧后退步、让路、指示方向时的步姿等。
4. 训练时可以放一些优雅、欢快或舒缓的音乐，使学生的心境、动作、表情自然协调；老师提醒动作要领，学生进行自我调整，用心去感觉动作要领。
5. 练习一定时间后，分组演示练习的礼仪内容，同学和老师共同观摩、点评。

书网融合……

知识回顾　　微课 1　　微课 2　　习题

项目三　商务沟通礼仪

PPT

学习引导

古人云“世事洞明皆学问，人情练达即文章”，此处所指的人情狭义上即指人际关系，讲的就是交际的重要性。商务交往过程中，特别是初次交往，商务人员是否能正确运用沟通礼仪、提升自己的职场魅力，已成为其是否能够成功的关键因素之一。因此，各行业商务人员应学会并灵活运用相应的沟通礼仪，更好地向交往对象表达自己的尊重、敬佩、友好与善意，增进彼此的了解和信任，造就和谐完美的人际关系，助力事业的成功。

本项目主要介绍会面礼仪、交谈礼仪、通联礼仪等基本沟通礼仪，旨在使学习者能灵活运用各种沟通礼仪开展商务活动，解决商务社交中遇到的各种交往难题。

学习目标

1. 掌握　握手、介绍、名片递接等见面致意礼仪；交谈与倾听礼仪；电话打接礼仪。
2. 熟悉　商务人员的称呼礼仪和问候礼仪；商务信函、邮件等网络礼仪。
3. 了解　商务人员交往时的界域礼仪规范；现代社交中常用的即时通讯礼仪。

任务一　会面礼仪

商务社交活动中，会面礼仪是人与人交往必不可少的礼仪。掌握会面时的礼仪规范有助于彼此之间的交流，建立和谐、积极的人际关系，获得更多的支持与合作。因此，商务人员应该学会并灵活运用相应的会面礼仪。

一、界域礼仪

所谓“界域”，即人际交往中相互之间距离的确定，主要受到双方关系的决定和制约，同时也受到交往内容、交往环境及不同文化、心理特征、性别差异等因素的影响。一般情况下，每个人都不想侵犯他人空间，同时，也不愿意他人侵犯自己的空间。适当的交往距离不仅是礼仪和修养的表现，而且是交往双方心理和生理的需要。

（一）人际交往距离

实例分析

实例 一位心理学家做过这样一个实验：一个刚刚开门的大阅览室，当里面只有一位读者时，心理学家就进去拿椅子坐在他（她）的旁边。试验进行了整整80人次。结果证明，没有一个被试者能够容忍一个陌生人紧挨自己坐下。当心理学家坐在他们身边后，很多被试者会默默地移到别处坐下，有人甚至明确地问："你想干什么？"

问题 这个实验结果反映了什么问题？

答案解析

美国人类学家和心理学家爱德华·霍尔博士将人类交往的空间划分为四个区域（图3-1），这就是所谓的社交中的界域。

1. 亲密距离 一般来说，亲密距离的空间范围在0~45cm之间，其语义为"亲切、热烈"，是人际交往中的最小间隔，只有关系亲密的人才可以进入这一空间，如：夫妻、父母、子女、恋人、亲友等。亲密距离的近距离为15cm以内，即亲密状态距离，"亲密无间"；亲密距离远范围为15~45cm，身体虽不相接触，但可以用手相互触摸。在人际交往中，一个不属于亲密距离圈内的人，如果随意闯入这一空间，不管他的用心如何，都是不礼貌的，会引起对方的反感，也会自讨没趣。

2. 个人距离 个人距离的空间范围一般在45~120cm之间，其语义为"亲切、友好"，是人际间隔上稍有分寸感的距离，不能直接进行身体接触，可以亲切握手，友好交谈。个人距离的近范围为45~75cm之间，远范围是75~120cm。在交际场所任何朋友和熟人都可以自由地进入个人距离空间，但如果陌生人进入个人距离，会构成对别人的侵犯。

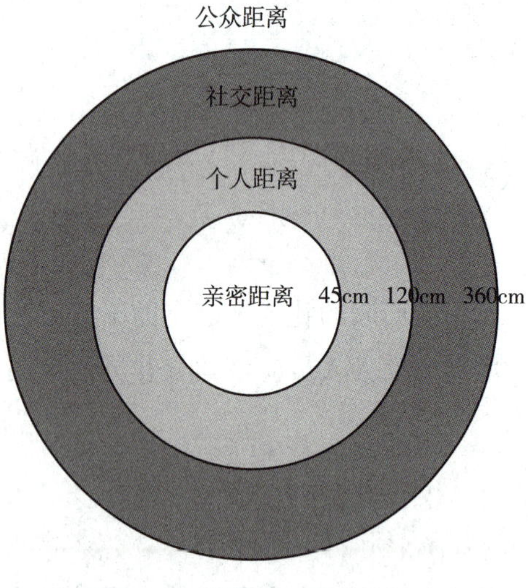

图3-1 人际交往距离

3. 社交距离 社交距离的空间范围在120~360cm之间，其语义为"严肃、庄重"，是一种礼节性的社交关系距离或礼节上的较正式关系的距离。社交距离的近范围为120~210cm，适合于社交聚会和办公环境中处理业务等；社交距离的远范围为210~360cm，适用于比较正式、庄重、严肃的社交活动，如谈判、会见客人等。

4. 公众距离 公众距离的空间范围是在360cm之外，其语义为"自由、开放"。这是大型会议如报告会、演讲会等场合讲话者与听众之间，或非正式场合不认识或不交往的人之间所保持的距离。其近距离为360~760cm，远范围在760cm之外。这是一个几乎能容纳一切人的"门户开放"的空间，人们完全可以对处于空间的其他人"视而不见"，不予交往，因为相互之间未必发生一定联系。

（二）界域礼仪规范

在现代交际中，人际交往的界域不是固定不变的，它具有一定的伸缩性，这依赖于具体情境、交谈双方的关系、社会地位、文化背景、性格特征、心境等。人际交往中需要遵守一定的界域礼仪规范。

1. 注重文化差异　文化背景不同，交往距离应不同。不同国家、不同民族，由于人们对“自我”的理解不同，造成自我空间距离要求不同。这里我们引入一个“近体度”的概念，它是指交往双方保持空间位置的接近程度，表示双方对个人和社会空间的理解。近体度较大的有德、英、美、奥等国家，近体度比较小的是阿拉伯、南美、非洲、东欧、中欧等国家和地区。

当我们同外国朋友交谈时，要有近体度意识，不能只用我们习惯的距离同对方交谈。如果无从了解对方的习惯，我们可观察试探：如果对方向前靠，说明距离应该再近一些；向后退表示需要远些；不动时说明合适。

2. 保持适度距离　距离产生美感，了解人际交往中人们所需的自我空间以及适当的交往距离，有意识地选择与人交往的最佳距离，会取得意想不到的交际效果。在与人交谈时要注重远近适当，太远了使人感到傲慢，太近了又显得不够重视。在行进中不但要保持距离，而且要适当的变换。比如，不要以2cm左右的距离尾随在陌生人的后面，以免引起误会；骑自行车或开车时，不要离前面的车靠得太近，不要强行超车；看到别人围成一个圆形或封闭式的交谈，就要绕开行走，不要从中穿越；公园的长椅上，如果已经有人坐上了，就不要再去挤座位。

3. 注意个性差异　在距离的处理上应注意交往对象生熟、性别、性格、社会地位等方面的差异。一般来说，交往的双方“熟则远，亲则近”。男性与男性交谈的距离不宜太近，近则会有不和谐之感；女性与女性交谈的距离不宜太远，远则会有不投机之嫌。与内向型的人交往，距离可稍远些，与性格外向的人交往，距离可近些。有权力、有地位的人，对于个人空间的需求相应会大一些，而普通阶层的人对于个人空间的需求相对会小一些。

4. 尊重他人的领域权　①不要乱动别人的物品。主人不在场时，不要私自动用其领域内的物品，因为这种揭人隐私的行为会伤害对方的自尊。②不随意进入他人领域。比如，不按铃或不敲门或未经主人允许便进入朋友家，在剧场里趴在前面的椅背上或把腿蹬在前排的座椅上等，均属侵犯他人领域行为。“非礼勿视”，目光侵入也属于侵犯空间，比如有些人喜欢在地铁里面看旁边人的报纸，这种界域行为是无礼的。③不污染他人的界域。比如，当众抽烟、冲着人打喷嚏、张着嘴出气、在餐桌上端起碗来用嘴吹等，音乐会、看电影时手机此起彼伏，楼道里大声喧哗等噪声污染，都属于污染别人的界域。

二、见面致意礼仪

商务见面致意礼仪是商务人员之间在交往过程中，表示问候、打招呼之意常用的礼节。致意礼仪的种类，包括握手礼、点头礼、鞠躬礼、举手礼、拱手礼、合十礼、注目礼、脱帽礼、拥抱礼等。

（一）握手礼

在世界大多数国家，人们见面常以握手礼致意，被视为尊重他人，表现自我修养的一种礼貌动作。同时，握手也是一种交流，可以沟通情感，加深双方的理解、信任，表示对对方的友好、尊敬、景仰、祝贺、鼓励。如果细节处理不当，握手也能传达出对人的淡漠、敷衍、逢迎、虚假、傲慢。因此，在人际交往中，必须注意握手礼的正确运用。

1. 握手的场合　在交际应酬中，文雅而得体的一握，往往蕴含着令人愉悦、信任、接受和成功的契机，这就需要医药行业商务人员掌握握手的时机和场合。何时宜行握手礼是一个十分复杂而微妙的问题，它通常取决于交往双方的关系、现场的气氛以及当事人个人的心情等多种因素。

（1）介绍相识时　当你被介绍与他人相识时，应马上向对方伸手并趋前相握，以示高兴之意，并表示今后愿意建立联系或商谈工作。

（2）久别重逢时　与久别的老朋友或同事相见时，应该主动热情的握手，以示自己的问候、关切和高兴之情。

（3）公务应酬时　在工作场合迎接或送别来访者时，应与他们握手以示欢迎或欢送。拜访辞别时应握手，以示希望再见之意。

（4）恭喜祝贺时　他人晋升职衔、喜结良缘、比赛获奖等，与之见面时应主动握手，以示祝贺。他人向自己颁发奖品、赠送礼物、表示祝贺时，应与其握手，以示感谢。

（5）安慰问候时　对他人表示理解、支持、肯定时，可以通过握手以表达真心问候。友人、同事遇到烦恼挫折时，可以与其握手以示安慰。

但遇到以下场合时不必握手：对方手部负伤或负重；对方与自己距离较远；对方忙于打电话、用餐、主持会议、与他人交谈等情况；双方所处环境不适合握手等。

2. 握手的顺序　握手时双方伸手的先后次序，一般应当遵循“位高者先行”的原则，即应由客人、女士、长辈、身份或职位高者先伸手，主人、男士、晚辈、身份或职位低者方可与之相握，这是约定俗成的礼仪规则。在商务场合，握手时伸手的先后次序主要取决于职位、身份。而在社交、休闲场合，它主要取决于年龄、性别、婚否。其基本规则如下：

（1）男女之间握手　在社交场合，应由女士先伸手，男士迎握，如果女方没有握手的意思，男方可改用点头礼表示礼貌。男女初次见面，女方可以不和男士握手。商务和政务场合不按照性别顺序，只按照职位高低。

（2）宾客之间握手　迎客时，主人有向客人先伸出手的义务。对到来的客人，不论男女、长幼，主人均应先伸出手去，表示热烈欢迎，女主人也应如此。客人告辞时，则由客人首先伸出手来与主人相握，在此表示的是“再见”之意。

（3）长幼之间握手　应由长辈先伸手，晚辈迎握。和长辈及年长的人握手，不论男女，都要起立趋前握手，并要脱下手套，以示尊敬。

（4）上下级之间握手　应由上级先伸手，下级迎握。但涉及主宾关系时，可不考虑上下级关系，应由主人先伸手。

（5）一人与多人握手　应讲究先后次序或者根据场合来握手：一是已知晓对方的身份、职务等相关信息，则可以由尊而卑；二是不知晓对方的相关信息，则可以根据对方与本人的距离，遵循由近及远的顺序来进行握手；三是在餐宴场合中，握手可以按照餐桌的顺时针进行。

应当强调的是：握手的顺序不必处处苛求于人。如果自己是“位高者”，在“位低者”抢先伸手时，立即伸出自己的手进行配合，而不要置之不理，使对方当众出丑。

3. 握手的方式

（1）握手的神态　与人握手时，应当神态专注、热情、友好、自然。在通常情况下，与人握手时应面含笑意，目视对方交际三角区，并且加以问候。握手时切勿显得自己三心二意，敷衍了事，漫不经心，傲慢冷淡。如果在此时迟迟不握他人早已伸出的手，或是一边握手一边东张西望，目中无人，甚至忙于跟其他人打招呼，都是极不应该的。

（2）握手的基本姿势　双方相距约1米时，双腿立正，上身略向前倾，双目注视对方，微笑致意，向侧下方伸出右手，四指并拢，拇指张开，虎口相对，掌心向左，握住对方手掌，上下稍许晃动3~4次，时间以3秒左右为宜，并适当用力（图3-2）。同时，根据场合使用适当的握手语，如“您好”“认识您很高兴”“欢迎”等。

a

b

图3-2　握手的基本姿势

（3）握手的力度　在与人握手时，不可以毫不用力，使对方感受缺乏热忱与朝气。但也不宜矫枉过正，拼命用力，将对方握得龇牙咧嘴，则难免有示威、挑衅之嫌。为了向交往对象表示热情友好，应当稍许用力。与亲朋旧友握手时，所用的力量可以稍微大一些；而在与异性以及初次相识者握手时，则千万不可用力过猛。

4. 握手的手位

（1）单手式握手

①平等式握手　即左手垂直，伸出右手，虎口相对，掌心相握，目视对方交际三角区。平等式握手是最常用的握手方式，适用于商务和政务场合，不区分性别（图3-3）。

图3-3　平等式握手的基本姿势

②捏手式握手　握手时不是虎口相握，而是握在对方手指部位。一般用于社交场合中男士与女士、女士与女士相握。

（2）双手式握手　右手握住对方的同时，再用左手去加握手臂、前臂、上臂，甚至肩部，这种握手方式表达的是一种更诚挚的情感，加握的部位越高，其热情友好的程度越高。

①抱握式握手　即双手与对方双手相握。表达老朋友相见、祝贺、恭喜等情感。一般而言，此种方式的握手不适用于初识者与异性，因为它有可能被理解为讨好。这一方式，有时亦称手套式握手。

②拍肩式握手　即右手握着对方的右手，左手轻拍对方的肩膀，表示长辈对晚辈的赞美、鼓励等。

③拍臂式握手　即右手握着对方的右手，左手轻拍对方的右上臂，表示同阶之间的赞赏等。

④按握式握手　即右手握着对方的右手，左手由上往下按握。这种握手表示的是对交往对象的安抚和慰问。

5. 握手的时间　在普通情况下，与他人握手的时间不宜过短或过长。大体来讲，握手的全部时间应控制在3秒以内，即握上三四下即可。当然，若是老友重逢，握手时间则可以相应地延长。

握手时两手稍触即分，时间过短，好似在走过场，又像是对对方怀有戒意。而与他人握手时间过久，尤其是拉住异性或初次见面者的手长久不放，则显得有些虚情假意，甚至会被对方疑为想占便宜。

6. 握手的禁忌

（1）用左手与他人握手，尤其是在与少数民族人士或外国人士打交道时更要牢记此点，因为在他们看来左手是不洁的。

（2）在握手时争先恐后或交叉握手，而应当遵守秩序，依次而行。

（3）在握手时将另外一只手插在衣袋里，也不能在握手时另外一只手依旧拿着东西而不肯放下，例如仍然拿着香烟、报刊、公文包、行李等。

（4）在握手时戴着手套或戴着墨镜，更不能在与人握手之后，立即揩拭自己的手掌，好像与对方握一下手就会使自己受到“污染”似的。女士礼服手套或眼部有缺陷者可例外。

（5）在握手时面无表情，不置一词，好像根本无视对方的存在，而纯粹是为了应付。也不要在握手时长篇大论，点头哈腰，显得过分客套，令对方不自在、不舒服。

（6）在握手时仅仅握住对方的手指尖，好像有意与对方保持距离。也不要在握手时只递给对方一截冷冰冰的手指尖，像是迫于无奈似的。

（7）以肮脏不洁或患有传染病的手与他人相握。

（8）拒绝与他人握手。在任何情况下，都不能这么做。

即学即练

答案解析

下列握手顺序错误的是（　　）

A. 男女之间握手 在社交场合，应由男士先伸手

B. 宾客之间握手 迎客时，主人有向客人先伸出手的义务

C. 长幼之间握手 应由长辈先伸手，晚辈迎握

D. 上下级之间握手 应由上级先伸手，下级迎握

（二）鞠躬礼

鞠躬礼主要适用于向他人表示感谢、领奖或演讲之后、演员谢幕、举行婚礼或参加追悼活动。行礼时，行礼者应距离受礼者两米左右，脱帽立正，以胯部为轴心，上身弯腰前倾。男士双手应贴放于身体两侧裤线处，女士的双手则应下垂搭放于腹前。受礼者一般应还礼，长者、女士、宾客还礼时可不鞠躬，欠身或点头即可。

鞠躬的度数越大，则表示对对方的尊重程度就越大。鞠躬角度要根据场合而定。一般情况下，与客人交错而过时，面带微笑，行15°鞠躬礼；面试、应聘时可采用15°鞠躬礼；接送客人时，行30°鞠躬礼；初见或感谢客户时，行45°鞠躬礼；特别隆重、庄重、肃穆的场合行90°鞠躬礼，不带微笑。鞠躬的基本姿势见图3－4。

（三）点头礼

点头礼适用于路遇熟人，在会场、剧院、歌厅、舞厅等不宜与人交谈之处，在同一场合碰上已多次见面者，遇上多人又无法一一问候之时。具体做法是：头部向下轻轻一点，同时面带笑容，不宜反复点

头不止，点头的幅度也不宜过大。

（四）注目礼

注目礼一般用在升国旗、游行检阅、剪彩揭幕、开业挂牌等情况下。具体做法是：起身立正，抬头挺胸，双手自然下垂或贴放于身体两侧，笑容庄重严肃，双目正视于被行礼对象，或随之缓缓移动。

（五）脱帽礼

脱帽礼是指戴着帽子的人，在进入他人居所，进入娱乐场所，升挂国旗，演奏国歌，路遇熟人，与人交谈、握手或行其他见面礼等情况下，应自觉主动地摘下自己的帽子，并置于恰当之处，以示尊敬。女士在社交场合可以不脱帽子。

（六）举手礼

举手礼最适合向距离较远的熟人打招呼。具体做法是：右臂向前方伸直，右手掌心向着对方，其他四指并齐、拇指分开，轻轻左右摆动一两下。

（七）拱手礼

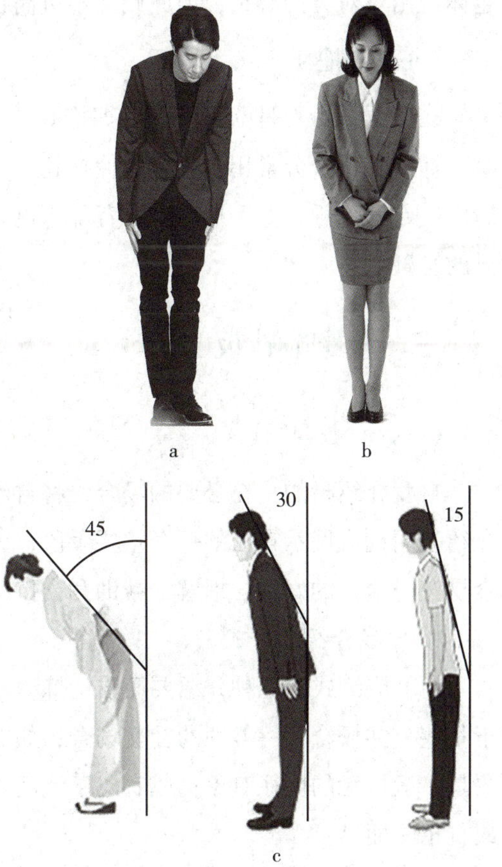

图 3－4　鞠躬的基本姿势

拱手礼是中国民间传统的会面礼，是过年举行团拜活动，向长辈祝寿，向友人恭喜结婚、生子、晋升、乔迁，向亲朋好友表示无比感谢，以及与海外华人初次见面时表示久仰大名之礼。行礼时应起身站立，上身挺直，两臂前伸，男士右手形成拱形，左手搭在右手上形成抱拳（女士则相反），双手举至胸前，自上而下，或者自内向外，有节奏地晃动两三下（图 3－5）。

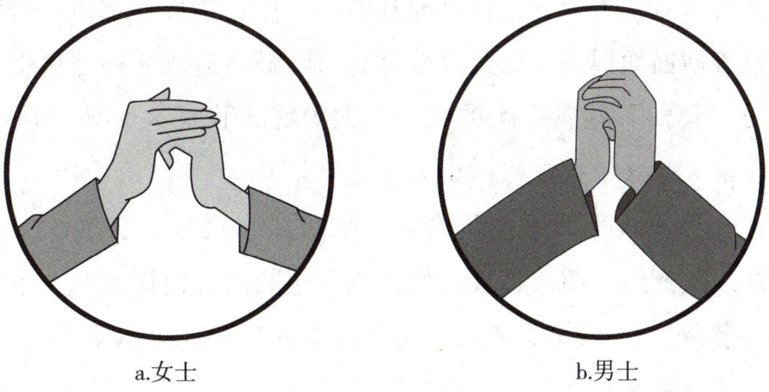

图 3－5　拱手的基本姿势

（八）合十礼

在东南亚、南亚信奉佛教的地区以及中国傣族聚居区，合十礼最为普遍。行合十礼时双掌十指在胸前相对合，五指并拢向上，掌尖和鼻尖基本持平，手掌向外侧倾斜，上身微欠低头，可以口诵祝词或问候对方，宜可面带微笑，但不能手舞足蹈，反复点头。一般而言，行合十礼时，合十的双手举得越高，越体现出对对方的尊重，但原则上不可高于额头。

（九）拥抱礼

在西方，特别是欧美国家，拥抱礼是十分常见的见面礼和道别礼。在人们表示慰问、祝贺、欣喜时，拥抱礼也十分常用。正规的拥抱礼，讲究两人正面面对站立，各自举起右臂，将右手搭在对方左肩后面；左臂下垂，左手扶住对方背部下侧。异性相抱时，需注意左手的位置不能过低，否则有不尊重对方的嫌疑。

三、介绍的礼仪

（一）自我介绍

自我介绍指的是在必要的场合，将自己介绍给其他人，以达到使对方认识自己的目的。恰当的自我介绍是向别人展示自己的一个重要手段，可以在短时间内将自己最美好的一面和自己的特色展现出来，容易获得他人的好感、理解、帮助和支持。

1. 自我介绍的方式

（1）应酬式　此种介绍要简洁精炼，一般只介绍姓名就可以。例如："您好，我叫×××。"它适合于某些公共场合和一般性的社交场合，如旅行途中、宴会厅里、舞场之上、通电话时。应酬式介绍的对象是一般接触的交往对象，或者属于泛泛之交，或者早已熟悉。进行自我介绍，只不过是为了确定身份或打招呼而已。

（2）工作式　工作式自我介绍有三要素：本人姓名、供职单位、部门及职位或从事的具体工作，缺一不可，除非确信对方已经熟知。工作式的自我介绍，它是以工作为自我介绍的重点，因工作而交际，因工作而交友，因此主要适用于工作和公务交往之中，如"我叫×××，是×××公司的公关部经理。"

（3）交流式　在社交活动中希望某个人认识自己，了解自己，并与自己建立联系时，就可以运用交流式的介绍方法。它比较随意，可以介绍自己的姓名、工作、籍贯、学历、兴趣以及与交往对象的某些熟人关系，可以不着痕迹地面面俱到，也可以故意有所隐瞒，造成某种神秘感，激发对方与你进行进一步沟通的兴趣。俗说的"套瓷"就属于此类。如"大家好，我是×××，是×××公司的公关部经理，来自上海，我的爱好是×××，很高兴认识大家"。

（4）礼仪式　适用于一些正规而隆重的场合，比如讲座、报告、演出、庆典、仪式等。它是一种意在表示对交往对象友好、敬意的介绍。礼仪式的自我介绍的内容包括姓名、单位、职务等，还可以酌情加入一些适宜的谦辞、敬辞。如"各位来宾，大家晚上好！我叫×××，是×××公司的公关部经理。我代表本公司热忱欢迎大家光临我们的展览会，希望大家……"。

（5）问答式　问答式自我介绍是针对对方提出的问题，做出自己的回答的一种方式。问什么答什么，有问必答。它一般适用于应试、应聘和公务交往。

2. 自我介绍的顺序　自我介绍应遵循"尊者有优先知情权"的原则。

（1）职位低者先介绍，适用于公务场合，不区分性别。

（2）资历浅者先介绍，适用于公务场合。

（3）年少者先介绍，适用于社交场合。

（4）男士先介绍，适用于社交场合。

（5）求人者先介绍，适用于公务场合和社交场合。

（6）初次见面时先介绍自己，再让对方介绍，适用于公务场合和社交场合。

3. 自我介绍的规范

（1）把握时间　要抓住时机，选择对方有兴趣、有空闲、情绪好、干扰少之时进行。同时一定要力求简洁，尽可能的节约时间，以半分钟左右为佳。还可以利用名片、介绍信等加以辅助。

（2）讲究态度　态度要保持自然、友善、亲切、随和，整体上讲求落落大方，笑容可掬，并充满信心和勇气。同时注意语气自然，语速正常，语音清晰。

（3）内容真实　进行自我介绍时所表述的各项内容，一定要实事求是，真实可信。过分谦虚，一味贬低自己去讨好别人，或者自吹自擂，夸大其词，都是不足取的。

（二）他人介绍

他人介绍又称第三方介绍，是经第三方为彼此不相识的双方引见、介绍。这是为他人之间架起的人际关系的桥梁，也是人际沟通的重要组成部分。

1. 介绍者的礼仪

（1）介绍人的选定　介绍者的身份通常是有一定的讲究的。一般情况下，由下列身份者担任介绍者：社交活动中的东道主、交际场合中的地位最高者、公务交往中的专职接待人员、家庭聚会中的女主人、与被介绍双方的相识者、应被介绍人一方或双方要求者。

（2）介绍的时机　收到为他人做介绍的邀请；在办公地点接待彼此不相识的来访者；打算推介某人加入某一方面的交际圈；与家人外出，路遇家人不相识的同事或朋友；陪同上司、长者、来宾时遇见其不相识者，而对方又跟自己打招呼。

（3）介绍的姿态　在介绍中，一般都应站立。介绍时，正确姿势应该是提起右臂，五指并拢，手掌向上倾斜，自然伸向被介绍者，手的高度应在胸肩位，即手不能高过肩，也不能低于胸（图3－6）。

图3－6　第三方介绍的姿势

（4）介绍的顺序　为他人做介绍必须遵循“尊者有优先知情权”原则，即先要确定双方地位的尊卑，然后先介绍位低者，后介绍位高者。比如，介绍上级与下级认识时，先介绍下级，后介绍上级；介绍长辈与晚辈认识时，应先介绍晚辈，后介绍长辈；绍女士与男士认识时，应先介绍给男士，后介绍女士；介绍来宾与主人认识时，应先介绍主人，后介绍来宾；介绍先到者与后来者认识时，应先介绍后来者，后介绍先到者。

（5）介绍的方式　介绍他人相识时，介绍的具体内容由实际需要加以斟酌和组合，常用的主要有下述六种组合方式。

①标准式　以介绍双方的姓名、单位、职务等为主，适用于正式场合。如：“请允许我来为两位引见一下，这位是××公司商务部主任××先生，这位是××集团副总×××小姐。”

②简单式　只介绍双方姓名一项，甚至只提到双方姓氏而已，适用一般的社交场合。如：“我来为大家介绍一下，这位是××，这位是××。你们彼此认识一下吧。”

③强调式　用于强调其中一位被介绍者与介绍者之间的关系，以期引起另一位被介绍者的重视。如："大家好！这位是××公司的业务主管××，这是××，请各位多多关照。"

④引见式　介绍者所要做的，是将被介绍的双方引到一起即可，适用于普通场合。如："两位认识一下吧，大家其实都曾经在一个公司共事，只是不是一个部门。你们自己说说吧。"

⑤推荐式　介绍者经过精心准备再将某人举荐给某人，介绍者通常会对前者的优点加以重点介绍。通常适用于比较正规的场合。如："这位是张××先生，这位是××公司的××董事长。张××是经济博士、管理学专家。陈总，我想您一定有兴趣和他聊聊吧。"

⑥礼仪式　是一种最为正规的他人介绍形式，适用于正式场合。其语气、表达、称呼上都更为规范和谦恭。如："谭小姐，您好！请允许我把×××公司的执行总裁王××先生介绍给你。王先生，这位就是×××集团的人力资源经理谭××小姐。"

2. 被介绍者的礼仪

（1）被介绍者在介绍者询问自己是否有意识认识某人时，一般应欣然表示接受。应主动热情，正面看着对方，面带微笑，被介绍时，除了女士和长者，一般都应起立面向对方。如果实在不愿意，应向介绍者说明缘由，取得谅解。

（2）当介绍者走上前来为被介绍者进行介绍时，被介绍者双方均应起身站立，面带微笑，大大方方地目视介绍者或者对方，点头致意。宴会或谈判桌上不必起立，只需略欠身微笑致意即可。相距较近可以握手，递名片，远者可举右手致意。

（3）介绍者介绍完毕，被介绍者双方应依照合乎礼仪的顺序进行握手，并且彼此使用"您好""很高兴认识您""久仰大名""幸会"等语句问候对方。

（三）集体介绍

1. 介绍的形式　集体介绍是为他人介绍的一种特殊形式，大体可分为两种情况：一是为一人和多人做介绍；二是为多人和多人做介绍。

2. 介绍的顺序　在做集体介绍的时候尤其要注意介绍的顺序。

（1）少数服从多数　当被介绍者双方地位、身份大致相似时，应先介绍人数较少的一方。

（2）强调地位、身份　若被介绍者双方地位、身份存在差异，即使地位高的那一方人数较少或仅有一人也应将其放在尊贵的位置最后加以介绍。

（3）人数较多各方的介绍　若被介绍的不止两方，则需要对被介绍的各方进行位次排列。排列的方法主要有：以其负责人身份为准；以其单位规模为准；以单位名称的英文字母顺序为准；以抵达时间的先后顺序为准；以座次顺序为准；以距离介绍者的远近为准。

（4）宾主双方不止一个人　具体分别应该按照位次高低排序，比如，先介绍董事长，再介绍总经理、部门经理、业务员等。

四、名片使用礼仪

名片是人的"第二身份证"，是社会交往中一种自我介绍的媒介，也是私人交往的联谊卡，还有人说"名片是人的一张脸"。交换名片是商业交往的第一个标准官式动作，在递交名片时，应该尊重别人的名片，选择恰当的时机，注重递交和接受名片的方法与礼仪。

（一）名片的用途

名片主要分为三种：社交名片、职业名片、商务名片。现代社会，名片的使用相当普遍，有着广泛的用途。

1. 自我介绍　这是名片的最主要的用途。会客交友，递上一张名片，自己的情况跃然纸上，一目了然，既方便又简明扼要。同时也可以通过名片展示自己的个性，可以印上自己的个性和特点，也可以印上自己喜欢的座右铭或格言，这样的名片可以获得他人对自己的多方面的了解。

2. 保持联系　初次见面时主动递给对方一张自己的名片，就意味着对对方的友好、信任和希望进一步交往之意。名片犹如"袖珍通讯录"，利用它所提供的资料，即可与名片的提供者保持联系。

3. 业务介绍　商务式名片上列有归属单位等相关内容，因此利用名片亦可为本人及所在单位进行业务宣传，扩大交际面，争取潜在的合作伙伴。

4. 留言作用　初次前往居所或工作单位进行拜会，可将本人的名片交由对方门卫、秘书或家人，转交给被拜访者，以便对方确认自己的身份。如果拜访他人不遇，也可以留下自己的名片或在上面写下几行字请人转交，这样也不会误事。

（二）发送名片的时机

1. 宜发送名片的时机　把握好时机发送名片会收到较好的效果。遇到以下几种情况时适合把自己的名片递给对方或与之交换名片：希望认识对方；被介绍给对方；对方向自己索要名片；对方提议交换名片；打算获得对方的名片；初次登门拜访对方；通知对方自己联系方式或信息变更时等。

2. 不宜发送名片的时机　遇到以下几种情况时不需要把自己的名片递给对方或与之交换名片：对方是陌生人而且以后不需要交往、不想认识或深交对方；对方对自己并无兴趣；双方之间地位、身份、年龄差别悬殊；交往的场合杂乱，或不适合交换名片时，如走廊、过道和马路上；另外，参加会议时，应该在会前或会后交换名片，不要在会中擅自与别人交换名片。

（三）交换名片的礼仪

1. 交换名片的顺序　一般遵循"位低者先行"的原则，地位较低或职位较低的人或是主人要先递出名片。如果对方来访的人多，应先由主人或者是里面地位较高的人交换名片。当与多人交换名片时，应依照职位高低的顺序，或是由近及远、按顺时针的方向依次进行，切勿跳跃式地进行，以免对方误认为有厚此薄彼之感。

2. 递交名片　在交际活动时，不要忘记携带名片。名片应有专门的名片夹存放，名片夹最好是放置在身上易于掏出的位置。递送名片时注意：取出名片后先郑重地握在手里，然后在适当的时机得体的递给对方；最好是站着有礼貌地递给对方；应用双手拇指和食指执名片两角，让文字正面朝向对方，双手奉上；眼睛应注视对方的交际三角区，面带微笑，并大方地说："这是我的名片，请多多关照"等礼节性的用语。

3. 接受名片　接受名片时应起身、面带微笑、注视对方，用双手捧接，接过名片时应说"谢谢"；接受名片后应认真阅读名片上所印内容，可以抬头注视对方，说出对方的名字和职位，如"您是王经理，认识您很高兴！"等，以表示对赠送名片者的尊重；接过名片后，应放在西服左胸的内袋或名片夹里细心的收好，不可把名片放在裤带、裙兜或钱夹里，然后回敬一张本人的名片，如身上未有名片，应向对方表示歉意："很抱歉，今天我的名片发完了"。如果接下来与对方谈话，不要将名片收起来，应该放在桌子上，并保证不被其他东西压起来，这会使对方感觉你很重视他，从而增加对你的信任。

递接名片的姿势如图 3－7 所示。

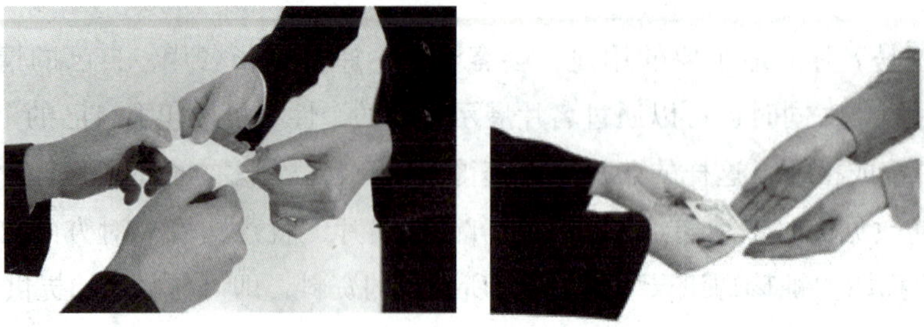

a　　b

图3-7　递接名片姿势

（四）索要名片的礼仪

名片，是人际资源和财产，要使名片发挥极限作用，首先要取得、拥有名片，但要注意技巧。

1. 索要名片　一般情况下，若想主动结识对方或者有其他原因有必要索取对方名片时，则可以委婉表达此层意思。

（1）主动建议交换名片　在适当的时候主动递上自己的名片，对方按常理会回给自己一张他的名片，并可以在递上名片时明言此意“能否有幸与您交换一下名片？”

（2）用含蓄的语言暗示对方　向尊长索要名片时可说“请问今后如何向您请教？”，向平辈或晚辈表达此意时可说“请问今后怎样与您联络？”

2. 拒绝索要名片　当他人向自己索取名片时，不应直接加以拒绝。如确有必要这么做，自己不想给对方，则需注意分寸，也可以委婉表达此意，如“对不起，我忘带名片了”，或“抱歉，我的名片用完了”。

3. 拥有名片的后续礼仪　当你和他人在不同场合交换名片时，务必详尽记录与对方会面的人、事、时、地、物。交际活动结束后，应回忆复习一下刚刚认识的重要人物，记住他的姓名、企业、职务、行业等。第二天或过个两三天，主动打个电话或发个电邮，向对方表示结识的高兴，或者适当地赞美对方的某个方面，或者回忆你们愉快的聚会细节，让对方加深对你的印象和了解。记住，不能把他人名片随便给别人。

（五）管理名片的礼仪

获取名片之后就是科学整理工作了，可以用名片夹和电脑整理名片。对名片可以从以下几个方面管理。

1. 分类管理　将名片分类，可以按工作关系、单位性质、工作性质、重要程度、利益关系等适合自己使用习惯和工作理念的标准分类。也可以按地域分类，比如按省份、城市；也可以按行业分类；还可以按人脉资源的性质分类，比如：同学、客户、专家等。在同一类中，按照姓氏笔画，字母顺序，重要程度，利益关系大小等标准排序编号。

2. 时常翻看使用　养成经常翻看名片的习惯，工作的间隙，翻一下你的名片档案，给对方打一个问候的电话，发一个祝福的短信等，让对方感觉到你的存在和对他的关心与尊重。

3. 定期清理更新　保持名片的时效性，让你的名片经常处于更新状态。将变化的信息添加，该换的换，该刷新的刷新。可以将你手边所有的名片与相关资源数据作全面性整理，将它们分成三类：长期保留的、可以暂时保留的、可以销毁处理的。定期分析自己的名片，你可以从名片的变化中发现个人交际上的变化、动态、发展状态和趋势等重要信息。这会为你的工作事业提供有价值的参考。

任务二　交谈礼仪

一、称呼和问候礼仪

（一）称呼礼仪

称呼，指人们在日常交往应酬中采用的称谓语。在人际交往中，选择正确、适当的称呼，反映着自身的教养、尊重对方的程度，而且还体现着双方关系所达到的程度。根据社交礼仪的规范，选择准确、适当的称呼，要注意以下三点：合乎常规、照顾习惯、入乡随俗。

1. 称呼的类别

（1）生活中的称呼　应当亲切、自然、准确、恰当。

代词称呼：对长辈称“您”“您老”，对同辈或晚辈称“你”“他”“她”等。

亲属称呼：主要形式为姓名或姓、名加辈分相称，如“刘叔叔”“张阿姨”等。

西式称呼：以“先生”“女士”相称，如“王先生”“李女士”；对未婚女士称“小姐”，对已婚或婚姻状况不明的女士称“女士”。

（2）工作中的称呼　应当正式、规范、庄重。

职务性称呼：以交往对象的职务相称，以示身份有别和尊重，如“李经理”“叶处长”等。

职称性称呼：具有职称者，尤其是具有高级职称者，直接以其职称相称，如“吴教授”“王律师”等。

学衔性称呼：以学衔作为称呼，可增加被称呼者的权威性。如“杨博士”“张工程师”等。

职业性称呼：以职业作为称呼，如“刘老师”“王大夫”“陈会计”等。

2. 称呼的注意事项　准确、得体地称呼对方，会令彼此如沐春风，为今后的交往打下良好的基础。否则，可能会令对方不悦，影响到双方的关系乃至交际的成功。交际中要注意称呼中的一些禁忌，还要回避一些错误做法，以免失敬于人。

（1）错误性称呼　一是误读，即把不认识的字或多音字读错，如“仇”（qiú）读成（chóu）、“翟”（zhái）读成（dí）；二是误会，即对被称呼对象的年纪、辈分、婚否以及其他人的关系做出了错误判断，如将未婚妇女称为“夫人”。

（2）不同文化背景的称呼　由于地域及民族文化差异而产生的称呼差异要注意。比如北京人爱称他人为“师傅”，但是在南方人听来“师傅”等于“出家人”；中国人把配偶称为爱人，而外国人则将“爱人”理解为“第三者”或者“情人”。因此要注意避免出现这些错误。

实例分析

实例　某交易会上，中方某企业家与外商谈成了一笔1亿元的生意，在签约之前，中方邀请外方共进晚宴，并在邀请函上注明“请携同夫人共进晚宴”。双方代表如约赴宴，宴会前中方向外方介绍中方的“夫人”们时，说：“这位是董事长的爱人，这位是总经理的爱人……”，听到介绍后，外方代表非常生气，并表示：“我们都携同夫人参加晚宴，你们却带来了情人，这是对我方的极大不敬！”。无论中方如何解释，外方代表都不接受，最后签约失败。

问题　导致签约失败的根本原因是什么？

答案解析

（3）庸俗低级的称呼　有些称呼不适合于正式场合，如“哥们儿”“美女”，还有逢人就叫绰号类的称呼。也切勿自作主张给对方起绰号，尤其是关系一般者。例如“乡巴佬”“北极熊”“光头”等等。另外，不能拿别人的名字开玩笑，一定要学会尊重别人的名字。

（二）问候礼仪

问候，又叫做问好或者打招呼。它是见面时最先向对方传递的信息，它作为社交场合的“开场白”来被使用，适用于人们见面之初，主要用于向他人询问安好、表示关切或者致以敬意。人们彼此之间互致问候虽说属于例行公事，但依然不可掉以轻心。在通常情况下，一个人与他人见面时，双方理当相互致以问候，否则就是一种目中无人的表现。

在商务交往中，商务人员对于不同的环境和交往对象，要注意问候的内容、次序、态度等。

1. 问候的内容　人们问候他人时的具体内容往往多有不同。通常，问候语具体的内容具有明显的地域性、时效性等特征。在一般情况下，常用的一些问候语都是约定俗成的。根据具体内容加以区分，问候语大致可以分为以下三类。

（1）问好型　即见面时直接问候交往对象，如“您好”“早上好”“下午好”或者“大家好”。这种问候语言简意赅、直截了当，既不失礼貌，又可避免东拉西扯。因此，问好型的问候语最为正规，使用范围最广。

（2）寒暄型　即人们在平日问候他人时所讲的一些应酬话，诸如“吃了没有”“上哪里去”“忙什么呢”等。对此类问候语，一般没有必要予以实质性的答复。它多适用于熟人之间，在跨文化交际时需要慎用。

（3）交谈型　即人们在问候他人时直接选择一个话题，在问候对方的同时，希望就此交谈下去。例如“很高兴认识您!”“见到您非常荣幸!”如果对方是个有名望的人，也可以说“久仰”，或者说”您的故事早有耳闻“等等。此类问候语，多适用于公务场合。

2. 问候的顺序　问候别人时，其先后顺序方面的具体问题，应当引起商务人员的重视，越是正式的场合，越是需要重视这一点。

（1）两人见面时，双方均可主动问候对方，而不必非要等待对方首先开口。但在正常情况下，标准的做法是“位低者先行”，即双方之中处于地位较低的一方应当自觉地首先问候地位较高的一方。

（2）当一个人与多人见面时，问候对方有两种具体方法：一是由尊而卑，依次问候对方；二是统一问候，而不必一一具体到每个人，例如“各位好”“同志们好”等。

3. 问候的态度　在商务活动往来中，问候他人时一定要力求态度热情而友好，切勿显得傲慢冷漠、敷衍了事。商务人员务必使自己言行一致，要使自己的表情与举止能够同问候语的具体使用彼此协调、相互配合。具体问候他人时，往往讲究对交往对象“听其言，观其行”。尤其需要注意以下几点：

（1）起身站立，迎向对方　问候他人时，不应该等待对方走向自己，但凡有可能，就要站起身来，并主动走向被问候者。一般而言，问候他人时，双方之间的距离以 1 ~ 3 米为宜。

（2）面带微笑，待人友善　问候他人时，通常应当面带微笑。这样做，既是对对方的一种接纳，也是对对方友好之意的直接体现。倘若在问候别人时不苟言笑，甚至显得过度冷漠，则似乎是在排斥对方。

（3）目视对方，专心致志　问候他人时，必须做到“三到”，即话到、眼到、心到。只有这样，才会使自己的问候显得实心实意。问候别人时，眼到与话到、心到往往直接关联。加入在问候他人时左顾右盼，则会给人以言不由衷、心不在焉之感。

（4）认真对待，及时回应　在任何情况下，问候别人都是一种不可或缺的基本礼仪规范，商务人员对其一定要高度重视，并认真对待。特别重要的是，当他人问候自己之后，一定要谨记“来而不往非礼也”，应及时地回应对方，不可有来无往。

答案解析

即学即练

人们在平日问候他人时会讲“您的故事早有耳闻”，此种问候属于（　）

A. 问好型　　B. 寒暄型　　C. 交谈型　　D. 敷衍型

二、交谈礼仪

美国哈佛大学前校长伊立特曾说：“在造就一个有修养的人的教育中，有一种训练必不可少，那就是优美、高雅的谈吐。”

交谈是建立良好人际关系的重要途径，是连接人与人之间思想和感情的桥梁，是建立联系、消除隔阂、协调关系、增进友谊、促进合作的一种动力。“良言一句三冬暖，恶语伤人六月寒。”说明交谈在人际交往中的作用是举足轻重的。

（一）交谈的态度

商务人员在交谈时应当体现出以诚相待、以礼相待、谦虚谨慎、主动热情等良好的态度，切不可逢场作戏、虚情假意、敷衍了事、油腔滑调。谈话时态度要诚恳自然，语气要和蔼亲切，内容表达要准确得体。

1. 相互尊重，体现修养　交谈是双方思想、感情的交流。要取得满意的交谈效果，就必须顾及对方的心理需求。在交谈中，来自对方的尊重是任何人都希望得到的，谈话双方无论地位高低，年纪大小，在人格上都是平等的，谈话时，要将对方作为平等的交流对象，在心理上、用词上、语调上，体现出对对方的尊重。尽量使用礼貌语，谈到自己时要谦虚，谈到对方时要尊重。切不可盛气凌人、自以为是、唯我独尊。恰当地运用敬语和自谦语，可以显示个人的修养、风度和礼貌，有助于交谈的成功。

2. 真诚友好，神情愉快　“发自肺腑的语言才能触动别人的心弦”。交谈双方态度要认真、诚恳、友好，有了直率诚笃和友好的态度，才能有融洽的交谈环境，激起对方感情的共鸣，交谈才能取得满意的效果。当你谈话时，如果你对在场的人表露不满，对他们的谈话挖苦讽刺，交谈通常难以进行下去。因此，交谈中应通过微笑表现出愉快的心情，应使自己的陈述显得和缓，运用“一些”和“有时”之类你认为有把握的词，避免失面子和引起争议。

3. 张弛有度，随机应变　在交谈中，可以很活跃地在脸上和姿势中尽情表现你的神气，也可以保持一定的安静，使人们从中可以得到放松。谈话的话题是经常变化的。一个成功的交谈者应随机应变，才能使交谈持续、有趣的进行下去。

4. 言谈得体，谦恭有礼　常言说：三思而后行。交谈中，你应在说话前多想，而不是事后追悔。有时，我们难免会伤害他人，因为无意中触及了他们的敏感问题。因而，我们应尽量避免因粗心造成对他人的伤害，比如说话过于武断、过于自我、有优越感、言过其实或含糊不清等。

（二）交谈的内容

交谈的内容是关系到交谈成败的决定性因素。交谈内容的选择应当慎重。

1. 适合的交谈内容

（1）既定的主题　也就是商务交往双方事先约定的主题。

（2）高雅的主题　例如哲学、历史、文学、艺术、风土、人情、传统、典故，以及政策国情、社会发展等话题。这一主题的前提是忌讳不懂装懂，贻笑大方。

（3）轻松的主题　在交谈时要有意识地选择那些能给交谈对象带去开心与欢乐的轻松的话题，比如文艺演出、旅游观光、风土人情、流行时尚等。除非必要，切勿选择那些让对方感到沉闷、压抑、悲哀、难过的内容。

为使你的谈话更具吸引力，应扩大话题储备。生活中有意识地关注社会现实生活，对时事政治、天文地理、政治外交、文化体育、音乐美术等加以记忆和积累，就会在交谈中驾熟就轻，得心应手，并令对方感到自己谈吐不俗，对自己刮目相看。

2. 不适合交谈的内容

（1）个人隐私　商务交往双方一般都是因公而谈，所以有关年龄、收入、婚恋、宗教信仰、住址、个人经历等，如果不是对方主动提出来或是工作需要必须了解的内容，就不要谈论。

（2）不愉快的话题　谈话内容一般不要涉及疾病、死亡、荒诞离奇、耸人听闻或凶杀惨案的事情。

（3）错误倾向的话题　社交活动中不适合交谈如违背社会伦理、生活堕落、政治错误等内容。

（4）庸俗低级的话题　不宜谈论男女关系、黄色淫秽等事情，更不应参与小道传闻的道听途说。交谈注意"六不要，六不准"。

交谈六不要：不要喋喋不休；不要一言不发；不要尖酸刻薄；不要无事不晓；不要打听隐私（婚姻状况、收入、年龄、健康状况、家庭地址等）；不要逢人诉苦。

交谈六不准：不准挖苦对方；不准教训对方；不准否定、纠正、补充对方（不是原则问题时）；不准质疑对方；不准与他人争执；不准随意打断对方。

（三）交谈的技巧

1. 交谈的语言

（1）言之有物　谈话双方都想通过交谈，获得必要的信息。因此，谈话要有观点、有内容、有内涵、有思想。没有材料做根据，没有事实做依凭，再动听的语言也是苍白、乏味的。

（2）言之有序　交谈时，思路要清晰，内容要有条理，布局更要合理。要根据讲话的主题和中心设计讲话的次序，安排讲话的层次，即谈话要有逻辑性、科学性。"使众理虽繁，而无倒置之乖；群言虽多，而无棼丝之乱。"（刘勰《文心雕龙》）

（3）言之有礼　谈话时要讲究礼节礼貌。讲话者，态度谦逊，语气友好，内容适宜，语言文明，表达委婉才会形成一个信任、亲切、友善的交谈氛围，使交谈获得成功。在社交中，尤其有必要对五句十字礼貌用语经常加以运用，并且多多益善，它们是："您好""请""谢谢""对不起""再见"。

知识链接

礼貌三声、热情三到

礼貌三声：

来有迎声——外人来时主动打招呼，电话也要先问好。

问有答声——文明诚信，别人问话一定要回答。

去有送声——要善始善终，别人离开或对话结束要送别。

热情三到：

眼到——友善注视；注意部位、角度、时间。

口到——普通话；因人而异；表达准确、清晰、简短、幽默。

意到——意思要表达。要微笑，不可面无表情；要互动，不可毫无反应。

2. 交谈的声音　声音是一种威力强大的媒介，通过它可以赢得别人的注意，能创造有益的氛围，并鼓励他们聆听。

（1）充满情感　谈话是情感的传递，要使你的谈话具有感染力，使你具有非凡的影响力，需要真诚和情感来支撑。真诚是影响人的秘诀，情感是由内而外的自然流露，在你能够以情动人、打动客户之前，你自己必须先充满真诚和情感。

（2）音量、语速、节奏适中

①音量　音量的高低能够反映一个人的素养，与人交谈时音量不宜过高或过低。音量过高容易给人一种缺少涵养的感觉，难免也会影响周围同事的工作，所以如果遇到客户说无法听清楚时，我们尽量另约时间联系。音量过低又会给人一种自信不足的印象。

②语速　急缓适度的语速能吸引住听者的注意力，使人易于吸收信息。大多数销售人员说话的速度都偏快，容易造成客户听不清楚。销售人员最好具备可以控制语速的能力，需要根据客户的语速而调整自己的语速。一般情况下，语速保持在每分钟 120 ~ 140 字比较合适。

③节奏　高明的销售人员可以做到根据客户的语言节奏来决定自己的节奏，从而使整个谈话非常投机、默契。恰到好处的停顿可以有时间来感知谈话进行的感觉，也可让客户有机会参与到谈话中来。停顿的频率一般是每说两句话就停顿 1 ~ 2 秒即可。

（3）语气、语调、语音自然

①语气　语气是人们内心态度的晴雨表，销售人员的语气要求是：平和中有激情，耐心中有爱心，杜绝产生不耐烦的语气。

②语调　使用一种经过调控的语调谈话，使人对你信心百倍。语调要有高、中、低之分，富于变化，做到抑扬顿挫，不要太机械化，不要怪腔怪调。老是用一种音调跟所有客户讲话，好像是录音机播放的一样，缺少变化，也就缺少神气。

③语音　交谈时发音要标准，吐词要清晰，做到清楚、响亮，而不要含糊不清。人们只有听见并理解了你所说的话，才能懂得其中的意思，回答所提出的问题。

（4）交谈的姿态　交谈时除注意语言、声音之外，交谈的姿态也很重要。交谈的姿态包括交谈时的身距和目光。

①身距的操控　我们每个人的四周都环绕着一个抽象的范围，虽然无法准确地在我们的周围划一个明确的界限，但是它确实存在。当别人越过合适的私人交往距离时，我们会对对方产生一种厌恶的情绪，这种情绪给了我们消极的心理暗示，使得我们对这个人留下不好的印象。因此，在人际交往中，如果想给对方留下美好的印象，一定要严格遵守“保持身体间距”的黄金法则，必须控制好与别人之间的身体距离，使我们和别人的交往得体而又不失亲近。

②目光的把握　在双方正面相向交谈时，注视对方是一种起码的礼貌，以表示对谈话的兴趣和对对方的尊重。只有在交谈过程中不时地和对方进行目光的交流，才会使你看起来更加真诚可信。一

般来说，如果两个人在室内面对面交谈，目光距离最好在 1～2 米之间，目光注视对方胸部以上、额头以下部位。有时可能会出现谈话双方目光对视的情况，此时不必躲闪，泰然自若地徐徐移开就可以了。

交谈时不要走神。当你在和人交谈时，如果目光看向别的地方或者东张西望，这是你正在走神，其实潜意识里是想给自己寻找一个逃跑的出口，而此时你的眼神会准确无误地将这个消息传递给对方，会引起对方的不悦情绪，也是极不礼貌的行为。所以在交谈过程中，千万不要将目光轻易地飘向别处，也不要刻意躲避对方的视线范围。

多人交谈时，讲话的人不能把注意力只集中在其中一两个熟悉的人身上，要照顾到在场的每一个人。同时，与谁交谈或看谁谈话时，就应把目光注视到对方身上，让人感觉到你在与他交谈或听他讲话时正在关注着他，以示尊重。尤其是目光的收缩投放问题，虽属细节，但直接影响到谈话的效果。

（四）倾听的礼仪

认真倾听对方的谈话，是尊重对方的表现；善于倾听，能有效提高谈话的效果，加强人际关系的沟通。因此，商务人员一定要掌握倾听的艺术和技巧。

倾听的“听”字在繁体中文是听字里有一个“耳”字，说明听字是表示用耳朵去听的；听字的下面还有一个“心”字，说明倾听时要用“心”去听；听字里还有一个“目”字，说明你听时应看着别人的眼睛地听；在“耳”的旁边还有一个“王”字，“王”字代表把说话的那个人当成是帝王来对待。从听字的繁体结构中可以看出，倾听时不仅要用“耳朵”，还要用“心”，用“眼睛”，更重要的是要把你对面的那个人当成是帝王，充分地去尊重他。

1. 倾听的内容 倾听不但要听清楚别人在讲什么，而且要给予别人好的感觉。那么倾听时听什么呢？重点需要听两点。

（1）听事实　倾听事实意味着需要能听清楚对方说什么。要做到这一点，就要求商务人员必须有良好的听力。比如，A 对 B 说：“我昨天看中一套房子，决定把它买下来。”B 说：“哦，是吗？在哪儿呢？恭喜你呀。”A 看中了房子，想买下来，这是一个事实，B 问房子在哪儿，这是对事实的关注，“恭喜你”就是对 A 的情感关注了。

（2）听情感　倾听是一种情感的活动，它不仅仅是耳朵能听到相应的声音，在听清对方说事实时，还需要通过面部表情、肢体的语言和有声用语言来回应对方，传递给对方一种你很想听他说话的感觉。与听事实相比，倾听更重要的是听情感。比如，客服人员对客户说：“现在你就是这方面的专家，你真的是很内行。”这就是对客户的一种情感的关注。

2. 倾听的技巧

（1）永远都不要打断对方的谈话　没有一个人喜欢被别人打断自己的谈话。因此，有意识地打断别人的谈话，是非常不礼貌的。当你有意识地打断一个人说话以后，你会发现，你就好像挑起来了一场战争，你的对手会以同样的方式来回应你，最后你们两个人谈话就可能变成了吵架。

很多时候一些人的倾听能力很差，他们会无意识地打断对方的谈话。无意识地打断客户的谈话是可以理解的，但也应该尽量避免。

商务人员在交谈中，一定要保持平和的心态和耐性，尽量不要打断对方的谈话，更不要将其他的人或事牵扯进来。

（2）清楚地听出对方的谈话重点　当你与对方谈话时，如果对方正确地理解了你谈话中的意思，你一定会很高兴。至少他知道你成功地完成了我们上边所说的“听事实”的层面。

能清楚地听出对方的谈话重点，也是一种能力。因为并不是所有人都能清楚地表达自己的想法，特别是在不满，受情绪影响的时候，经常会有类似于“语无伦次”的情况出现。而且，除了排除外界的干扰，专心致志地倾听以外，你还要排除对方的说话方式给你的干扰，不要只把注意力放在说话人的咬舌、口吃、地方口音、语法错误或“嗯”“啊”等习惯用语上面。

(3) 适时地表达自己的意见　谈话必须有来有往，所以要在不打断对方谈话的原则下，也应适时地表达自己的意见，这是正确的谈话方式。把注意力集中在对方身上，摆出有兴趣的样子，关注中心问题，必要时做笔记，并可发问和要求阐明他正在讨论的一些论点。这样做还可以让对方感受到，你始终都在注意地聆听并重视他所说的话。还有一个效果就是可以避免你走神或疲惫。

应注意抑制自己的偏见和争论的念头，并能够容忍对方的偏见，因为倾听中只针对沟通的信息而不是传递信息的人。

(4) 肯定对方的谈话价值　在谈话时，即使是一个小小的价值，如果能得到肯定，讲话者的内心也会很高兴的，同时对肯定他的人必然产生好感。因此，在谈话中，一定要用心地去找对方的价值，并加以积极的肯定和赞美，这是获得对方好感的一大绝招。比如对方说：“我们现在确实比较忙”，你可以回答：“您坐在这样的领导位子上，肯定很辛苦。”

(5) 配合表情和恰当的肢体语言　当你与人交谈时，对对方活动的关心与否直接反映在你的脸上，所以，你无异于是他的一面镜子。光用嘴说话还难以造成气势，所以必须配合恰当的表情，用嘴、手、眼、心灵等各个器官去说话。特别要端详对方的脸、嘴和眼睛，将注意力集中在传递者的外表，用眼神、点头或摇头等身体语言鼓励对方传递信息。

但要牢记切不可过度地卖弄，如过于丰富的面部表情、手舞足蹈、拍大腿、拍桌子等。

(6) 避免虚假的反应　在对方没有表达完自己的意见和观点之前，不宜过早做出结论或判断，不要做出比如“我知道了”“我明白了”“我清楚了”等反应。这样空洞的答复只会阻止你去认真倾听客户的讲话或阻止客户进一步的解释。在对方看来，这种反应等于在说“行了，别再啰嗦了”。如果你恰好在他要表达关键意思前打断了他，被惹恼了的客户可能会大声反抗：“你知道什么？”那就不愉快了。

三、即兴演讲礼仪

演讲一词源于英文 oration，日本学者福泽谕吉把它译成“演讲”，逐渐沿用至今。常规意义上的演讲，又叫演说或讲演，实际上就是当众进行的正式发言。演讲从表达形式上可分为命题演讲、即兴演讲、论辩演讲三种类型。

在商务活动中，商界人士发表的演讲，多数是礼仪性的即兴演讲。比如，致欢迎辞、欢送辞、祝贺辞、答谢辞、介绍词、解说词等等。当众发表即兴演讲，是对商界人士学识、口才、应变能力、表达能力的一场公开考试。演讲时的表现，对个人形象与单位声誉，都有极大的影响。

（一）即兴演讲的基本礼仪

1. 演讲者应当遵循的礼仪规范

(1) 演讲声音应当抑扬顿挫，有所变化，借以突出重点、表达感情或是调动听众的情绪。

(2) 演讲语言应当生动、形象、幽默、风趣。可以多举例证，多打比方，多使用名言警句。

（3）演讲内容应当言之有物，力戒陈词滥调，无病呻吟，无的放矢。

（4）演讲形象应当装饰朴素、得体，举止神态应当优雅、大方，给听众一个美的外部形象。

（5）演讲表情与动作应该准确、鲜明、自然、协调，不要面沉似水或表情失当。

（6）演讲时间上应当点到为止，掌握在三分钟左右即可，一般不应超过五分钟。

2. 演讲者应当避免的不良习惯

（1）矫揉造作、装腔作势、粗野放肆，不根据实际需要运用动作。

（2）倾斜身体，耸立肩膀、东摇西晃、抓耳挠腮，频繁使用手帕。

（3）惊惶不安、六神无主、莫名其妙地傻笑、望天花板、死盯讲稿或地下。

（4）两脚前后晃动、两腿交叉站立、双脚距离太近或太远。

（5）手臂交叉又分开、手放在背后或伸进衣袋，双手绞在一起或不停揉搓衣襟、玩弄讲稿等。

（二）不同情境中演讲的礼仪

1. 欢迎时的演讲　在商界，遇上来宾参观、访问或是新职员加入，见面时致上一篇热情洋溢的欢迎词，往往必不可少。致欢迎词时，应当考虑场合、内容、神情与态度等问题。

（1）在场合上，致欢迎词的最佳地点，首推经过精心布置的接待室、会客室或会议室。站在人来人往的大门口或人声嘈杂的楼道里，会影响效果。

（2）在内容上，欢迎词应包括自我介绍，对被欢迎者郑重表示欢迎之意以及对其的建议与希望等等。其中尤以致词者的自我介绍不可或缺。

（3）在神情上，要胸有成竹，充满自信，面带微笑。在与听众进行眼神交流时，要坚持“等距离原则”不要只关注上司、熟人或异性而冷落其他人。

（4）在态度上，对上级人员，应当谦恭；对客户，应当诚恳；对新加入的职员，应当热情。

2. 欢送时的演讲　每逢同事离职、朋友远去或是来访的同行、客户告辞之际，商务人员都应当赠之以临别赠言，进行欢送。举行正式的欢送会，作一次精彩的欢送演讲，既可以体现致词者对友情的珍惜，也可以使被欢送者倍感温暖。

与欢迎词相比，欢送词应更富有文采，更具备真情实感。致欢送词的重点，是要充分地表达致词者的惜别之意。与此同时，亦可表现出致词者对友谊的无比珍视。

欢送词一般要包括四个要素：一是对被欢送者的高度评价；二是对既往与之相处时光的温馨回忆；三是真心实意地惜别之情；四是对被欢送者的美好祝福。以上四要素是一篇成功欢送词的筋骨。

3. 祝贺时的演讲　在商务活动中，每一位商务人员都应独具慧眼，不轻易放过任何一个可以向交往对象表示好感、敬意与尊重的机会。适逢他人喜庆之时，予以正式的祝贺，就是一种有助于双向沟通的良好方式。准备贺词，要以“恭喜”为首要内容，表达对对方的称颂、赞扬和肯定。仔细斟酌辞令，语言要优美、感人，字里行间要始终充满热烈、喜悦、愉快、激动的气息。

4. 答谢时的演讲　在人际交往中，最使人感觉珍贵的就是他人对自己所表达的感谢之意了。在正式集会上，发表一篇热情洋溢的感谢词，较之于无外人在场时悄声说一个“谢”字，更为郑重其事，更让人感动。商界人士在商务交往中，需要即时答谢的场合很多，例如，过生日、结婚、获得奖励、被授予荣誉称号、本单位举行庆典、事业上取得重大成就的时刻，都应向来宾或在场者致词答谢。答谢词应包括：自己“此时此刻”的感触，对他人的感谢，以及今后自己继续努力的方向三大内容。叙事要清楚，对他人的感谢要不厌其烦地一一说清道明。

5. 解说时的演讲　在新产品、新技术的陈列会、展示会、发布会以及日常的推销、促销工作中，商务人员经常需要发表解说。解说，就是应他人的要求，就某一事件或物品，进行专门的解释与说明。准备解说词，首先要有一定的针对性，内容简洁又不失完备，尽可能设想周到，做到有备无患，随时满足观众的要求和提问。其次，解说词一定要突出“被解说者”的特征、长处与优势。例如，向他人解说“油皮鞋”这一类新产品时，应强调穿它不用擦鞋油；解说某种新药时，要突出其起效快，疗效好，副作用小。这样，才会给听众留下深刻的印象，真正打动对方，吸引对方。

任务三　通联礼仪

一、信函礼仪

在商务交往中，出于各种各样的实际需要，商务人员必须对一定的交往对象发出书面邀约，邀请对方出席某项活动，或是前来做客。

站在交际这一角度来看待邀约，它实质上是一种双向的约定行为。当一方邀请另一方或多方人士，前来自己的所在地或者其他某处地方会面，以及出席某些活动时，不能仅凭自己的一厢情愿行事，而是必须取得被邀请方的同意与合作。

对邀请者而言，发出邀请，如同发出一种礼仪性很强的通知一样，不仅要力求合乎礼貌，取得被邀请者的良好回应，而且还必须符合双方各自的身份，以及双方之间关系的现状。

在一般情况下，邀约有正式与非正式之分。正式的邀约，既要讲究礼仪，又要设法使被邀请者备忘，故此它多采用书面的形式。非正式的邀约，通常是以口头形式来表现的，相对而言，它要显得随便一些。

正式的邀约，包括请柬邀约、书信邀约、传真邀约、电子邮件邀约等等具体形式，它适用于正式的商务交往中。

（一）请柬邀约礼仪

在正式邀约的形式之中，档次最高、也最为商界人士所常用的当属请柬邀约。凡精心安排、精心组织的大型活动与仪式，如宴会、舞会、纪念会、庆祝会、发布会、单位的开业仪式等等，只有采用请柬邀请嘉宾，才会被人视之为与其档次相称。

请柬又称请帖，它一般由正文与封套两部分组成。不管是购买印刷好的成品，还是自行制作，在格式与行文上都应当遵守成规。

请柬正文的用纸，大都比较考究。它多用厚纸对折而成。以横式请柬为例，对折后的左面外侧多为封面，右面内侧则为正文的行文之处。封面通常讲究采用红色，并标有“请柬”二字。请柬内侧，可以同为红色，或采用其他颜色（忌讳用黄色与黑色）。在请柬上，应用黑色、蓝黑色墨水的钢笔、签字笔或毛笔亲笔书写正文。

目前，在商务交往中所采用的请柬，基本上都是横式请柬。它的行文，是自左而右，自上而下地横写的。除此之外，还有一种竖式请柬。其行文，则是自上而下，自右而左地竖写。

在请柬的行文中，通常必须包括活动形式、活动时间、活动地点、活动要求、联络方式、邀请人以及注意事项等内容。

格式范例

请　柬

尊敬的×××先生（女士）：

仰首是春，俯首成秋。2020年在愉快的合作中结束了。我们愿与您一同分享新年的喜悦与期盼。谨订于12月30日12时在×××酒店宴会厅举行××药业集团新年酒会，与您共话友情、展望未来，敬请届时光临！

联系电话　××××××××

××药业集团

2020年12月20日

如果被邀请者的“尊姓大名”没有在正文中出现，则是因为姓名一般已在封套上写明白了，也可以在正文中再写一次。在正文中，“请柬”二字可以有，也可以没有。

在请柬的封套上，被邀请者的姓名要写清楚、写端正。这是为了对对方示敬，也是为了确保它被准时送达。

（二）书信邀约礼仪

以书信形式对他人发出的邀请，叫做书信邀约。相比请柬邀约，书信邀约显得随便一些，因此，书信邀约多用于熟人之间。

用来邀请他人的书信，内容自当以邀约为主，但其措辞不必过于拘束。它的基本要求是言简意赅。既要说明问题，同时又不失友好之意。可能的话，它应当打印后，由邀请人亲笔签名。比较正规一些的邀请信，有时也叫邀请书或邀请函。

在装帖与款式方面，邀请信均不必过于考究。其封套的写作，与书信基本上相同。

格式范例

尊敬的××集团负责人：

“2021·北京农林产品互联网＋展销会”定于今年××月××日至××日在北京国际展览中心举行，欢迎贵公司报名参展。

报名时间××××年××月××日至××月××日

报名地点××××路××号

联系电话010－×××××××××

2021·北京农林产品互联网＋展销会组委会敬邀

××××年××月××日

（三）传真邀约礼仪

传真邀约是指利用传真机发出传真的形式，对被邀请者所进行的一种邀约。在具体格式、文字方面，其做法与书信邀约大同小异。但是由于它利用了现代化的通讯设备，因而传递更为迅速，并且不易丢失。

（四）电子邮件邀约礼仪

电子邮件邀约是指以电子邮件的方式，借助互联网所发出的邀约。在具体格式、文字方面，其做法与书信邀约大同小异。它的最关键要求：一是被邀请者邮箱地址必须正确无误；二是必须予以确认。

在一般情况下，不论以何种书面形式邀约他人，均须做得越早越好。通常，它应当至少在一周之前到达对方手中，以便对方有所准备，避免让对方措手不及，给人逼人就范、不尊重对方的感觉。

（五）回应邀约礼仪

任何书面形式的邀约，都只有在邀请者经过慎重考虑，认为确有必要之后，才会发出的。因此，在商务交往中，商界人士不管接到来自任何单位、任何个人的书面邀约，都必须及时地、正确地进行处理。无论是否能接受对方的邀约，均须按照礼仪规范，对邀请者待之以礼，给予明确、合"礼"的回答：或者应邀，或者婉拒。对书面邀约所进行的答复，通常采用书信的形式。在商务礼仪中，它被称为回函。回函基本上都需要亲笔书写，以示重视。如果打印回函，则须亲笔签名。

所有的回函，不管是接受函还是拒绝函，均须在接到书面邀约之后三日之内回复，而且回得越早越好。

在回函的行文中，应当对邀请者尊重、友好，并且应当对能否接受邀约这一关键性问题做出明确的答复，切勿避实就虚；如果拒绝，则讲明具体理由。

回函的具体格式，可参照邀请者发来的书面邀约。在人称、语气、措辞、称呼等方面，与之不相上下。

格式范例

接受邀约的回函

××公司董事长×××先生，非常荣幸地接受××医药有限责任公司董事长×××先生的邀请，将于××××年××月××日上午××时准时出席××医药有限责任公司开业仪式。谨祝开业大吉，并顺致敬意！

×××

××××年××月××日

在写接受函时，应将受邀时间与地点重复一下，以便与邀请者"核实"无误。在写拒绝函时，则不必这样做。

回函通知邀请者自己决定接受邀请后，届时就不能失约了。这类临时的变动，会给邀请者带去很多麻烦。

拒绝邀约的理由应当充分。卧病、出差、有约在先等，均可采用。在回绝邀约时，万勿忘记向邀约者表示谢意，或预祝其活动圆满成功。

格式范例

拒绝邀约的回函

尊敬的×××先生：

我身怀歉疚地通知您，由于本人明晚将乘机飞往香港洽谈生意，故而无法接受您的邀请前往本市××饭店出席贵公司举办的新春酒会。恭请见谅，谨致谢忱。

此致

敬礼！

×××　敬上

××××年××月××日

二、电话礼仪

现代社会是信息社会，通信工具早已在人们的工作、生活中十分普及了。它也是商务领域使用最频繁、最重要的沟通渠道，是工作不可或缺的交际工具。通信工具主要有电话、传真、电子邮件等。正确的使用通讯手段，应该十分讲究和注意通讯礼仪规范。

（一）固定电话礼仪

在商务活动中，普普通通的接打电话，实际上是在为通话者所在的单位和本人绘制一个给人深刻印象的电话形象，它能够真实地体现出个人的素质、待人接物的态度以及通话者所在单位的整体水平。接打电话都必须以礼相待，否则便会失敬于人，无形之中将会使自己的人际关系受到损害。许多企业和教育培训机构已把接打电话的礼仪作为一门必修课程。

1. 电话形象礼仪 所谓电话形象，即人们在通电话的整个过程中语言、声调、内容、表情、态度、时间感等等的集合，它能够真实地反映出个人素质和通话者所在单位的整体水平。因而，凡是重视维护自身形象的单位，无不对电话的使用给予高度的关注。维护电话形象，应当注意以下几个方面。

（1）态度要礼貌友善 当我们使用电话交谈时，我们不能简单地将对方视作一个“声音”，而应看作是面对一个正在交谈的人。电话交谈时要保持良好的心情，因为面部表情会影响声音的变化，对方可以从语调中感受到谈话者的表情和态度。此外，打电话过程中绝对不能吸烟、喝茶、吃零食，即使对方看不见也能够“听”得出来。

（2）姿势要标准端正 讲电话时要端正姿态，保持正确的坐姿，用左手持话筒右手记录，嘴部与话筒之间保持3cm左右的距离。如果打电话的时候，弯着腰躺在椅子上，对方听你的声音就是懒散的，无精打采的；若坐姿端正，所发出的声音就会亲切悦耳，充满活力。

（3）语音要柔和清晰 通话时，声音应当清晰而柔和，句子应当简短，语速应当适中，语气应当亲切、自然。不要为自己的情绪左右，要么亢奋激动，震耳欲聋；要么情绪低沉，断断续续，如同“耳语”。

（4）结束通话要礼貌 一般情况下，电话应当由位高者先挂断或打电话的一方主动挂断。如果是在通话过程中意外中断，打电话的一方应当主动打过去，并向对方解释，以免对方产生疑虑。挂电话时一定要轻放话筒，在挂电话之前，“再见”之类的告别语是不能少的。接打电话时，不要用手捂住听筒与他人交谈，如果不得已，要向通话者道歉，请其稍候，或者过一会儿再与对方通电话。

2. 拨打电话礼仪

（1）熟悉拨打电话的程序 准备好拨打电话的内容、接通后自报家门、说明来意、电话交谈（准确陈述内容、耐心解答疑问、等待对方复述内容）、等待对方说完“再见”才挂机（一般情况下，遵循谁打电话谁先挂机的原则）、轻轻放下话筒、整理电话记录。

（2）准备好通话的内容 主动打电话的人作为电话沟通的发起者，必须意识到电话沟通的时间有限，要把事情讲清楚，又不能占用对方太多的时间。因此，最好准备一份通话提纲。把对需要说的问题排列出先后次序，这样就可以条理清晰而简明扼要地把问题阐述清楚，就不会因为一时疏忽而遗漏事项，说起话来也不会颠三倒四，前言不搭后语。这样会给人留下熟悉业务、精明干练的好印象。

（3）选择好恰当的时间 如果双方事先约好了通话时间，就应当准时致电。如果事先没有约好通话时间，应当选对方方便的时候打电话。最好在对方上班5～10分钟以后，或者下班5～10分钟以前拨打。因为这个时间段对方通常有空闲接电话。不能在对方的休息时间拨打业务电话，包括早上8点之前、晚上10点之后、用餐时间、午休时间、节假日等。否则，会引起对方的反感。如果一定要在私人时间或休息时间打业务电话，首先要表示歉意，而且要解释原因，取得对方的谅解。致电时注意避开对方通话高峰时段、业务繁忙时段、生理厌倦时段。如果是私人电话，最好不要在对方上班时间拨打。

（4）运用礼貌的开场白　电话接通后，首先，应当向对方礼貌地问候一声“您好”，而不要“喂”或直接介绍自己，甚至直接说要找的人或要办的事情，这样给人的感觉会很唐突，也有些傲慢和盛气凌人。其次，应当自报家门，让对方知道打电话的是什么人。自报家门有几种方式：报自己的全名，这适用于私人交往。如，您好！我是×××，我找×××。报自己所在单位的名称或自己所在单位的名称加自己的全名和职务，这适用于业务往来。如，您好！我是××公司××部经理×××，我要找××公司经理×××。

（5）安排合理的通话时间　打电话应遵循“通话三分钟”原则。即商务人员打电话时应自觉地、有意识地将每次通话时间尽量限定在三分钟之内，给客户一个精明干练的感觉。商务人员当须讲的内容已经说完，就应在客户讲话结束时，果断地将通话终止，做到适可而止。从总体上讲，语言应当简洁、明了、文明、礼貌。

3. 接听电话礼仪　电话业务省力、方便，运用频繁。例如客户定货、了解公司或产品、电话投诉等，公司电话接听者在接听时绝不能敷衍了事、推委顾客，一定要注意礼貌规范。

（1）熟悉接听电话的程序　电话铃响、准备电话记录单、接听电话、自报家门、弄清对方的身份与目的、听记对方的陈述并核实复述、接完电话后等对方说再见才挂机、轻轻放下话筒、整理电话记录。

（2）接听电话的时间　接听电话前一般要让电话响一到二个长音后接听，切忌一听到电话铃响就立即接听，也不可让电话一直响而缓慢的接听。接听让人久等的电话，要向来电者致歉。接听电话时，一定要情绪平稳、保持站或坐的体姿，不得口中正嚼东西。

（3）自报家门　电话接通后接电话者应清晰报出公司的名称、部门名称、自己的姓名和职务。如：“您好这里是××药业公司业务部”或“您好，我是××，很高兴为您服务。”禁止抓起话筒就问“喂，喂你找谁呀，你是谁呀？”这样不仅浪费时间还很不礼貌，让公司的形象在顾客心中大打折扣。同样，一旦对方说出其姓名，你可以在谈话中不时地称呼对方的姓名。

（4）随时记录　在电话机旁最好摆放一些纸和笔，这样可以一边听电话一边随手将重点记录下来。当顾客打来电话订货时，会提及药品订货的相关信息。这时，接听人员不仅要将相关信息记录下来，还应该在对方说完之后，立即向对方复述一遍，以确定无误。电话结束后，接听电话者应该将记录下来的重点妥善处理或上报（图3－8）。

a　　b

图3－8　接听电话

（5）尽快转入正题　接听电话时，不要“哼哼哈哈”地拖延时间，而应立即做出反应。一个好的开场白可能是：“您需要我做什么？”当你觉出对方有意拖延时间，你应立即说：“真不巧！我正要参加一个会议，不得不在5分钟后赶到会场。”这样，可以防止谈论不必要的琐事，加速商务谈话的进展。

（6）让顾客等候的处理方法　如果接电话时不得不中止电话而查阅一些资料，应当动作迅速。你还可以有礼貌地向对方说：“您是稍候片刻，还是过一会儿我再给您打过去？”如果查阅资料的时间超过你所预料的时间，你可以每隔一会儿拿起电话向对方说明你的进展。例如，你可以说：“××先生，我已经快替您找完了，请您再稍候片刻。”当你查找完毕，再次接听电话时必须向对方道歉：“对不起让您久等了。”如果让对方等待时间较长接听人应告知理由，并请他先挂掉电话待处理完后再拨电话过去。

4. 代接电话礼仪

（1）来电找的人不在时，告诉对方不在的理由，如出差等。来电找的人正在接电话时就告诉对方，并主动询问对方是留言还是等一会儿，但切忌让对方莫名久等。

（2）礼仪地询问对方的工作单位、姓名和职位，主动询问对方是否留言，如留言，应详细记录并予以确认对方的留言、单位、姓名和联系方式等，并表示会尽快转达。如果对方不留言，则挂断电话。记住：等对方挂断后再挂。

（3）接到抱怨或投诉电话时，要有涵养，不与对方争执，并表示尽快处理。如不是本部门的责任，应把电话转给相关部门或人士，或告诉来电者该找哪个部门，找谁及怎么找。

实例分析

实例　小何是某医药公司龙经理的秘书，有一天，龙经理办公桌上收到小何的留言条，上面这样写的：

龙经理：刚才一位姓陈的先生来电，让您晚上8：30在和平桥那里等他。

龙经理看完留言条后，非常生气，不久后小何被调离了秘书的工作岗位。

问题　该案例涉及哪些电话礼仪？正确的代接电话礼仪应该是什么样的？

答案解析

（二）移动电话礼仪

移动电话的礼仪越来越受到重视。无论是在社交场合还是工作场合放肆的使用移动电话，已经成为礼仪的最大威胁。在使用移动电话时，除了要遵守上述拨打电话的礼仪规范要求外，还应该注意以下几点。

1. 公共场所文明使用　要养成将手机调成静音或震动甚至关机的习惯，不要在大庭广众之下让手机铃声频频响起。不要用手机传递商业信息、机密信息，不要编辑或转发不健康的短信。上班时间不要频繁发短信，会让老板和同事认为你工作时精力不集中。在一些特殊场所如开车的时候、在加油站、病房等要谨慎使用。不要滥用手机的拍照功能，因为很多人不喜欢“出镜”。

2. 拨打时间要慎重　不论在什么情况下，是否通话还是由对方来定为好，所以，“现在通话方便吗”通常是拨打手机的第一句问话。其实在没有事先约定和与对方不熟的前提下，我们很难知道对方什么时候方便接听电话。所以，在有其他联络方式时，还是尽量不打对方手机为好。

3. 注意声音和铃声的控制　在公共场合手机铃声怪异、声音过大，都会引来旁人侧目。所以不要将手机铃声定得过高，不要使用过于个性的电话铃声，更不要在人多处大声讲电话。如果要使用移动电话，最好选择人比较少的地方，并尽可能降低说话的音量。

4. 手机收放的位置得当　手机在没有使用时，都要放在合乎礼仪的常规位置。放手机的常规位置是随身携带的公文包里。开会的时候可以交给秘书、会务人员代管，不要放在桌上。切记不要在未使用的时候放在手里或挂在上衣口袋外。

5. 不要借用他人的手机　除非是紧急事件，一般情况下最好不要使用别人的手机，因为手机中多多少少会有一些个人隐私。这是基本的礼貌问题，既是对别人的尊重，也是自身修养的一种体现。

6. 开会时接听手机要有技巧　如果有紧急公事找你或你在等某个重要的消息，你可以带手机去开会。你的电话只可设置震动，不要设置铃声；在接听前要小声说一句“不好意思”，然后低头接电话；只可听，不可讲，如果讲，也只可说“是”“不是”或“好”“不好”等；只能用超级简单的回答，最好在30秒内完成所有动作，然后继续开会。

知识链接

十种电话情境的应对技巧

情境1　对方喋喋不休，没有终止话题的意思。应对技巧：及时总结。

情景2　通话过程中，电话突然中断。应对技巧：拨打方主动拨打电话，并致歉。

情境3　通话过程中对方怒气冲冲。应对技巧：耐心倾听、细心劝说，并给对方相应的承诺。

情境4　接到他人打给领导的电话，而领导恰巧不在。应对技巧：询问对方所需要解决的问题，看自己是否可以帮助解决；若自己无法解决，留下对方的相应信息，向领导汇报；若领导在开会，且为紧急事宜，写在便条上递予会议室。

情境5　通话过程中，同事问你问题，受到干扰。应对技巧：请通话的一方稍等，用手捂住话筒，轻声询问同事事务是否紧急，若不紧急，用手势示意待会儿再问，切不可以同时与二人交谈。

情境6　拨号时，拨错电话号码。应对技巧：向对方致歉。

情境7　与对方通话过程中，对方谈话无法切中主题。应对技巧：对对方的谈话内容进行归纳总结。

情境8　与对方通话时，对方询问公司机密。应对技巧：转移话题，婉言回避。

情境9　接到一些令人困惑，摸不到头脑的电话。应对技巧：向对方询问清楚，并代其总结。

情境10　接到的某些电话领导不愿接。应对技巧：根据对方电话内容，礼貌灵活地应对。

答案解析

即学即练

打电话时谁先挂，交际礼仪给了一个规范的做法（　　）

A. 对方先挂　　B. 自己先挂　　C. 地位高者先挂　　D. 以上都不对

三、网络礼仪

（一）传真收发礼仪

传真，又叫传真电报。它是利用光电效应，通过安装在普通电话网络上的传真机，对外发送或是接收外来的文件、书信、资料、图表、照片真迹的一种现代化的通讯联络的方式。现在，在国内的商界单位中，传真机早已普及成为不可或缺的办公设备之一。在利用传真对外通讯联络时，必须注意下述三个方面的礼仪问题。

1. 规范操作 使用传真设备通讯，必须在具体的操作上力求标准而规范。不然，也会令其效果受到一定程度的影响。发送传真时，必须按规定操作，并以提高清晰度为要旨。与此同时，也要注意使其内容简明扼要，以节省费用。单位所使用的传真设备，应当安排专人负责。无人在场而又有必要时，应使之自动处于接收状态。为了不影响工作，单位的传真机尽量不要同办公电话采用同一条线路。

2. 明确信息 在发送传真之前应先争求别人的意见，未经别人允许不要发传真，那样会浪费别人的纸张，占用别人的线路。有时候，传真中还会涉及到一些私密的内容，被旁人知道可能会让当事人感到尴尬。因此，除非确定接受人就在传真机边上等着，否则不要发送重要或保密的信息。如果对方使用的传真机并非他本人专用，一定要在传真文件上标明收件人、发件人的信息，方便对方回应。人们在使用传真设备时，最为看重的是它的时效性。因此在收发的传真后，应当在第一时间内即刻采用适当的方式告知对方，以免对方惦念不已。需要办理或转交、转送他人发来的传真时，千万不可拖延时间，耽误对方的要事。如有重要事项，传真后应电话确认。

3. 依礼使用 商界人员在使用传真时，必须牢记维护个人和所在单位的形象问题，必须处处不失礼数。在发送传真时，一般不可缺少必要的问候语与致谢语。出差在外，有必要使用公众传真设备，即付费使用电信部门所设立在营业所内的传真机时，除了要办好手续、防止泄密之外，对于工作人员亦须以礼相待。传真机号码，应正确无误地告之自己重要的交往对象。一般而言，在商用名片上，传真号码是必不可少的一项重要内容。对于主要交往对象的传真号码，必须认真地记好，为了保证万无一失，在有必要向对方发送传真前，最好先向对方通报一下。这样做既提醒了对方，又不至于发错传真。

（二）电子邮件收发礼仪

电子邮件又称“电子信箱”，是利用存储转发方式为用户提供信函、文件、数字和图文传真、图像信息、数字化语音等信息交换的传递业务。系统为用户分配一块存储空间，即信箱，可加密。用户可在不同地点、任意时间，利用终端使用自己的信箱，灵活方便。在利用电子邮件进行通讯联络时，必须注意下述五个方面的礼仪问题。

1. 电子邮件的标题 许多网络使用者是以标题来决定是否继续详读信件的内容，因此，电子信件标题应尽量描述与内容相关的主旨大意，能准确说明信件的内容，让人一望即知，以便对方快速了解与记忆。每一封信都要标明一个主题，使用明确、清晰、简单易懂的主题，可以准确传达你的电子邮件的要点。

2. 电子邮件的收件对象 传送电子讯息之前，须确认收信对象收件人的邮件地址是否正确，确认邮件不会给收件人带来不便。当把信件发往多个邮件地址时，最好分别发送；使用显示完整联系人信息的电子邮件签名或电子名片，包括电话号码和公司名称；在发送之前要检查并通读邮件以检查语法错误或其他问题。

3. 电子邮件的内容

（1）简明扼要 邮件也要遵守商业信函的写作规范，明确而简短地书写邮件，遵循“一个讯息、一个主题”的原则，要简明扼要，求得沟通效率。当与你不认识或不熟悉的人通信时，使用正式的语气，尽可能使用适当的称呼和敬语，一般信件所用的起头语、客套语、祝贺词等，在线沟通时都可以省略。在送出电子邮件时应谨慎地评阅所撰写的字句，以免他日落人笑柄。电子邮件能清晰、准确表达即可，不要加入过多无谓的感情词语；尽量别写生僻字、异体字；引用数据、资料时，则最好标明出处，以便收件人核对。

（2）准确美观 邮件的内容对用户有价值才能引起用户的关注，有效的内容设计是邮件商务发挥作用的基本前提。活动主题或者是产品特色要重点突出宣传，文字与图片要做好整齐排列。

（3）注明送信者及其身份 标明发信人的身份是电子邮件沟通的基本礼节。有许多人将自己的身份设计成一个附着档案，每当发信出去时，此档案也将自动地贴附该信息后面。“身份设计”注意事项：应充分代表发信者自己，无论是引用文学名作词句或以图绘表示，都必须真实且充分地反映自己；切勿过度装饰自己的“身份设计”，例如引用名作太多或图绘太华丽等均会妨碍电子邮件的正常沟通效益。

4. 电子邮件的回复 回复电子信件时适当附上原文，以便收件人能很快知道来信主旨；每天检查新邮件并尽快回复；收到合法发件人（而非垃圾邮件发送者）的电子邮件时，即使无法立即提供一个完整的答复，也务必在 24 小时内向发件人确认收到邮件。如果您要外出 24 个小时以上，请使用“外出时的助理程序”自动回复功能。

5. 电子邮件的使用规范

（1）遵守一般法律规定 进行网际沟通时，一般日常生活中的行为准则亦须遵守。因透过计算机系统，要撷取、复制或篡改他人作品是相当容易的，因此在网际空间中对于智慧财产权的尊重是非常重要的。凡是引用或改编他人文字或图绘作品时，须要对原作者与原作品的出处详加注明，以示尊重。

（2）谨慎“幽默”的使用 在缺乏声调的抑扬顿挫、脸部表情与肢体语言的电子邮件中，应特别注意幽默的被误解与扭曲。若想展现幽默或特定情绪，发信者必须写明或使用“情绪符号”（如：smiles 代表笑脸、高兴）。

（3）注意语气应热情友好 在发信件之前问问自己，你会在公众场所中公开面对面地对他人讲这些话吗？如果答案是否定的，请重新思考到底要不要发出这么一份信息。千万不可以因为没看到对方的脸，就毫不客气讲一些没有经大脑思考的话语，如随便批评或污蔑他人等。

（三）网络即时通讯礼仪

1. 网络礼仪的认识 网络礼仪（Netiquette），又称网络礼节，是指在网络上进行交流活动中所应该遵循的礼节和仪式，是保障网络世界正常秩序的基本规范。网络礼仪是为了使人们在网络世界中有合适表现的规则，人们只有懂得并遵守这些规则，才能使网络活动有组织、讲文明，从而使互联网的效率得到更充分、更有效的发挥。

随着社会和科学技术的不断发展，网络即时通讯工具成为人们工作和生活中的一个重要组成部分，因而形成了新的社交模式。在这种新型的社交模式下，网络即时通讯工具的使用礼仪，尤其是网络聊天的礼仪成为了不可忽视的一部分。我们在享受它们带给我们工作、生活和学习上的便利之时，应当自觉遵守一定的网络即时通讯工具的礼仪规范，调节人与人之间的关系，树立自己健康、积极向上的正面形象。

2. 网络礼仪的基本原则

（1）遵时守信 当你与别人约定时间在 QQ 或者微信上商议事情时，务必严格遵守约定时间上线；如果因为网络情况不好或者其他原因拖延了时间或不能如期上线，要通过电话或短信的方式告知对方并真诚地向对方道歉。

（2）热情有礼　运用网络即时通讯工具联络时，虽然看不到对方的表情、动作，但是仍然要非常注意措辞及说话的口吻。相反，对人冷若冰霜，则会伤害到别人的情感。

（3）忙而有礼　当你有工作要处理而又开着 QQ 时，应该把登录状态设置为“忙碌”“请勿打扰”等模式。假定设置成了以上模式，仍然有好友和你打招呼时，应见缝插针地回复对方；如果确实非常，无暇顾及别人的消息，那就告诉对方并表示歉意，并将自己的模式设置为“隐身”，或者干脆下线专心工作。对于另一方，如果登录后看到对方处于“忙碌”“请勿打扰”状态，最好不要与之闲聊。如若确有重要事宜，应尽快用言简意赅的话陈述完毕。

（4）善于寻找合适的话题　运用网络即时通讯工具联络时，如果不善于寻找话题或者话题寻找不合适，会出现冷场的局面。运用网络即时通讯工具联络时不合适的话题包括：不致使对方落入尴尬、窘迫之境，所以尽量避免谈论容易引起争执的题目，不要涉及令人不愉快的内容，如疾病、死亡；此外，在面对面谈话中不可涉及的话题禁忌也不应在运用网络即时通讯工具联络时出现。

（5）注意语音表达礼仪　运用网络即时通讯工具联络时，文字语言是其主要载体。这种文字语言在网络交际中的重要性是不容忽视的，懂得文字语言的表达礼仪，就可以使你的谈吐风趣、高雅、富有感染力。

3. 网络语言的使用

（1）经常使用礼貌用语　在运用网络即时通讯工具联络时，对“五声十字”礼貌用语（即您好，请，谢谢，对不起，再见）要经常加以运用，这既是对对方的尊重，也是自身修养的体现。

（2）正确使用表情符号　在运用网络即时通讯工具联络时，人们会用标点符号或者一些表情符号传达情意，以增强表达效果。在发出表情之前，应先掂量此表情是否与当时的语境相适应，还需要检查是否错点表情，以免误发成另一种不合时宜的表情引起不必要的误会。

（3）更改昵称或备注，方便记忆　由于网络即时通讯工具可以添加大量好友，并且每个好友会使用各种千姿百态的网名与头像或某些好友会经常更改网名与头像，为避免混淆记忆，因此，可以通过修改昵称或备注来方便记忆与联络。

（4）杜绝非礼貌用语的使用　在使用文字交谈时，以下几类语言与语气是应当避免的：不雅粗话，不洁的脏话，匪气十足的黑话，命令的语气和冷漠的语气。

知识链接

微信聊天的 9 大禁忌

1. 不招惹是非　带有明显激进色彩的内容和图片不发为好。这样，可使你远离是非。

2. 不传播不实的“八卦消息”　人云亦云、三人成虎往往给当事人造成不必要的伤害。谨言慎行，在网络中也不可缺少。

3. 不能低俗　过分低级庸俗的内容和图片不宜转发。因为你的作品是你自身品味的客观反映。

4. 不要发广告链接和推广其他产品，尤其是虚假和过度夸张的广告。

5. 不能咒人　不可强制别人转发你的作品，比如：转了将走大运、发大财，不转将会如何如何……这是微信交流中的大忌。

6. 反对以送礼物为噱头，来诱导别人进行转发，包括集赞、集评论、集吻、找人拆礼物、转发红包等行为。

7. 不能泄露他人隐私　不能随意发表未经他（她）人同意、带有个人隐私性质的内容和图片，这涉及人权和肖像权。

8. 涉及国家和工作单位机密不要乱发，哪怕一对一发也不妥，信息网络时代都有被记录和泄密的可能。

9. 别让微信绑架你的生活　再好的东西也是双刃剑，把握好尺度才能让微信更好地服务我们的工作和生活，绝不能成为低头一族，影响工作、生活和健康。

答案解析

目标检测

一、选择题（1～10 题为单项选择，11～15 题为多项选择）

1. 人际交往距离当中的亲密距离的空间范围为（　　）

A. 0～30cm　　B. 0～45cm　　C. 0～60cm　　D. 0～90cm

2. 普通情况下，握手时间以（　　）秒为宜

A. 2　　B. 3　　C. 4　　D. 5

3. 在社交场合，男女之间握手，伸手的先后顺序十分重要，在一般情况下应该是（　　）

A. 女方应先伸手去握，这样显得自己的落落大方，也不会让男方觉得难堪

B. 男方应先伸手去握，这样显得自己绅士风度，也避免女方不好意思去握

C. 职位高者先伸手去握，以区分尊卑

D. 男女双方谁先伸手都可以

4. 鞠躬度数越大，表示对对方的尊重程度越大，初见和感谢客户时，应行（　　）鞠躬

A. 30°　　B. 45°　　C. 60°　　D. 90°

5. 如何恰当地介绍别人是商务人员必备的礼仪技巧，能够正确地掌握先后次序是十分重要的。通常在介绍中，下面不符合正确礼仪的是（　　）

A. 首先将职位低的人介绍给职位高的人　　B. 首先将女性介绍给男性

C. 首先将年轻者介绍给年长者　　D. 首先将个人介绍给团体

6. 名片是现代商务活动中必不可少的工具之一，有关它的礼仪当然不可忽视，下列做法正确的是（　　）

A. 为显示自己的身份，应尽可能多的把自己的头衔都印在名片上

B. 为方便对方联系，名片上一定要有自己的私人联系方式

C. 在用餐时，要利用好时机多发名片，以加强联系

D. 接过名片时要认真阅读并将对方的姓名、职衔念出来，再放到桌角以方便随时看

7. 商务交谈中，不属于适当的谈话内容的是（　　）

A. 既定的主题　　B. 高雅的主题　　C. 私人的主题　　D. 轻松的主题

8. 下列不属于倾听技巧的是（　　）

A. 永远不要打断对方的谈话　　B. 适当表达自己的意见

C. 肯定对方的谈话价值　　D. 制造个人虚假反应，以迎合对方

9. 人们在平日问候他人时会讲"您的故事早有耳闻"？此种问候应属于（　　）

A. 问好型　　B. 寒暄型　　C. 交谈型　　D. 敷衍型

10. 即兴演讲的时间最好掌握在（　　）分钟

A. 3～5　　B. 5～10　　C. 10～15　　D. 15～20

11. 握手的基本姿势的描述正确的是（　　）

A. 双方相距0.5米左右

B. 双腿立正，上身略前倾，目视对方，微笑致意，向侧下方伸出右手

C. 四指并拢，拇指张开，虎口相对，掌心向左，握住对方手掌

D. 适度用力，上下稍许晃动3～4次

12. 属于自我介绍的方式的是（　　）

A. 应酬式　　B. 工作式　　C. 交流式　　D. 引见式

13. 不宜发送名片的时机是（　　）

A. 对方是陌生人而且以后不需要交往、不想认识或深交对方

B. 对方对自己并无兴趣；双方之间地位、身份、年龄差别悬殊

C. 交往的场合杂乱，或不适合交换名片时，如走廊、过道和马路上

D. 参加会议的会议过程中

14. 在商务活动往来中，关于问候礼仪描述正确的是（　　）

A. 起身站立，迎向对方　　B. 面带微笑，待人友善

C. 目视对方，专心致志　　D. 认真对待，及时回应

15. 代接电话的礼仪，包含以下哪些方面（　　）

A. 来电找的人不在时，告诉对方不在的理由，如出差等

B. 来电找的人正在接电话时就告诉对方等会再打，并挂断电话

C. 礼貌地询问对方的工作单位、姓名和职位，主动询问对方是否留言

D. 接到抱怨或投诉电话时，要有涵养，不与对方争执，并表示尽快处理

二、综合问答题

1. 在社交活动中交往双方握手的顺序是怎样的？
2. 自我介绍的方式有哪几种？
3. 在社交活动中如何正确递送、接收名片？
4. 工作中常用的称呼的类别有哪些？
5. 在商务活动往来中，不适合的谈话内容有哪些？

三、案例分析

案例1　张×是一家医药公司的老总，一天带着妻子、儿子去参加一个沙龙。刚刚走进去，就听到有人大声喊叫："喂！这不是超人吗？"这时，张×才认出说话的是他高中同学赵×，因为只有高中同学才知道他的绰号。赵×现在是一家医药物流公司的部门经理。此时，两个老同学见面是既高兴又激动。俩人大声寒暄后才想起张×身边还站着一位女士，就问张×身边的女士是谁。张×也才想起向赵×介绍自己的妻子。赵×高兴地走上去给了张×妻子一个热烈地拥抱。

分析：1. 案例中见面礼有无不符合礼仪之处？

2. 见面礼仪包含哪些内容？

案例2　某制药公司销售部陈经理代表公司，与某连锁药店孟经理洽谈合作事宜。初次见面，陈经理为表热情，像老友重逢一样激动的握住孟经理的手用力摇晃，并进行了自我介绍。当孟经理双手递过自己

名片时，陈经理左手接过，瞥了一眼并在上面记下接受名片的日期，便塞到了后裤兜里，随后开始侃侃而谈…。第二天，药店方打电话来告知说，暂时不购进该公司的药物。

分析：1. 在面对面的商务洽谈中，涉及到什么方面的社交礼仪？

2. 这次洽谈中所涉及的交往行为是否符合商务礼仪规范？

四、模拟实训

实训内容：针对下述情境设计一个业务洽谈的情景剧，通过洽谈，将交谈的态度、语言、声音、姿态和倾听的技巧等礼仪规范加以熟悉和运用。

“甲药业公司对乙公司某些业务有初步合作的意向。甲公司的乐总经理打算约见乙公司的王经理做详细的商谈，责成何英秘书电话约见王经理；之后甲公司的乐总经理约见了乙公司的王经理做了详细的商谈”。

实训要求：

1. 将班级学生分组，每组 4 ~6 人，在老师的指导下，分别扮演不同角色模拟演示。
2. 各组抽签分别模拟演示不同场景：甲公司何英秘书为乐总约见王经理的情景；王经理一行与乐经理一行见面和洽谈的情景。根据实训内容，模拟。

场景一：电话联系过程：模拟电话约见过程中的细节处理。明确电话礼仪在开展公司业务活动中的重要性。

场景二：见面致礼：模拟初次见面、相互致礼。通过握手、自我介绍、介绍其他人相互认识、交换名片的过程，达到彼此的认识、给对方留下美好的印象的目的。

场景三：洽谈业务过程：模拟销售洽谈。通过交谈，将交谈的态度、语言、声音、姿态等礼仪规范加以熟悉和运用。

3. 模拟演示结束后，各组内部交流，小组代表总结发言，大家集体讨论，教师点评，总结。

书网融合……

知识回顾 微课 习题

项目四　商务酬宾礼仪

PPT

学习引导

拜访、接待、宴请是商务活动中不可缺少的重要组成部分。在商务往来中，拜访、接待是经常性行为，宴请也因宴请形式、宴请对象的不同而具有特殊性和复杂性。商务人员通过拜访、接待能够协调各种业务关系，通过宴请也能自然地增进商务伙伴间的友谊，有利于推进商务活动开展。

本项目主要介绍商务酬宾中拜访、接待、馈赠、宴请的常用礼仪，旨在提升学习者的商务礼仪技能、待人接物的能力，运用相关礼仪进行拜访、接待，更好地实现与商务伙伴的交流合作。

学习目标

1. **掌握**　拜访、接待、馈赠、宴请的规则和礼仪；宴请的桌次排列和位次排列以及接待中的乘车座次排列。

2. **熟悉**　中、西餐餐具的使用和就餐礼仪。

3. **了解**　酒水、茶品、咖啡的相关文化及饮用礼仪。

任务一　拜访和接待礼仪

任何一个商务组织或个人都需要与外界进行交往。在交往过程中，只有依礼行事，才能拉近与交往对象之间的距离，推进商务活动的顺利进行。因此，我们有必要学习拜访礼仪和接待礼仪。

一、拜访礼仪

拜访是指本人亲自或派人到朋友家或有业务往来的客户单位或相应的场所去拜见、访问某人或单位的活动。通过拜访，人们可以交流信息、统一意见、发展友情。同时，拜访又是一种礼节性很强的社会活动，如有违礼节，就会影响相互的关系和友谊，也有损自身形象。

（一）拜访前的礼仪

1. 拜访预约　拜访之前必须提前预约，这是最基本的礼仪。无论是商务拜访还是到被拜访者家里，都应事先约定，以免扑空或打乱对方的时间安排。一般情况下，应提前几天给对方打电话，概括说明拜访的目的、时间、地点。拜访方式有电话预约和信件预约，切忌搞“突然袭击”，做“不速之客”，不得已也要提前打电话通知。私宅拜访最好在晚上用餐后，写字楼拜访最好不要在工作日的上下班时间。

2. 拜访准备

（1）确认准备　提前一天确认拜访，若遇到可能迟到的特殊事件，应尽早通知对方并致歉。

（2）目标准备　不打无准备之仗，出发前对拜访要解决的问题应做到心中有数。你需要对方解决哪些问题，你预期的结果等，要做好相关方面的资料准备。

（3）礼物准备　无论初次拜访还是再次拜访，礼物都是必要的。一份带有诚意的礼物可以缓和与陌生人之间的紧张气氛，熟人之间也便于联络感情。最重要的是能直接表达出对被拜访者的尊重。

（4）形象准备　商务拜访时一定要着正装。女性仪表端庄、男性西装笔挺整洁。邋遢、不得体的仪表被视为对被拜访者的轻视。

3. 拜访赴约　赴约要准时，拜访他人时可以提前但不能迟到，这是拜访活动中最基本的礼仪之一。重要约会应提前到达，最好留出几分钟时间检查衣着、仪容。若因故不能赴约，应及时通知对方，无故失约或迟到是最不礼貌的行为。

（二）拜访中的礼仪

1. 敲门、进门　办公室的门不论是关着或开着，进门前要先敲门，经允许后方可进入。也可以应问一声：“我是××单位的××，约好了与×××见面。”待对方给予肯定的回答并请进时，再进门。如果办公室的门是关的，进来后应轻轻把门关上。

2. 问候、介绍　如果初次拜访，进门问好后要先做自我介绍或向接待人员递去名片，请求与要会见者见面。

3. 谢座、就座　向对方说明身份及来意后，对方让座，来访者应谢座，然后礼貌地坐下。座位由主人安排，尽量不要坐在办公人员的办公座位上，以免影响正常办公。坐姿要端正自然，既不要过于拘谨，也不要大大咧咧、随便起立、随意走动、东张西望，更不要乱翻对方的东西。

4. 礼貌交谈　交谈时，应开门见山，不要海阔天空，浪费时间；交谈中应精神饱满，面含微笑，言词有礼；在表达自己的拜访目的后，要让对方发表意见，不要辩解或轻易打断对方讲话。与接待者的意见相左，不要争论不休；对接待者提供的帮助要致以谢意，但不要过分。

5. 拜访时长　时间长短要视拜访目的、与主人的关系、主人的意愿而定。商务拜访最好是直接进入主题，拜访时间宜短不宜长。在拜访的目的基本实现或达到预约的时间时，应先说有告别意义的话，之后再起身告辞，忌在对方刚说完一段话后起身告辞。离开前，留下相关资料或名片。

即学即练

答案解析

下列选项符合拜访礼仪的是（　　）

A. 拜访对象的门是开着时，便可不敲门直接进入

B. 进门问候过主人后，便可自己找座位坐下

C. 主人的书籍、报刊或信件，在等候无聊时可以随意翻看

D. 在主人有其他客人来访时，就应主动提出告辞

二、接待礼仪

接待是指个人或单位以主人的身份招待有关人员，以达到某种目的的社会交往方式。接待和拜访一

样，同样可以起到增进联系、提高工作效率、交流感情、沟通信息的作用。接待通常包括接待准备、迎客、待客和送客四个环节。在正式迎送来访者之前，要对迎送活动有周密的计划和安排。

（一）接待准备礼仪

1. 了解客人基本情况 接到来客通知时，首先要了解客人的姓名、性别、职业、级别（职务）、人数等基本情况。其次要掌握客人的意图，了解客人的目的、要求以及在住宿和日程安排上的打算。第三要了解客人到达的日期、时间、所乘车次、航班等细节。然后将上述情况及时向主管人员汇报，并通知有关部门和人员做好接待的各项准备工作。

2. 确定接待规格 按照身份对等的原则安排接待人员。对较重要的客人，应当安排身份相当、专业对口的人士出面迎送；也可根据特殊需要或关系程度，安排比客人身份高的人破格接待。对于一般客人，可由公关部门安排懂礼仪、言谈流利的工作人员接待即可。

3. 预算接待费用 根据来访人数、接待规格等情况预算接待经费。接待经费主要包括交通费、餐饮费、住宿费、礼品费、场地租赁费、娱乐活动费、员工加班费等。预算费在保证热情款待客人的前提下，尽可能节省开支。

4. 拟定接待日程 接待方应本着尽量满足客人要求的原则，拟定接待活动日程。及时与相关部门联系，按时安排迎宾车辆；预先为客人准备好客房及膳食；若与迎接的客人不熟，还需准备迎宾牌。写明“欢迎××先生（女士）”以及本单位的名称。

5. 布置接待环境 良好的环境能表示出对来宾的礼貌与尊重。接待室的环境应明亮、安静、幽雅。应配置沙发、茶几、衣架等，应适当点缀一些花卉盆景、字画，也可放置几份报刊杂志和有关本单位的宣传资料供客人翻阅。

（二）迎客礼仪

1. 接站礼仪 做好接站工作，是商务往来的基本礼仪，可以给客人留下热情、周到的印象，使双方在感情上更加亲近。对于重要客人和初次来访的客人，主人在必要时应去迎接。远道而来的客人，要做好接站工作。要掌握客人到达的时间，保证提前等候在迎接地点。接站时还要准备一块迎客牌，清晰写上“欢迎（恭迎）××代表团”或“××接待处”或“欢迎××先生（女士）”等。接站时要高举迎客牌，以便客人辨认。若有需要，还可准备鲜花。迎接献花的礼仪常适用于礼遇较高的外宾，普通宾客，一般不需要准备。

2. 会面礼仪 “出迎三步，身送七步”，这是我国迎送客人的传统礼仪，客人在约定时间到达，主人应主动迎接，不应在会谈地点静候，见到客人应热情打招呼，主动伸手握手，以示欢迎，同时应说一些寒暄辞令。

如果客人是长者或身体状况欠佳应上前搀扶，如果客人手中提有重物应主动接过来。但也有一些特例：西方人不愿意被认为自己年纪大，欧美的老人大多忌讳由别人来搀扶，这种过于热情的举动会让他们认为有损颜面，是受轻视的表现。

3. 乘车座次礼仪 乘车讲究座次，这不仅是尊重别人，在某种意义上也是尊重自己。我们在接待客人的时候照章办事，说明主人懂规矩。乘车细节也可以反映出人的礼仪修养。车的类型不同，其座位的主次自然也不一致。

（1）小轿车 当专职司机开车时，座位的主次一般是右座高于左座，后座高于前座，前排副驾驶是陪同人员座位，即座位主次分别是后排右侧、后排左侧、后排中间、前排副驾驶，如图 4－1 所示。

当主人亲自开车时，以副驾驶座为首位，然后才是后排右侧、后排左侧、后排中间，如图4－2所示。主人夫妇驾车时，则主人夫妇坐前座，客人夫妇坐后座；主人亲自开车时，客人只有一位，应坐在副驾驶，与主人“平起平坐”。

（2）多功能运动型汽车（SUV）　因为这种类型的车坐在后排比较颠簸，所以上座是副驾驶座。吉普车的后排座位，则讲究右高左低，如图4－3所示。如果是三排七座的车，座位主次应为：前排副驾驶、后排右侧、后排左侧、后排中侧、中排右侧、中排左侧。

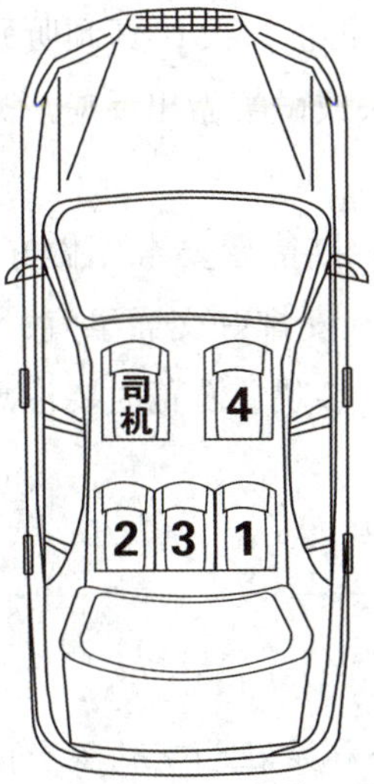

图4－1　乘车座次1

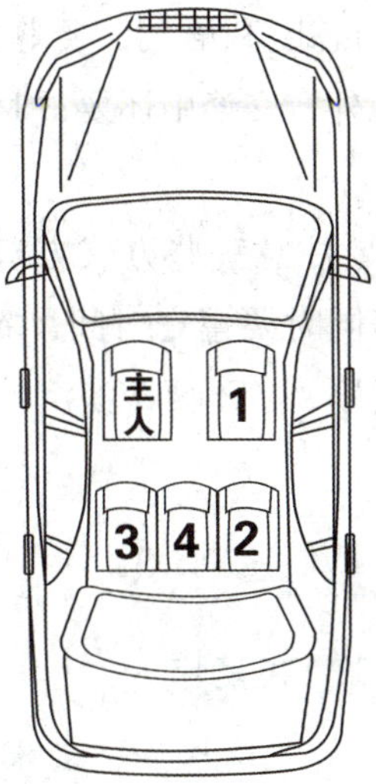

图4－2　乘车座次2

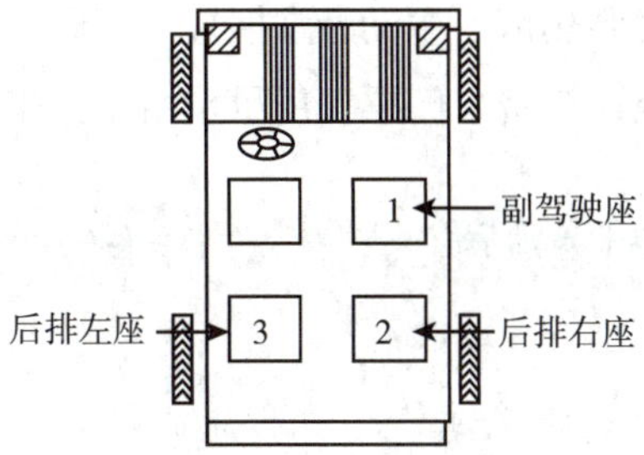

图4－3　乘车座次3

（3）旅行车　乘坐这类车时，无论主人是不是亲自开车，座次的乘坐规则都应遵循前排优于后排、右座优于左座的原则，即离前门越近，座位越尊贵，如图4－4所示。

乘车既要讲礼仪，但也要灵活，有的时候客人既已坐好，就没有必要再挪位子了。

4. 上下车次序礼仪　乘坐轿车、吉普车时，主人或接待方应先下车、后上车。主人应该请客人先上车、后下车，主动为客人开车门、护车沿。乘坐旅行车时，一般距离车门较远座位的人先上车、后下车，主宾或身份高的人后上车、先下车。

5. 引导礼仪

（1）走廊　接待人员在客人侧前方2～3步，配合步伐，让客人走在内侧。当客人离开公司时，应跟随在身后为客人提送行李或礼品，应在左后方或后方2～3步。

（2）楼梯　上下楼梯时，接待人员应该注意客人的安全。引导客人上楼时，应该让客人走在前面，下楼时，应该由接待人员走在前面，客人在后。上下楼梯时，扶手一侧应让给客人行走。

（3）电梯　有专人看守的电梯，客人先进、先出。无人看守电梯的，接待人员先进电梯，等客人进入后接待人员关闭电梯门；到达时，接待人员一手按“开门”的按钮，另一手做出“请出”的动作，让客人先走出电梯。

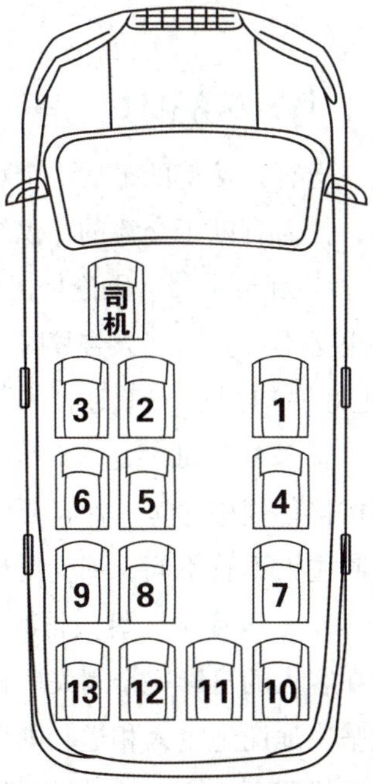

图4－4　乘车座次4

（4）客厅　当客人走入客厅，接待人员用手指示，请客人坐下，看到客人坐下后，才能行点头礼，然后离开。如客人错坐下座，应请客人改坐上座（一般靠近门的一方为下座）。

（三）待客礼仪

1. 敬茶、果 客人入座后，应该为客人敬茶。也可以根据客人喜好送上其他饮品、水果等，请客人品尝。中国人通常以茶待客，待客方应掌握必要的敬茶礼仪。

2. 交谈 交谈可以增进感情交流和相互了解，是接待工作中的一项重要内容。首先，交谈要紧扣主题，围绕会谈目的进行；其次，要注意自己的态度和语气，要尊重他人；再次，要认真倾听别人讲话，不能流露出很不耐烦的表情或东张西望。此外，交谈中还要适时地以点头或微笑做出反应。光听不谈，也是不礼貌的。

3. 陪访 在陪同客人参观、访问、游览时要注意一些方式方法。首先，接待者要事先做好准备，熟悉情况，以便给客人做详细的介绍；其次，陪同时要遵守时间，衣着整洁，安排好交通事宜；再次，陪同时要热情、主动，掌握分寸，即不要过分殷勤，也不要冷淡沉默；另外，参观、游览时要注意客人的安全，车费、门票费用尽量由主人来支付。

知识链接

“敬茶”的韵味

在2018年上半年的中国外交旺季里，习近平的“两杯茶”韵味深长。一杯是在北京钓鱼台国宾馆会见朝鲜劳动党委员长金正恩，另一杯是在武汉的东湖宾馆同印度总理莫迪举行非正式会晤。习近平曾折解茶字意涵：“茶”字折开，就是“人在草木间”。不可否认，处在草木间的人，难免会有磕碰。在国与国之间，更难免会有一定摩擦。但只要存异尚和，秉承“和而不同”的理念，就可以找到最大公约数。茶之道也象征着中国人崇尚的与世界相处之道，“以茶为媒、以茶会友”，也是交流合作、互利共赢诚意的一种表达。

（引自《习近平待客的“那杯茶”》）

（四）送客礼仪

送客是接待的最后一个环节，如果处理不好将会影响到整个接待工作的效果。送客重在送出一份友情，任何有助于交流的礼仪细节对商务活动来说都是有价值的。

1. 婉言相留 无论是接待什么样的客人，当客人准备告辞时，一般应婉言相留，这虽是客套辞令，但也必不可少。客人告辞时，要在客人起身后主人再起身相送。分手时应充满热情地招呼客人“慢走”“走好”“再见”“欢迎再来”“常联系”等等。

2. 安排交通 送客时应按照接待时的规格对等送别，不能虎头蛇尾。无论双方目的是否达到，都要按接待规格送客，而且要做好交通方面安排，如购买车票、船票、机票或者安排车辆等。如果客人临走时主人不管不问，那就意味着交往关系破裂或者意味着对客人不满。

3. 送客有道 客人告辞，应专人引导客人离去，并将客人送到公司门口、大厅、车站、机场等地，应在客人的身影完全消失后再返回。客人刚跨出门槛，不适宜“砰”的一声就把门关上。如果客人比较坚决地谢绝主人相送，则可遵客人意思，不必强行送客。别前与客人告别，并祝愿客人一路平安（注意登机前不能说“一路顺风”）。

4. 回赠礼品 如果客人来访时带有礼品，在送别时也要准备一些具有地方特色的礼品回赠。

三、馈赠礼仪

俗话说"礼轻情意重"，人们常以送礼来表达情意。它是语言文字表达情意的一种辅助，是人际交往的一种礼节。西班牙礼仪专家伊丽莎白说："礼品是人际交往的通行证。"在人和人打交道的时候，礼品是不可或缺的东西。馈赠礼品更是商务活动中的"润滑剂"，有利于增进赠礼者与受赠者之间的感情，使双方的关系得到进一步发展。

实例分析

实例　礼物是外交礼仪的一部分，赠送礼物是情感的传递。近年来，无论是出访或是迎接外宾，习近平与夫人彭丽媛送出的礼物都让人感受到他们的细致和体贴。

2015 年 12 月 2 日，习近平赴南非比勒陀利亚，同南非总统祖马会面。习近平赠送给祖马一幅骏马图，他说："中国的风俗，每个人都有属相。您就属马，所以我们就画了一幅骏马图，预示着您的事业和国家的事业像千里马一样地奔腾。"祖马则将一个黑色沙发赠给了习近平，他说："这个沙发在某种程度上也显示了友谊，因为只有朋友间才会坐下来促膝交谈。"

2016 年 3 月 28 日，在捷克布拉格拉尼庄园，习近平同捷克总统泽曼会晤。泽曼赠给习近平的礼物是三双捷克鞋，而习近平则将一把椅子赠与泽曼。捷克总统米洛什·泽曼说："这是一个感情上的礼物。因为我们了解到你的父亲曾经送你一双捷克鞋，所以我们准备了三双。"习近平笑着讲："当时小的时候能够穿上你们的鞋感觉到很神气的。"习近平说："这种椅子是我们明代的样式。这个线条非常简单明快，还有垫子。"泽曼说："感谢！非常漂亮的椅子，我将来肯定会天天用。"

问题　我们能从国家领导人之间互送的礼物选择上学习到哪些馈赠的艺术？

答案解析

（一）礼品馈赠的礼仪

1. 礼品的选择　在人际交往和商务交往中，礼品选择是一门艺术。礼物不在轻重，关键是要有心、用心、上心，善于表达自己的心意。

（1）了解情况　送礼前要了解对方的年龄、性别、兴趣、爱好、身份、地位、民族习惯、经济状况和文化水平等情况。常见礼品有：文具，如书、邮册、纪念币、笔；食品，如酒类、特色食品、茶叶；艺术品；鲜花等。一般而言，对家贫者，以实惠为佳；对富裕者，以精巧为佳；对恋人、爱人、情人，以纪念性为佳；对朋友，以趣味性为佳；对老人，以实用为佳；对孩子，以启智新颖为佳；对外宾，以特色为佳。

（2）明确目的　送礼前，要了解因何事送礼，以便选择合适的礼品取得良好的效果。送礼的目的是促进交际、巩固关系或表示酬谢，不同的目的，选择的礼品是不一样的。如去普通客户家拜访，可赠送精美包装的小礼品。

（3）尊重禁忌　送礼前应了解受礼人的身份、爱好、民族习惯，免得送礼送出麻烦来。送礼时，一定要考虑周全，以免节外生枝。例如，不要送钟，因为"钟"与"终"谐音，让人觉得不吉利。

（4）选择形式　商务馈赠礼品注意形式恰当和轻重得当，针对不同情况选择不同性质档次的礼品，礼品的选择要价格适宜、体现特色、便于携带，不能过于流俗。礼轻情意重，礼品重在特色。如某客商到湖北荆州某企业洽谈合作事宜，为馈赠礼品，荆州企业负责人伤透了脑筋，秘书建议送一个工艺品鸟架鼓。鸟架鼓作为荆州名片，上过中国与罗马尼亚的邮票，享誉海内外，是荆州文化的象征，礼品受到客商的喜爱。

（5）尊重需求　礼品选择要了解客人的需求，了解客人的文化修养、教育程度、志趣爱好，不能千人一面，全部赠送现金、有价证券、香烟、名酒等。了解客人、尊重客人需求的馈赠，也就是注重礼品的独特性，往往能发挥“事半功倍”的效果。

2. 礼品的包装　在正式场合赠送他人的礼品，一般应当认真包装，如果包装的礼品没有档次，会使礼品本身被“低估”。

礼品包装时，注意包装的材料、容器、图案造型、商标、文字、色彩的选择和使用，捆扎、包裹的具体方式，均应符合政策法规和习俗惯例，不要违反受赠方的宗教、民族禁忌。比如，数字禁忌，“4”“9”是日本的忌讳；“13”是欧美人的忌讳。色彩禁忌，日本忌绿色，喜红色；美国人喜欢鲜明的色彩，忌紫色；伊斯兰教徒讨厌死亡象征的黄色，喜欢绿色等。

知识链接

异国送礼禁忌

日本：礼物应该包装好，但不要用白色或色彩明亮的包装纸，因为在日本文化里，白色象征死亡，明亮的颜色则会显得过分花哨，不够庄重。

法国：到法国人家做客的话，千万不能带菊花、杜鹃花及其他黄色的花朵，因为在法国（或其他法语区）菊花代表哀伤，只能用在葬礼上。而其他黄色的花朵则象征着夫妻间的不忠贞，也不宜送。另外，康乃馨在法语里与“扣眼”同音，被称为“魔鬼之眼”，属于不祥之物。此外，花束不能捆扎、不能带土，还必须是单数，但要避开不吉利的“13”。送法国人礼物不要送带有仙鹤图案的礼物，不要送核桃，刀剑、餐叉等有刃的东西也不能送，这些“利器”会引起朋友间的争斗。

韩国：4 是不吉利的数字，不要送 4 件一套的礼物。

德国：德国人很注意礼物的包装，礼品切勿用白色、黑色或棕色的包装纸或丝带包扎。另外，不要送尖锐的东西，因为德国人视其为不祥之兆。

3. 礼品的赠出

（1）赠礼时机　送礼要把握好时机，否则可能事与愿违。比如，生日礼物、结婚礼品、过年贺礼，最好赶在当日；看望病人，最好是病人在医院期间。商务活动开始前馈赠有贿赂之嫌，商务活动结束后又不能产生推进感情的效果，因此，要精心选择把握恰到好处的时机。

（2）赠礼场合　选择一个双方感情比较融洽的场合赠送礼品，既能够表达情意，又能够促进商务活动目的的实现。一般来说，不在公开场合送礼，与衣食住行有关的生活用品不宜在公开场合相赠，否则会产生受贿的嫌疑。只有礼轻情重的特殊礼物才适宜在大庭广众面前赠送。如一本特别的书、一份特别的纪念品、鲜花一类的礼物等。

（3）赠礼态度　礼品最好亲自赠送，如果因故不能亲自赠送，要委托他人转交或邮寄时，应附上一份礼笺，注上姓名，并说明赠礼原由。赠礼时，态度要平和友善，举止大方，双手把礼物送给受礼者，并简短、热情、得体地加以说明，表明送礼的原因和态度。如果同时向多人赠送礼品，最好先长辈后晚辈、先女士后男士。

（二）礼品受赠的礼仪

1. 受礼的礼仪

（1）礼貌受礼 作为接受礼品者，不能在接受礼品时行为失当。对于他人诚心相赠的礼品，如果不是违法犯规的，应该是欣然接受。当别人取出礼品，预备赠送时，神态要专注、认真，尽可能地用双手接，不能只用左手去接礼品。如果是对方所提供的礼品单，要立即从头到尾细读一遍。需要继续应酬的话，把礼品暂时放下。不到万不得已不要把礼品放在地上。在双手接过赠品的同时，和对方握一下手，表示感谢，不要虚情假意，反复推辞。

（2）视情拆封 我们中国人不习惯当面把礼品包装当场拆开，在国外当场拆开礼品包装是非常普遍的。特别是欧美国家的朋友赠送礼品，如果你有时间而且礼品不难拆封的话，要尽可能地当面拆开。

（3）回赠礼品 礼尚往来是人之常情，但要注意把握分寸和时机，不要把“还礼”变成“还债”。可以选择合适的回礼时机还礼。也可以用其他向对方表示尊重的方式来代替还礼。

2. 拒礼的礼仪

（1）一般情况下，不要拒收他人的礼品。但是，当不熟悉的人赠送极其昂贵的礼品，可能涉嫌发生违法乱纪行为的礼品，接受后或许会受到对方控制的礼品，受赠人员应礼貌拒绝。

（2）拒收礼品时，应保持礼貌、从容、自然、友好的态度，先向对方表达感谢之情，再向对方说明拒收的原因，切记不可硬阻挡，以免对方难堪。

（3）礼貌拒绝他人礼品的方式主要有以下三种：婉言相告、直言缘由、事后归还。

四、送花礼仪

（一）送花的礼仪

送花成了时下国际通用的既时尚又实用的一种礼仪形式，迎来送往时，赠送精美的鲜花，显得既高雅又体面。送花以鲜花为佳，干花、纸花、塑料花则不宜，更不可送枯萎的花。

1. 了解花卉花语 送花是一门学问，送花也是一门艺术，用花来表达的语言非常丰富，当我们用花为媒来传递友谊时，要注意运用正确的“花卉语”，以免出现尴尬。比如，母亲节（5 月的第 2 个星期日）宜赠送各色的康乃馨（母亲之花）、萱草、勿忘我、满天星等，这些花有母爱、永恒的爱、关爱、忘忧的寓意。父亲节（6 月的第 3 个星期日）宜赠送石斛兰（父亲之花）、黄杨、橘树、百合、君子兰、剑兰、文心兰、万年青、柳树等，这些花有坚毅、勇敢、宽容、大度的寓意，象征父亲“平凡伟大”。

2. 把握赠花的时机 赠花分为节日赠花、非节日赠花。节日赠花主要是在春节、情人节、清明节、端午节、父亲节、母亲节、中秋节、重阳节、教师节等节日，为特定对象赠与适当的鲜花，以表示尊重之情。非节日赠花主要是在表示慰问、祝贺、惜别、悼念、庆祝等特定时间和场合赠花。

3. 选择赠花的形式 不同时机赠花，其形式也应不同。比如，新店开张、公司开业时，可送牡丹花、报喜花、吉祥花、红月季、康乃馨、大丽花、金达莱、红菖兰、步步高等，亦可赠发财树等，祝事业发达，财源茂盛；乔迁之喜可赠送文竹、米兰、兰花、君子兰、蛇鞭菊、鸢尾，或紫薇花、月季花，祝贺平安和兴旺；日常社交生活中赠送鲜花，可以根据对象、场合等不同情况，分别送花束、花篮、盆花、插花、头花、胸花、花环等。

（二）送花的禁忌

1. 不解花卉花语

（1）鲜花品种禁忌　赠花应与文化相适应。比如，康乃馨、菊花、莲花和杜鹃，在国内口碑甚佳，在涉外交往中却不宜用作礼品。菊花在西方是“葬礼之花”，康乃馨表示伤感或拒绝，莲花在佛教中有特殊地位，杜鹃被视为“贫贱之花”，用于送人也难免发生误会。

（2）鲜花色彩禁忌　在我国，红色鲜花是最受欢迎的喜庆之花，白色鲜花则用于葬礼。中国人欣赏的黄色鲜花是不宜送给西方人的，因为他们认为黄色暗示断交之意。巴西人认为紫色是死亡的征兆，故对紫色鲜花比较忌讳。

（3）鲜花数目禁忌　中国人讲究送花时数目越多越好，双数吉利。对西方人不宜如此，认为只要意思到了，一支鲜花可胜过一束，只不过男士送鲜花给普通女士时，数目宜单，否则就是指望与人家“成双成对”了。

2. 不顾场合　赠花的形式应与场合相适应。比如，祝贺庆典活动不宜送花束、花环等；探望病人，不能送气味浓郁、色彩鲜艳的花，这些花给人强烈的嗅觉、视觉刺激，以免影响病人的病情和医院的环境。

3. 不懂习俗　在西方国家，除非表示绝交之意，不会选用同色鲜花送人；而在探病的时候，红白相间的鲜花是不能送给病人的，这被视作不吉利；给欧美人送花最好是奇数，且不能送 13 支花，因为这个数字被认为会带来厄运。给法国人送花时不能送菊花、杜鹃花及黄色的花；切记送百合花给英国人，因为这意味着死亡。

（三）受花的礼仪

1. 欣赏感谢　受花时，应起身站立，上身微前倾，注视对方，面带微笑，双手接花。忌侧身面对，面无表情，动作鲁莽，单手接花。接过鲜花后应仔细地品味观赏，口中称道赞美，并表达真诚的谢意。

2. 妥善养护　致谢后，应将鲜花小心放置，科学养护。若是花束应将其插在花瓶中养护；若是篮花或盆花，应放在向阳通风之处，随时注意洒水以保持花叶的新鲜和气味的清新。忌随手丢在桌上或放在地上，置之不理。

任务二　宴请与赴宴礼仪

宴请是在社交活动和商务活动中的常见形式，它是联络感情、协调关系和交流信息的一种重要社交活动，也是表示欢迎、庆贺、饯行、答谢，以增进友谊和融洽气氛的重要手段。商务宴请是一门艺术，更是提高职场素养的必修课。大方得体的饭局，能让客人有宾至如归的感觉，在轻松愉快的气氛下，谈起事情来也会更加顺利。合乎礼仪的宴请，包括宴请的形式、规格、标准、席位安排，以及席间的服务程序。

一、宴请礼仪

（一）宴请的形式

就目前来看，国际上宴请的基本形式主要分为宴会、招待会、茶会和工作餐四种。

1. 宴会　宴会分为正式宴会和便宴。

（1）正式宴会　是一种正规的、讲究排场与气氛的重要社交应酬，是为宴请专人而精心安排的，在档次较高的酒店或其他特定的地点举行，礼仪要求比较高。宾主均应按宴会的要求着装，按身份就座，饭菜酒水、餐具均应讲究质量和特色，服务要求规范。

（2）便宴　是一种非正式宴会，一般规模不大，形式简便，对饭菜的数量、质量、上菜程序、餐具的使用及服务等没有严格的礼仪要求。家宴也属于便宴，是在家里举行的宴请活动，即家常便饭。

2. 招待会　招待会一般不排座次，可以自由活动，具有灵活、方便等特点，常见的招待会有自助餐宴会、鸡尾酒会等。

（1）自助餐宴会　亦称冷餐会，它是目前国际上通行的一种非正式的西式宴会，在大型的商务活动中尤为多见。它不预备正餐，而由就餐者在用餐时自行选择食物、饮料，然后或立或坐，自由地与他人在一起或是独自用餐。

（2）鸡尾酒会　是具欧美传统的集会交往形式，它以酒水为主，略备小吃食品，形式较轻松，一般不设座位，没有主宾席，个人可随意走动，便于广泛接触交谈。

3. 茶会　茶会是以茶会友的一种简便的招待形式，多为机关、企业、团体为纪念或庆祝某项活动而举行。茶话会场地主要有主办单位的会议厅、宾馆的多功能厅等地方，摆茶几、座椅，不排席位，不安排主食、酒品，只提供茶点。对于用来待客的茶叶、茶具，务必要精心准备并突出地方特色。

4. 工作餐　工作餐是现代生活中经常采用的一种非正式的宴请形式，为进行接触、保持联系、交换信息或洽谈生意而通过用餐的形式进行的商务聚会，主要是利用进餐时间，围绕工作中的问题，边吃边谈，讨论交流。

（二）宴请准备礼仪

1. 确定宴请对象及形式　宾客名单应该包含你认识的人，你想更多了解的人，可以活跃气氛的客人或名望高的人。安排入座时，要考虑客人和邻座的人能否融洽相处。宴请的形式一般遵照当地的习惯做法。通常正式宴请、人数不多的以宴会为宜，人数较多时以可以考虑冷餐会、酒会的形式。

2. 确定宴请规格　一般根据宴请的目的来确定宴请规格。

（1）礼仪性质宴请　为迎接重要的来宾或政界要员的公务性来访，为庆祝重大的节日或举行一项重要的仪式等，举行的宴会要有一定的礼宾规格和程序。

（2）交谊性质宴请　为了沟通感情、表示友好、发展友谊，如接风、送行、告别、聚会等，举行的宴会可以是便宴、家宴。

（3）工作性质宴请　为解决某项工作而举行的宴请，以便在餐桌上商谈工作，举行的宴会可以是便宴、工作宴。

宴会的目的、规格、形式、性质不同，但宾主所遵循的基本礼仪是一致的。

3. 选择宴请地点　宴请用餐是拉近人与人之间距离很好的办法。宴请不仅仅是为了吃饭，更是为了交流感情。要是用餐地点档次过低，环境不好，即使菜品有特色，也会使宴请大打折扣。在可能的情况下，一定要争取选择清静、优雅的地点用餐。比如，要营造无压力的就餐氛围，客户的视线应当被一个屏风或一个巨大的绿色植物挡住等，这样才能使客人聚精会神，容易获得有利的决定。

4. 确定宴请时间　宴请日期和时间要有选择，尽量避开节假日，避开民俗节日等，也要注意避开客人有忌讳的日期。比如，对日本人、韩国人要避免“4”和“9”，对信仰基督教的人士要避免13，更不要把13号和星期五选在同一天。而对伊斯兰教徒，要避开他们的斋戒日等。一般认为，正式宴会的用餐时间应为1.5~2个小时，非正式宴会与家宴的用餐时间应为1个小时左右，而便宴的用餐时间在半个小时左右。

5. 发出邀请函 正式的宴请要向客人发出邀请。这既是对宾客的通知，起到提醒和备忘作用，又是宴请必备的礼貌形式。一般一人一份，邀请夫妻可发出一份。邀请的方式，通常有书面、电话和口头邀请三种。正式宴请活动多采用书面邀请的方式，由举办者正式发请柬或邀请信；非正式的宴请，则可以电话或口头邀请。

请柬（邀请信）的正文中必须注明宴请的目的、形式、时间和地点。请柬一般在宴请前一到两周发出，以便客人安排好时间。（请柬的格式范例参见本书项目三相关内容）

（三）宴请席位排列礼仪

1. 席位排列原则 宴请席位的排列在商务活动中有一系列规则，总体上遵从这样几条基本原则：面门为上、居中为上、以右为上、以远为上。

2. 宴请桌次的排列

（1）两桌的桌次排列 当两桌横排时，面对正门右边的为第一桌，左边的为第二桌，即遵循“以右为尊，以左为卑”的原则，如图 4－5 所示；当两桌竖排时，桌次高低讲究离正门越远越高，离门越近越低，即遵循“以远为上，以近为下”的原则，如图 4－6 所示。

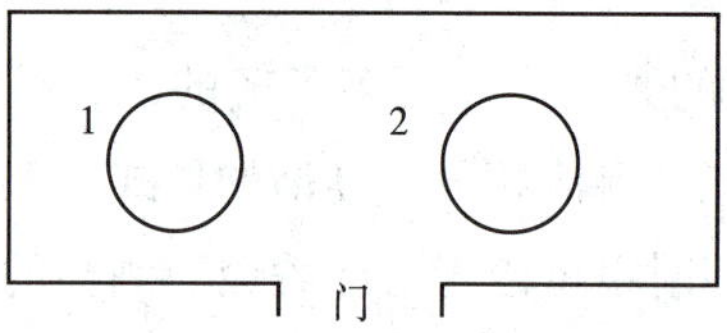

图 4－5 两桌横排的桌次排列方法

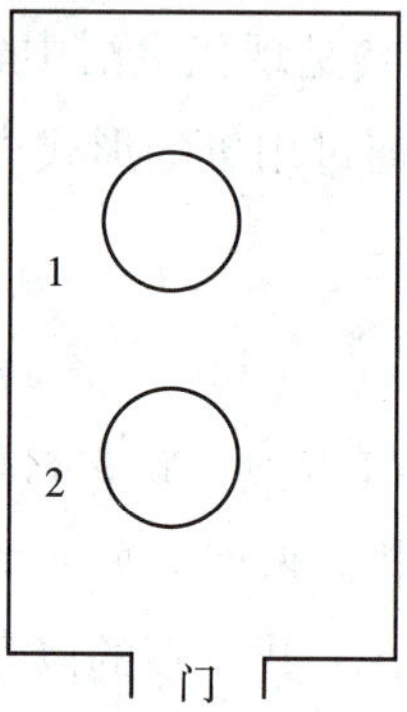

图 4－6 两桌竖排的桌次排列方法

（2）三桌以上的桌次排列 遵循“面门为上”“以右为上”“居中为上”“以远为上”等原则，如图 4－7、图 4－8 所示。

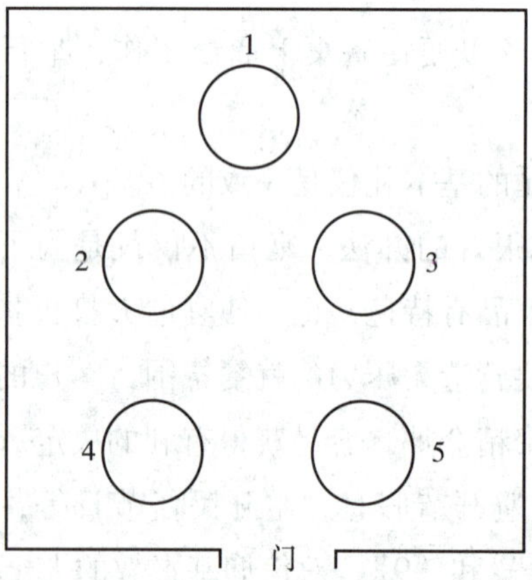

图 4－7 多桌排列桌次排列方法

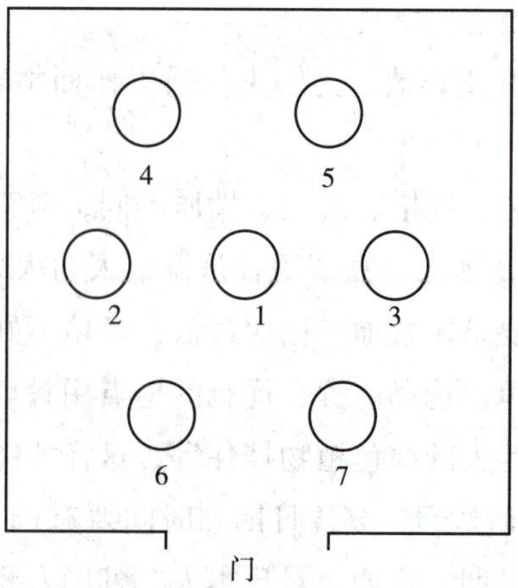

图 4－8 多桌排列桌次排列方法

3. 宴请位次的排列　在进行宴请时，每张餐桌上的具体位次也有主次之别。排列位次的顺序是：主人应在主桌，面对正门而坐；举行多桌宴请时，各桌之上均应有一位主桌主人的代表就坐。另外，每张桌上所安排的用餐人数应限于10人之内，并以双数为宜。

圆桌上位次的具体排列又可分为两种情况：

（1）每桌一个主位　其特点是每桌只有一个主人，主宾在其右侧就坐，如图4－9。

（2）每桌两个主位　其特点是主人夫妇就座于同一桌，以男主人为第一主人，以女主人为第二主人。主宾和主宾夫人分别在男女主人右侧就坐，这样每桌就形成了两个谈话中心，如图4－10。

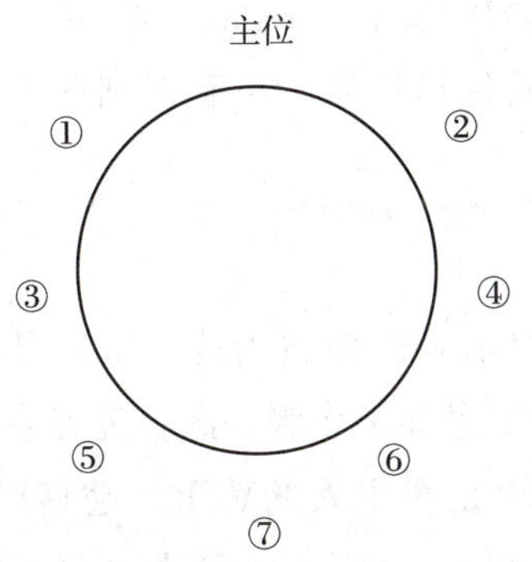

图4－9　单桌位次排列

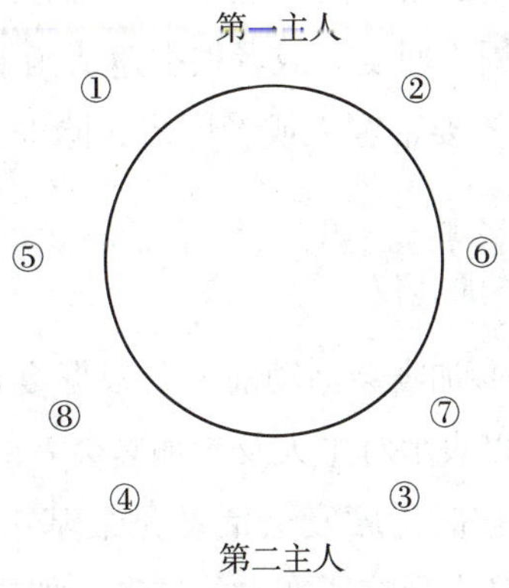

图4－10　两个主位的位次排列

在宴请时也要注意位次排列的特殊情形：

（1）如果主宾身份高于主人，为了表示尊重，可安排其在主人位次上就座，而请主人坐在主宾的位次。

（2）在某些高档餐厅里，若有优美的景致或高雅的演出，供用餐者欣赏，观赏角度最好的座位是上座；在某些中低档餐馆用餐时，通常以靠墙的位置为上座，靠过道的位置为下座。

（四）宴请程序礼仪

较正式宴请活动应按一定的程序来进行，主要有以下几道程序。

1. 迎宾　商务场合中的迎宾一般都是在大门口开始安排人员迎接，迎接到客人后，握手互致问候，将客人引至休息厅，休息厅内应有招待员照顾客人，或由其他接待人员陪同聊天，待主宾到达后，由主人陪同与其他客人见面打招呼。

2. 引导入席　正确排列桌次和席次是一种社交规矩，其排列原则如上所述。桌位较多的情况下，入座先从主桌入座，其他的陆续入座，也可以等主桌以外的客人都已坐定，主桌人员最后入座；宴会开席时引导客人进入宴会厅。一般是主人陪同主宾进入休息厅或宴会厅的主桌，接待人员引导其他客人入席。

3. 致词、祝酒　正式宴会一般都有致词、祝酒。祝酒是商务宴请中必有的一个环节。我国习惯是在开宴之前讲话、祝酒、客人致答谢词。在致词时，全场人员应停止其它活动，聆听讲话，并响应致词人的祝酒，在同桌中间互相碰杯，宴会正式开始。

4. 用餐　宴请是一种社交场合，在餐桌上要关心别人，尤其要招呼两侧的女宾；口内有食物，应避免说话也不要敬酒；宴会上应营造和谐温馨的氛围，避免涉及死亡、疾病等影响用餐气氛的话题。主人应努力调节宴会气氛，注意不时选择恰当的话题交谈，使整个用餐过程愉快、有趣。还要注意主宾用餐时的喜好，掌握用餐速度。

5. 送别 用餐完毕，主人和主宾起身离席，互相致谢，宴会即告结束，按惯例，宴会结束是不用宣布的。

二、赴宴礼仪

（一）回应邀请的礼仪

1. 及时回应 如果你幸运地得到了一份商务宴会邀请、公司宴会或老板的家宴邀请，应尽快的回应。不管你是否计划出席、能不能出席，所有的邀请都要尽早做出答复，以便主人做出安排。通常应该在收到邀请后的一周内回复，或者根据邀请函上的截止时间回复。

2. 确定人员 不要带客人或者同事，除非组织者邀请你这样做。没有得到主人的同意，不要让他人代替你参加宴会。

（二）赴宴准备的礼仪

1. 修饰自己 参加宴会活动前，要根据宴请活动的要求和规格适当地装扮自己，恰到好处地修饰仪容、选择着装，以表示对主人及参加宴会者的尊重。赴宴忌穿工作服、满脸倦容或一身灰尘。

2. 按时参加 按时出席宴会活动是最基本的礼貌，也是对主人的尊重。赴宴迟到是非常失礼的，有时候一个人的迟到会影响所有人的进餐。如果有事情耽搁了，要向组织者打电话事先说明。身份高者可略晚些到达，一般客人应提早到达。

3. 礼貌入座 应邀出席宴会活动，进入宴会厅之前，先掌握自己的桌次和座位，或听从主人安排，不可随意入座。如邻座是长者或女士，应主动协助帮助他们先坐下。入座后坐姿要端正，举止要得体。

4. 携带物品适当 赴宴时尽量不要带太多随身物品，先购物再带着大包小包去赴宴是不合适的。赠送礼品应考虑具体情况和场合。出席商务宴请可以不带礼物，一般在赴私人家宴时，可以为主人带些小礼品。

知识链接

对外宾交际须知

周恩来是新中国外交礼宾工作的奠基人。他作为总理兼外长近十年，在中央也一直负责外交工作。他一向严谨细致，对礼宾工作倾注了大量心血，对新中国礼宾风格的形成，有着重大影响。

1951 年 1 月，周恩来指示外交部和国家典礼局共同制定《对外宾交际须知》，以国务院名义通令各级政府遵照执行。《须知》共分 4 部分：

1. 宴会请柬应提前一周发出，宴会人数避 13，服务员要注意礼貌和服装清洁，室内不设痰盂等；宴会主要客人，不可轻易不去，不可迟到、早退；R. S. V. P. 表示敬候答复；尽量关照自己右手的女宾等。

2. 谈话态度要庄重、诚恳，不打听私事，不问女人年龄，谈话要符合身份，不过分恭维，也不过分谦虚等。

3. 拜会守时守约。

4. 西餐、饮酒以及餐巾、刀叉使用等遵守礼节。

从周恩来总理指示制定的《须知》中可以体现出我们国家从领导到工作人员自上而下严谨踏实、细致认真的工作作风，更能体现出大国的外交风范，也为同学们树立了学习标杆。

（三）赴宴之中的礼仪

1. 席间进餐 进餐时食物应小口送入口中，细嚼慢咽，而不要狼吞虎咽；汤菜太烫时，不要用嘴去吹，应放在碗里凉后再吃；喝汤的时候，不要发出“呼噜呼噜”的响声；嘴里有食物时不要说话；在餐桌上，手势、动作幅度不宜过大，更不能用餐具指点他人；使用餐具时，动作要轻，不要相互碰撞；不要伸懒腰、打哈欠，毫无控制地打饱嗝；感觉再热，也不要在用餐时脱衣服、解纽扣，尤其是女士更应注意这一点。

2. 席间祝酒 祝酒碰杯时主人和主宾先碰，人多时可同时举杯示意，不需逐一碰杯；碰杯时要注视对方，起立举杯，以示敬重友好。敬酒时应按身份地位的高低，由高到低，或者按座次顺序依次进行；身份地位低的人举杯应低于身份地位高的人。不善饮酒的人可以礼貌地声明，但不可把杯子倒置，应轻轻按着杯缘。在主人和主宾祝酒、致词时应暂停饮酒或用餐并停止交谈。

3. 席间谈话 边吃边谈是宴会的重要形式，应当主动与同桌人交谈，不可一句话都不说，让人觉得你是为吃而来；不要只是同个别人交谈，或者只和自己熟悉的人交谈；说话声音不能太大或窃窃私语；也不要一边说话一边进食；在交谈的时候，要选择轻松、愉快的话题，不要选择过于严肃、沉重甚至让人感到悲伤、难过的话题，以免影响大家的心情和胃口，也不能对宴会和饭菜妄加评论。

4. 退席致谢 正式宴会一般吃水果后即结束，等主人从座位上站起，示意宴会结束后，客人才能离席。客人应向主人道谢、告别。宴会席间一般不应提前退席。若确实有事需提前退席，应向主人打招呼后离去，也可事前打招呼，到时离开。

任务三 餐饮礼仪

餐饮礼仪作为礼仪交往中不可或缺的一部分，在各类商务活动中发挥的重要性日益凸显。所谓餐饮礼仪，是指人们在不同场合、不同环境的赴宴、用餐过程中需要遵循的行为规范和交往准则。掌握以及灵活运用多种形式的用餐礼仪不仅是人类文明的体现，更能促进商务活动的顺利开展。

一、中餐礼仪 微课1

中国是礼仪之邦，讲究民以食为天，中华饮食更是源远流长。随着中西文化的不断交流，中餐也不断受到外国人的青睐。随着中国经济的飞速发展，商务活动形式繁多，中餐在商务宴请中的地位越发明显，同时中餐也以讲究色、香、味、意、形、养而著称海内外。中餐的菜肴在烹饪中有许多流派，经过历史积淀和烹饪手法的传承、创新，逐渐形成了中国的“八大菜系”，即鲁菜、川菜、粤菜、苏菜、闽菜、浙菜、湘菜、徽菜。

（一）点菜的礼仪

1. 拟定合适的菜谱 要结合宴请的形式和规格、时间和季节以及宴请对象的喜好和禁忌来进行。此外，还应考虑宴请的人员组成及人数、开支的标准，做到丰俭得当、恰如其分。确定宴请的地点，合理考虑餐馆特色菜和本地特色菜肴。菜谱以营养丰富、味道可口为原则。

2. 确定上菜顺序 先上冷菜、饮料及酒，后上热菜，再上主食，最后上甜点和水果。宴会上桌数较多时，各桌的每一道菜应同时上。

3. 注意菜品禁忌

（1）宗教的餐饮禁忌　穆斯林通常不吃猪肉，并且不喝酒。国内的佛教徒少吃荤腥食品，它不仅指的是肉食，而且包括葱、蒜、韭菜、芥末等气味刺鼻的食物。一些信奉观音的佛教徒在饮食中尤其禁吃牛肉，这点在招待港澳台及海外华人同胞时尤其要注意。

（2）健康原因的食品禁忌　心脏病、脑血管、脉硬化、高血压和中风后遗症的人，不适合吃狗肉，肝炎病人忌吃羊肉和甲鱼，胃肠炎、胃溃汤等消化系统疾病的人也不合适吃甲鱼，高血压、高胆固醇患者，要少喝鸡汤等。

（3）偏好的不同　不同地区人们的饮食偏好往往不同。比如，湖南人普遍喜欢吃辛辣食物，少吃甜食。英美国家的人通常不吃宠物、稀有动物、动物内脏、动物的头部和脚爪。

（4）特殊的禁忌　出于某些职业的原因，也有各自不同的特殊禁忌。国家公务员在执行公务时不准吃请；驾驶员工作期间不得喝酒等。

（二）餐具使用的礼仪

中餐餐具主要有筷、杯、盘、碗、碟、匙六种。餐具的摆放一般是：大盘离身体最近，餐布一角压在大盘之下、一角垂落桌沿，小盘叠在大盘之上，大盘左侧放手巾和小碗，小瓷汤勺放在碗内，前侧放置酒杯和小碟，右侧放筷子，如图 4－11。

图 4－11　中餐餐具的摆放

1. 筷子　是中餐最主要的餐具，它既轻巧又灵活，在世界各国的餐具中独树一帜，被西方人誉为“东方的文明”。使用筷子，通常必须成双使用。用筷子取菜、用餐的时候，要注意几个问题：

（1）不论筷子上是否残留着食物，都不要去舔。

（2）和人交谈时，要暂时放下筷子，不能一边说话，一边挥舞筷子。

（3）不要把筷子插放在食物上面。因为这种插法，只在祭奠逝者的时候才用。

（4）严格筷子的职能。筷子只是用来夹取食物的，如用来剔牙、挠痒或是用来夹取食物之外的东西都是失礼的行为。

2. 杯　主要有酒杯和水杯，酒杯用于盛酒，水杯用于盛水、酒以及饮料等。应注意不要倒扣杯子，不能将喝入口中的酒或饮料再吐回杯中。

3. 盘　中餐的盘子有很多种，稍小点的盘子叫碟子，主要用于盛放食物，功效和碗大致相同。用餐时，盘子在餐桌上一般要求保持原位，且不要堆在一起。

一种用途比较特殊的盘子叫食碟。食碟在中餐里的主要作用，是用于暂放从公用的菜盘中取来享用之菜肴。使用食碟时，一般不要取放过多的菜肴，以免显得不雅。不吃的食物残渣、骨头、鱼刺不要吐在饭桌上，而应轻轻取放在食碟的前端，取放时不要直接从嘴吐到食碟上，而要使用筷子夹放到碟子前端。如食碟放满，可示意让服务员换食碟。

4. 碗　中餐的碗可用来盛饭、盛汤，进餐时，可以手捧饭碗就餐。拿碗时，用左手的四个手指支撑碗的底部，拇指放在碗端。吃饭时，饭碗的高度大致和下巴保持一致。

汤盅是一种类似于碗的餐具，也可用来盛放食物。表示汤已经喝完的方法是将汤勺取出放在垫盘上，把盖子反转平放在汤盅上。

5. 匙（勺子）

（1）匙用来舀取菜肴、食物，有时用筷子取食时，也可以用勺子来辅助，但尽量不要单用勺子去取菜。

（2）用勺子取食物时，不要过满，免得溢出来弄脏餐桌或自己的衣服。在舀取食物后，可以在原处"暂停"片刻，汤汁不会再往下流时，再享用。

（3）暂时不用勺子时，应放在自己的碟子上，不要把它直接放在餐桌上，或是让它在食物中"立正"。

（4）用勺子取食物后，要立即食用或放在自己碟子里，不要再把它倒回原处。而如果取用的食物太烫，切勿用勺子舀来舀去，可以先放到自己的碗里等凉了再吃。

（5）不要把勺子塞到嘴里，或者反复吮吸、舔食。

6. 其他辅助餐具的使用　进餐中常用的辅助餐具包括湿毛巾、餐巾、餐巾纸、牙签和水盂。

（1）湿毛巾　中餐用餐前，一般会为每位用餐者上一块湿毛巾，用来擦手。擦手后，应该把它放回盘子里，由服务员拿走。而宴会结束前，服务员会再上一块湿毛巾，和前者不同的是，这块湿毛巾是用于擦嘴的，不能用其擦脸或抹汗。

（2）餐巾　为了防止衣服被弄脏，应该把它平铺在大腿上，不要把它围在脖子或别在腰带上。

（3）餐巾纸　主要用来擦嘴和手，千万不要用自己的纸巾，更不能用卫生纸代替。

（4）牙签　它有两个作用：一是用于扎取食物；二是用于剔牙。但是用餐时尽量不要当众剔牙，不可避免时，要用另一只手掩住口部，剔出来的食物，不要当众"观赏"或再次入口，更不要随手乱弹、随口乱吐。剔牙后，不要叼着牙签，更不要用其来扎取食物。

（5）水盂　即洗手碗，是在用餐期间洗手指头用的，千万不要把它当成清水或饮料饮用。洗手碗的用法为：进食海鲜等带有腥味食物后，可将双手指尖轮流放入碗中清洗，然后用餐巾擦干手指。

即学即练

答案解析

关于以下鲁菜菜品的上菜顺序，依照从前往后的排列，描述正确的是（　　）

A. 凉拌猪耳　爆炒腰花　水饺　剑南春　果盘　海鲜疙瘩汤

B. 蒜泥白肉　果粒橙　糖醋鲤鱼　奶汤蒲菜　鲁味锅饼　果盘

C. 九转大肠　芥末肚丝　汾酒　紫菜蛋花汤　果盘　清汤面

二、西餐礼仪

西餐是对西方国家餐饮的一种统称，其基本特点是以面包为主食，要用刀叉进食，多使用长形桌台进餐。目前由于我国对外交往活动的不断增多，西餐已成为我国招待宴请以及商务活动的一种主要方式。因此，了解西餐的一般常识和礼仪十分必要。

（一）菜序的礼仪

1. 开胃菜　西餐的第一道菜是冷菜，又称为开胃菜或餐前小食品。

2. 面包　西餐正餐中的面包以切片面包为主，个人根据自己的口味可在面包上涂抹黄油、果酱、奶油或奶酪等。

3. 汤　汤是西餐的"开路先锋"，其口感芬芳浓郁，具有较好的开胃作用，开始喝汤标志西餐正餐的正式开始。

4. 主菜 作为西餐的“主旋律”，西餐的主菜分为冷菜和热菜两种。正规的西餐中，一般有两道主菜，一道为鱼菜，另一道为肉菜。

5. 点心 点心放在主菜之后，使没有吃饱的人填饱肚子，一般包括蛋糕、饼干、馅饼、三明治等。

6. 甜品 常见的甜品有布丁、冰淇淋等。

7. 水果 在吃西餐时，进食水果的方法与日常生活中的吃法大不一样。吃水果要用水果刀，禁止用手去拿水果，而且水果的品种也很多，吃法也各式各样。

8. 热饮 西餐通常将热饮放在最后，以帮助消化。最正规的热饮是红茶或黑咖啡。

（二）餐具使用的礼仪

1. 餐具的摆台 摆台是西餐宴请活动中的一项专门的技艺，也是必不可少的一个礼仪程序。国际式西餐摆台方法是：座位前正中是垫盘，垫盘上放餐巾（口布）。垫盘左放叉，右放刀、匙，刀尖向上、刀口朝盘，主食靠左，饮具靠右上方，如图 4－12 所示。

2. 餐具的使用

（1）刀叉的使用 刀叉的使用顺序是从外侧依次向内取用，每吃一道菜用一副刀叉，刀叉摆放的顺序正是每道菜上菜的顺序。刀叉用完，上菜也随之结束。如果不知如何取用刀叉，不妨观察主人，学着主人使用的餐具和动作用餐（图 4－13）。

在进餐途中需要休息时，叉在左、刀在右，叉齿向下，刀刃向内，二者呈“八”字形摆在餐盘中央，以表示此菜尚未用完。

当吃完一道菜时，叉在左、刀在右，叉齿向上，刀刃向内，将其并拢摆放在餐盘中，以示此菜已用完。

当用餐完毕，可以用刀、叉的不同形式摆放在餐盘中，以示对本次用餐的评论。

图 4－12 西餐餐具的摆放

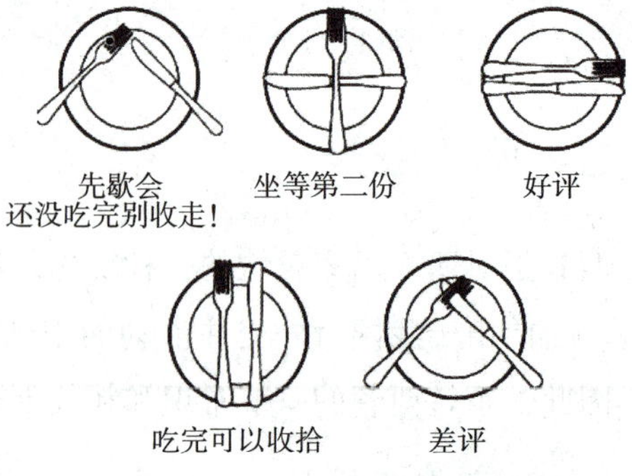

图 4－13 不同的刀叉摆放法示意

（2）餐巾的使用 一般在点餐后至第一道菜上菜之间展开，从餐桌上拿起餐巾，平铺在自己并拢的双腿上；如果餐巾比较大，应将餐巾对折成三角形，开口向外，褶线朝向自己，铺在腿上。切勿将餐巾围在脖子上、掖在裤腰上或放在其它地方。餐巾是用来擦嘴的，切勿用餐巾擦拭餐具，更不能用其擦拭餐桌，会让主人尴尬甚至不愉快。

（3）酒杯的使用　西餐中使用的酒杯共有20多种，在用餐者面前餐刀的上方，会放置三至四只酒水杯，其中香槟杯、红葡萄酒杯、白葡萄酒杯必不可少。根据每道菜式，按由外到内的顺序依次取用。

（三）餐酒饮用的礼仪

1. 餐前酒　又称开胃酒，在正式开始用餐前饮用，或是在吃增进食欲的菜时与之配伍的。在一般环境下，许多人喜欢在餐前饮用的酒水有鸡尾酒、味美思和香槟酒。

2. 佐餐酒　又称餐酒，是在正式用餐期间饮用的各种酒水。西餐里的佐餐酒均为葡萄酒，并且大多为干葡萄酒或半干葡萄酒。选择佐餐酒，需要按照“白酒配清水煮熟的白肉，红酒配红肉，香槟万搭”的原则操作。

3. 餐后酒　又称利口酒，指在用餐之后用来以助消化而饮用的酒水，是在蒸馏酒或葡萄酒中加入芳香原料配制而成，色泽娇艳、气味芳香，有较好的助消化作用。最出名的餐后酒，则是被称为“洋酒之王”的白兰地酒。

（四）西餐的禁忌

1. 就座后不要跷足，不要两脚交叉，不要摆弄餐桌上已摆好的餐具。用餐时，腹部和桌子保持约一个拳头的距离。一定要记得抬头挺胸吃东西，要以食物就口，而非以口就食物。

2. 用餐时只能拿靠近自己的东西，身体不要过于接近餐盘，不宜把胳膊放在桌子上，千万不要把盘、碗端起来。咀嚼食物时一定要闭着嘴巴，嘴里含有食物时，不能和别人说话。喝汤时要用汤勺舀汤送入口中，而不能用嘴唇去啜汤，呼呼作响。

3. 在吃西餐时，不可当众解开纽扣、拉松领带、来回挽袖子或脱下衣服，也不要吃的太快，切勿狼吞虎咽。

4. 不要用自己的餐具为他人夹菜、盛汤或选取其他食物。在餐桌上不可剔牙。打喷嚏要迅速用餐巾挡住，并说声“对不起”。如果和你进餐的人咳嗽或呛到，你的神情要若无其事，以免让对方感到尴尬。

5. 吃西餐时不能拒绝对方的敬酒，在对方劝酒时，表情一定要热情，即使你不能喝酒也要端起酒杯回敬对方，为表示礼貌也要与对方碰一下杯，然后把杯子送到嘴边表示去喝的动作。喝酒不要一饮而尽。

6. 掉在地上的餐具和东西不用去捡，可请服务生过来替你捡起来。

三、自助餐礼仪

1. 自助餐的特点　自助餐英文为Buffet或Buffet meal，原意是冷餐会、酒会，是一种非正式的西餐宴会。它把能提供的全部主食、菜肴、酒水陈列在一起，用餐者根据自己的喜好选取食物，形式不拘一格，来宾可以边吃、边走动、边交谈，因此受到中外人士的喜爱。鉴于花样多、用餐方便等特点，自助餐也成为商务宴请中的一种选择。

2. 自助餐的用餐礼仪

（1）按自助餐顺序排队取菜，自助餐顺序一般是冷菜、汤、热菜、点心、甜品、水果、酒水等。如果人多，要讲究先来后到，排队取菜。

（2）参加自助餐会，应遵循“多次少取吃多样”的原则，“多次”原则是指允许多次取菜，可以反复取用同一种菜肴，品尝后如感觉不错可以再取，反复取食不会引起非议，前提是吃完盘中的食物再去，避免“多吃多占”。再次取餐时一般不使用已用过的餐具。

（3）要避免外带，不要将自助餐打包带回去，即便是内部不用付费的自助餐会也要遵守这一点。

（4）用餐完毕后将餐具整理到一起，并将其送回指定的位置，不允许将餐具随手乱丢，甚至任意毁损餐具。在餐厅里就座用餐，有时可以在离去时将餐具留在餐桌上，而由侍者负责收拾。

（5）积极交际，参加自助餐时，吃东西往往属于次要之事，而与其他人进行适当的交际活动才是自己最重要的任务。在参加自助餐时，一定要主动寻找机会，积极地进行交际活动。

（6）了解情况后再去取菜，按顺序分别取菜，按顺序用餐，不要什么菜都放在一起，形成大杂烩。因此在取菜时，最好先在全场转上一圈。

（7）切勿在众多的食物面前犹豫再三，让身后之人久等，更不应该在取菜时挑挑拣拣，甚至直接下手或以自己的餐具取菜。

（8）用餐过程中，应当以礼相待。在排队、取菜、寻位以及行动期间，对于其他用餐者要主动加以谦让，不要目中无人，蛮横无礼；不可为对方直接代取食物，更不允许将自己不喜欢或吃不了的食物“处理”给对方吃。

四、酒水饮用礼仪

（一）酒水选用的礼仪

在中餐中，可以喝白酒、黄酒、啤酒、药酒等；西餐中可以选用葡萄酒或香槟酒，而啤酒只有在吃便餐时才选用。

1. 酒品应与宴会的档次相匹配　若高档宴会选用低档酒品，会破坏整个宴席的名贵气氛，让人对菜肴的档次产生怀疑。若在低档宴会上用高档酒品，酒的价格在整桌菜肴之上，则与菜肴不匹配，让人感到食之无味。

2. 西餐酒品菜肴和用餐时间匹配　西餐在餐前饮开胃酒，进餐中饮用葡萄酒，餐后饮用甜酒、白兰地酒。以葡萄酒为例，在食用肉类、野味和家禽食物时，需配味浓的酒；在食用海鲜类，鱼类及甜品等食物时，需要配合饮用清淡的酒。

3. 酒席上酒的顺序要讲究　根据酒的不同品种和餐饮搭配的要求，应以先轻后重、先甜后干、先白后红顺序安排。在品质上，应遵循越饮越高档的规律，先上普通酒，后上名贵酒；先低度酒，后高度酒；先新酒，后陈酒；先淡雅风格，后浓郁风格；先白葡萄酒，后红葡萄酒。

4. 讲究“白肉配白酒，红肉配红酒”　白葡萄酒适合于开胃菜等小菜或者虾、螃蟹、贝类、鱼、鸡肉等菜，红葡萄酒适合于牛排、羊排、猪排等菜。

（二）斟酒的礼仪

1. 斟酒的动作　斟酒前，用干净的布巾将瓶口擦净。斟酒时用垫布及餐巾，都是为防止冰镇后酒瓶外溢产生的水滴及斟酒后瓶口的酒液洒在客人身上。

2. 斟酒的时机　如果客人点白酒、红葡萄酒、啤酒时，应在宴会开始前五分钟内将红葡萄酒和白酒斟入每位宾客杯中，然后请客人入座，再依次斟啤酒。

3. 斟酒时的站位与站姿　斟酒时的正确站位是服务员应站在客人的右后侧，身体向左略倾斜，面向客人，右手持瓶，向客人左侧依次进行斟酒，向杯中斟酒时切忌弯腰、探头或直立。

4. 斟酒方式　斟酒方式一般有两种：一种是端着托盘斟酒，即将客人选定的几种酒放于托盘内，左手端托，右手取送，根据客人需要依次将所需酒品斟入杯中；另一种是徒手斟酒，即左手持餐巾，右手握酒瓶，把客人所需酒品依次斟进宾客酒杯中。

（三）敬酒的礼仪

1. 敬酒时机　敬酒应该在特定的时间进行，并以不影响来宾用餐为首要考虑。

2. 敬酒顺序　一般情况下应按年龄大小、职位高低、宾主身份为序，敬酒前一定要充分考虑好敬酒的顺序，分明主次，避免出现尴尬的情况。如果分不清宾客职位、身份高低，应从自己身边按顺时针方向开始敬酒，或是按照某一方向进行敬酒。

3. 敬酒的动作　无论是主人还是来宾，如果是在自己的座位上向集体敬酒，就要求首先站起身来，面含微笑，手拿酒杯，面朝大家。别人向你敬酒的时候，要手举酒杯到双眼高度，在对方说了祝酒词或“干杯”之后再喝，喝完后还要手拿酒杯和对方对视一下，这一过程才结束。

（四）饮酒的禁忌

（1）碰到需要举杯的场合，不要拿着酒杯边说边喝酒。

（2）向别人敬酒时，可以多人敬一人，不可一人敬多人。

（3）在工作前不能饮酒，以免与人谈话时满口酒气。

（4）忌赌酒与强行劝酒。如果在与人交往中与客人赌酒或强行劝酒，就会把文明的交际变成粗俗无礼的行为。

（5）忌吵闹、喧嚣，忌酒后言行失控。

实例分析

实例　××医药商贸公司承办某市20余家医药公司2020年上半年业务交流研讨会，并作为东道主为来参会的领导、代表、客人准备了圆桌招待宴会。张董事长作为承办方的领导是宴会的主陪，小李身为业务部门经理具体负责本次研讨会的具体事宜，是本次宴会的副陪，并提前点了冷、热、汤、酒水等共计十道菜。宴会刚开始，张董事长致欢迎词，用餐过程中小李首先举杯对坐在他左边、右边的两位客人同时敬酒，有一位客人示意不擅饮酒，小李端起酒杯之后喋喋不休、反复劝对方喝酒，随后口中说了一声“干”，将满满一杯酒一饮而尽。用餐开始接近一小时，十道菜也基本吃完。张董事长和小李见状并没有继续点菜，而是在没有征求宾客的前提下决定此次宴会结束。

问题　请指出本次宴会过程中接待方的问题。

答案解析

（五）茶饮的礼仪　微课2

中国是茶的故乡，茶道作为中国饮食文化中的一部分，颇具内涵。学茶文化，知茶礼仪，才能营造祥和的品饮氛围，有助于商务活动的进行。

知识链接

茶叶的类别

中国茶文化源远流长，博大精深。作为人们日常生活必需的饮品。茶按照其不同的加工方法可分为六大类：

1. 绿茶　绿茶具有香高、味醇、形美、耐冲泡等特点。其制作工艺都经过杀青一揉捻一干燥的过程。由于加工时干燥的方法不同，绿茶又可分为炒青绿茶、烘青绿茶、蒸青绿茶和晒清绿茶。

2. 红茶 红茶加工时不经杀青，而且萎凋，使鲜叶失云一部分水分，再揉捻（揉搓成条或切成颗粒），然后发酵，使所含的茶多酚氧化，变成红色的化合物。红茶主要有小种红茶、工夫红茶和红碎茶三大类。

3. 青茶（乌龙茶） 属半发酵茶，即制作时适当发酵，使叶片稍有红变，是介于绿茶与红茶之间的一种茶类。它既有绿茶的鲜浓，又有红茶的甜醇。因其叶片中间为绿色，叶缘呈红色，故有“绿叶红镶边”之称。

4. 白茶 加工时不炒不揉，只将细嫩、叶背满茸毛的茶叶晒干或用文火烘干，而使白色茸毛完整地保留下来。白茶有“银针”“白牡丹”“贡眉”“寿眉”几种。

5. 黄茶 在制茶过程中，经过闷堆渥黄，因而形成黄叶、黄汤。分“黄芽茶”（君山银芽、蒙顶黄芽、霍内芽）、“黄小茶”（北港在、沩山毛尖、平阳黄汤、鹿苑）、“黄大茶”（大叶青、黄大茶）三类。

6. 黑茶 原料粗老，加工时堆积发酵时间较长，使叶色呈暗褐色。有“云南的普洱茶”“湖南黑茶”“湖北老青茶”“广西六堡茶”，四川的“西路边茶”“南路边茶”，云南的“紧茶”“扁茶”“方茶”和“圆茶”等品种。

---

1. 茶具的选用 茶具包括储茶、泡茶和喝茶等用具。储茶用具的基本要求是防潮、避光、隔热、无味。喝茶用具，主要是茶杯、茶碗。用茶杯喝茶最常见也最正规。使用茶碗喝茶，多出现在古色古香的茶馆里。

2. 茶叶的选用 俗语说：“众口难调”，以茶待客时，若有可能，应尽可能照顾来宾，尤其是主宾的偏好。有可能的话，应多备几种茶叶，使客人可以有几种选择。

3. 泡茶的水温 泡茶的水温要根据茶叶的种类而定，高级绿茶，特别是细嫩的名茶，不能用100℃的沸水冲泡，一般以80℃左右为定，茶叶愈嫩愈绿，冲泡水温要低，这样泡出的茶汤一定嫩绿明亮，滋味鲜爽，茶叶维生素C也较少损失。

4. 敬茶的程序 敬茶应做到：茶具洁净、茶水适量、双手奉茶，茶水不能泡的太浓，如客人有特别要求的例外。上茶时还有“茶满欺人”的说法，以茶待客讲究要上热茶，而且是八分满。

（1）敬茶的方法 上茶应在和主客正式交谈前进行。正确的步骤是：双手端茶从客人的右后侧奉上。要将茶盘放在临近客人的茶几上，然后右手拿着茶杯的中部，左手托着杯底，杯耳方向应朝向客人，双手将茶递给客人，同时要说“您请用茶”。

（2）敬茶的顺序 上茶应讲究先后顺序，一般应为先主后次、先客后主、先女后男、先长后幼。

（3）敬茶的禁忌 切忌用手抓茶叶，以免手气或杂味混淆影响茶叶的品质。放置茶壶时壶嘴不能正对他人。上茶时尽量不要用一只手，尤其不能用左手，切勿让手指碰到杯口。为客人倒的第一杯茶，通常不宜斟得过满，以七八分满为宜。把握好续水的时机，以不妨碍宾客交谈为佳，不要等到茶叶见底后再续水。

5. 敬茶方式

（1）鞠躬礼 分为站式、坐式和跪式三种。站式鞠躬与坐式鞠躬比较常用，其动作要领是：两手平贴大腿徐徐下滑，上半身平直弯腰，弯腰时吐气，直身时吸气。弯腰到位后略作停顿，再慢慢直起上身。行礼的速度宜与他人保持一致。在参加茶会时会用到跪式鞠躬礼。以跪坐姿势为预备，背颈部保持平直，上半身向前倾斜，同时双手从膝上渐渐滑下，全手掌着地，两手指尖斜对，身体倾至胸部与膝盖间只留一拳空当。

（2）伸掌礼　是品茶过程中使用频率最高的礼节，主客双方都可采用。两人面对面时，伸右手行礼对答。两人并坐时，右侧一方伸右掌行礼，左侧方伸左掌行礼。伸掌姿势为：手斜伸向所敬奉的物品旁边，四指自然并拢，虎口稍分开，手掌略向内凹，手心中要有含着一个小气团的感觉，手腕要含蓄用力，不至显得轻浮。行伸掌礼时应欠身点头微笑，讲究一气呵成。

（3）叩指礼　此礼是从古时中国的叩头礼演化而来的，叩指即代表叩头。早先的叩指礼是比较讲究的，必须屈腕、握空拳，叩指关节。随着时间的推移，逐渐演化为将手弯曲，用几个指头轻叩桌面，以示谢意。

（六）咖啡饮用的礼仪

喝咖啡，起初是西方人的生活习惯，但由于全球一体化的加剧，喝咖啡也不再分“东西”，成为商务社交的一种工具，逐渐形成一定的礼仪。

1. 喝咖啡的时机和环境

（1）喝咖啡的最佳时间往往安排在用早餐及午餐后，在正式的西式宴会中，咖啡往往是“压轴戏”，所以宴会上喝咖啡通常是在晚上。

（2）喝咖啡的常见地点，包括客厅、餐厅、写字间、花园、咖啡厅等。

2. 喝咖啡的礼仪

（1）商务氛围下，饮用咖啡时坐姿要端正，尽量不要大幅度斜靠在椅背上，不要翘腿。

（2）当别人给自己递过来一杯咖啡时，不必起身去接，因为接的过程有可能会让咖啡溅到手上或衣服上。只需要在咖啡放在桌子上时，向递咖啡的人微笑、点头、说谢谢。

（3）请别人来喝咖啡，当有对咖啡不太了解的人在场，最好在做咖啡之前，告诉大家今天要用什么豆子，用什么方法，做一杯什么样的咖啡，以免让不懂咖啡的人尴尬。

（4）咖啡碟的作用，主要是用来放置咖啡匙，并接住溢出杯子的咖啡。添加咖啡时，不要把咖啡杯从咖啡碟中拿起来，喝完咖啡后应立即把咖啡杯子放回碟子中，不要使杯、碟“分家”。端咖啡用具时，要用右手的拇指和食指捏住杯耳，左手端起碟子。

（5）咖啡匙的作用主要是加入牛奶或奶油后，用来轻轻搅动，使牛奶或奶油与咖啡相互融合。饮用咖啡时应把它取出来，不要用咖啡匙去舀咖啡喝；不用的时候，平放在咖啡碟里，不要立在咖啡杯里。

（6）不可一直端着咖啡杯子说个不停，或者端着咖啡满屋跑，如果有事需要绕场处理，则应将杯子放下。

（7）在没有征得别人允许之前，不可为别人斟咖啡、加糖或奶精。

（8）喝咖啡时要适时和交往对象交谈，要注意与环境氛围相协调，要细声细语，不可大声喧哗，更不要和人动手动脚。否则，只能破坏喝咖啡的现场氛围。

（9）喝完咖啡起身离开时，要再次对邀请你喝咖啡和动手做咖啡的人示意感谢。

知识链接

咖啡的种类

1. 拿铁咖啡　是意大利浓缩咖啡与牛奶的经典混合，意大利人也很喜欢把拿铁作为早餐的饮料。

2. 浓缩咖啡　此词出自意大利语“快速”，有“立即为你煮”的意思，因为意大利浓咖啡的制作及送到消费者手里的速度都相当快而得名，微苦浓香。

3. 玛奇朵咖啡 此词有“印记、烙印”的意思，在浓咖啡上加上薄薄一层热奶泡保持咖啡温度，细腻香甜的奶泡可以缓冲浓缩咖啡带来的苦涩冲击。

4. 欧蕾咖啡 欧蕾咖啡可以被看成是欧式的拿铁咖啡，与美式拿铁和意式拿铁都不太相同。欧蕾咖啡的做法也很简单，就是把一杯意大利浓缩咖啡和一大杯热热的牛奶同时倒入一个大杯子，最后在液体表面放两勺打成泡沫的奶油。

5. 卡布奇诺 20世纪初出了卡布奇诺咖啡。卡布奇诺是一种加入以同量的意大利特浓咖啡和蒸汽泡沫牛奶相混合的意大利咖啡。此时咖啡的颜色就象卡布奇诺教会的修士在深褐色的外衣上覆上一条头巾一样，咖啡因此得名。

6. 蓝山咖啡 生产于牙买加蓝山海拔2500尺以上的咖啡豆，是一种微酸、柔顺、带甘、风味细腻的咖啡；纯蓝山咖啡口感、香味较淡，但喝起来却非常香醇精致；具有贵族的品味，乃咖啡中之极品。著名的咖啡都用出产地来描述其特征。

7. 摩卡咖啡 目前以也门所生产的咖啡为最佳，其次为依索比亚的摩卡；摩卡咖啡润滑中带酸、甘性特佳、风味独特，含有巧克力的味道；具有贵妇人的气质，是极具特色的一种纯品咖啡。摩卡咖啡在小巧的杯中显出浓厚的纽约风味。

8. 哥伦比亚咖啡 哥伦比亚咖啡中以Supremo最具特色，其咖啡柔软香醇；带微酸至中酸，其品质及香味稳定，属中度咖啡，因为浓度合宜的缘故，常被应用于高级的混合咖啡中，是用以调配综合咖啡的上品。

9. 白咖啡 起源于马来西亚，采用特等咖啡豆及特级脱脂奶精原料，经特殊工艺加工后得到的咖啡，甘醇芳香不伤肠胃，保留了咖啡原有的色泽和香味，颜色比普通咖啡更清淡柔和，故得名为白咖啡。

10. 爱尔兰咖啡 一种既像酒又像咖啡的咖啡，是由热咖啡、爱尔兰威士忌、奶油、糖混合搅拌而成。

11. 维也纳咖啡 奥地利最著名的咖啡，在温热的咖啡杯底部撒上薄薄一层砂糖或细冰糖，接着向杯中倒入滚烫而且偏浓的黑咖啡，最后在咖啡表面装饰两勺冷的新鲜奶油。

目标检测

答案解析

一、选择题（1～10题为单项选择，11～15题为多项选择）

1. 中餐上菜的顺序一般是先上（　　）

A. 热菜　　B. 冷盘　　C. 汤菜　　D. 甜食

2. 宴会上，为表示对主宾的尊重，主宾的座位应是（　　）

A. 主人的左侧　　B. 主人的右侧　　C. 主人的对面　　D. 面对门的位置

3. 使用餐巾时的正确做法是（　　）

A. 擦嘴角的油渍　　B. 擦拭桌面　　C. 擦拭餐具　　D. 擦拭额头的汗液

4. 西餐大菜正确的食用顺序是（　　）

A. 开胃小菜，汤，海鲜，肉类，冷饮，烘烤食物，餐后甜食

B. 汤，开胃小菜，海鲜，肉类，烘烤食物，冷饮，餐后甜食

C. 开胃小菜，汤，肉类，海鲜，烘烤食物，冷饮，餐后甜食

D. 开胃小菜，汤，肉类，海鲜，冷饮，烘烤食物，餐后甜食

5. 在西餐厅，如果用餐的时候刀叉不小心掉在地上，应该（　　）

A. 弯下腰去捡　　B. 轻唤服务生来处理并更换新的餐具

C. 不管它，用餐结束再说　　D. 用脚踢到一边

6. 西餐中取面包时，应该（　　）

A. 用叉子取　　B. 用刀叉一起取　　C. 用手拿　　D. 用纸巾垫取

7. 如果餐中离座，应该将餐巾放在（　　）

A. 餐桌上　　B. 椅子上，或让它在桌缘边下垂一角

C. 放在椅背上　　D. 自己身上带走

8. 餐后酒是指用餐之后，用以助消化的酒水。最有名的餐后酒，则是有“洋酒之王”美称的（　　）

A. 白兰地　　B. 威士忌　　C. 曼哈顿　　D. 香槟

9. 如果在你的餐巾前有大、中、小、高脚杯四个杯子，应该分别装（　　）

A. 水、红葡萄酒、白葡萄酒、香槟酒　　B. 啤酒、水、红葡萄酒、香槟酒

C. 水、啤酒、白酒、红葡萄酒　　D. 水、红葡萄酒、白酒、香槟酒

10. 关于饮酒的禁忌下列描述错误的是（　　）

A. 碰到需要举杯的场合，不要拿着酒杯边说边喝酒

B. 向别人敬酒时，可以多人敬一人，决不可一人敬多人

C. 在工作前不能饮酒，以免与人谈话时满口酒气

D. 敬酒时可以高声喧哗，以提高敬酒的气氛

11. 拜访中应注意的礼仪问题有（　　）

A. 敲门、进门　　B. 问候、介绍　　C. 谢座、就座　　D. 礼貌交谈

E. 拜访时长

12. 企业派专职司机用轿车接待高级领导、重要商务伙伴时，关于上座的描绘正确的是（　　）

A. 后排左座　　B. 后排右座　　C. 副驾驶座　　D. 后排中座

E. 客人自己选择的座

13. 西方人很重视礼物的包装，在接到馈赠的礼物时最好（　　）

A. 当面开启礼物　　B. 客人走后打开礼物

C. 随时都可以打开　　D. 以上都不对

E. 接到礼物时打开

14. 上下楼梯时，接待人员应该注意客人的安全。下列表述正确的有（　　）

A. 上楼梯时让来宾走在前方　　B. 下楼梯时让来宾走在后方

C. 上下楼时都让来宾走在前方　　D. 上下楼梯时，扶手一侧应让给客人行走

E. 上下楼梯时，扶手一侧应留给接待人员行走

15. 宴请的形式一般包括下面选项中的（　　）

A. 家宴　　B. 宴会　　C. 便宴　　D. 工作餐

E. 自助餐

二、综合问答题

1. 拜访流程分哪几个环节?
2. 乘车讲究座次，在五人座的小轿车中如何安排座次?
3. 宴请要做哪些方面的准备?宴请主要有哪几种形式?
4. 商务活动中如何进行馈赠礼品的选择?

三、案例分析

案例 向勇是一位刚刚应聘到美国某公司的新业务员，今天准备去拜访某公司的王经理。由于事前没有王经理的电话，所以向勇没有进行预约就直接去了王经理的公司。向勇刚进美国某公司还没有公司制服，所以他选择了休闲运动打扮。到达王经理办公室时，刚好王经理正在接电话，就示意让他在沙发上坐下等。向勇便往沙发上一靠，跷起二郎腿，一边吸烟一边悠闲地环视着张经理的办公室。在等待的时间里不时地看表，不时地从沙发上站起来在办公室里走来走去，还随手翻了一下放在茶几上的一些资料。

分析：向勇这次拜访成功的几率高吗?为什么?

四、模拟实训

实训内容：根据下列不同场景，针对不同对象进行拜访和接待，从而强化拜访与接待服务意识，熟知拜访、接待、敬酒、敬茶、用餐、馈赠等酬宾礼仪。

场景一：王威是某公司的业务员，前往某医药公司拜访营销部李经理，由于王威刚刚大学毕业，没有多少拜访的经历，请你教给他一些拜访的礼仪（拜访前的准备、拜访时的言谈举止等）。

场景二：小柳刚参加工作，新公司为他接风，请问他席间应该如何敬酒?模拟演示小柳给公司领导和同事敬酒的行为。

场景三：假如同学小李学术成绩优异获大奖，准备庆贺一番。给你发来请柬：“我将于8月18日12时在锦江酒店6楼牡丹厅安排庆贺宴会，恭请您届时光临!”。请从馈赠礼仪的角度考虑你将如何参与此项庆贺会活动。

实训要求：

1. 学生每8～10人一组，每一小组为单位进行模拟演示。
2. 每小组自设情景，学生扮演不同角色进行演练。
3. 合理分配角色，默契配合，情节安排合理、紧凑，模拟演示熟练、自然。
4. 学生仪容仪表端庄、表情自然，行为举止得体大方，体现出一定的礼仪规范。
5. 模拟演示完毕，小组代表总结发言，教师点评。

书网融合……

知识回顾　微课1　微课2　习题

项目五 商务专题活动礼仪

PPT

学习引导

商务专题活动礼仪在现代商务活动中发挥着十分重要的作用。它不仅能够体现商务人员个人的道德修养和职业素养，更能体现企业文化水平、经营管理境界，展现企业良好形象。因此，商务人员熟悉并掌握商务活动的流程和礼仪，有利于拉近双方的关系，从而推进商务活动开展。

本项目主要介绍商务会务礼仪和商务仪式礼仪的基本知识，旨在提高学习者熟悉特定会务和仪式的基本原则和主要内容，能够有效参与并组织基本的商务专题活动。

学习目标

1. 掌握　不同商务活动内容和礼仪规范。
2. 熟悉　各种商务专题活动的流程和基本原则。
3. 了解　商务专题活动礼仪的形式。

任务一　洽谈和签约礼仪

一、洽谈礼仪

洽谈会，也叫磋商会、谈判会。洽谈是友好的商谈，是指在商务交往中，存在利益关系的各方出于经常接触、建立良好联系、进行密切合作或处理意见争端、消除分歧问题等目的，会进行磋商讨论，以求达成某种程度上的共识，促进了解和合作。

洽谈和谈判相似，都是为了己方的最大化利益所进行的磋商，但谈判的双方往往存在较大的利益分歧，谈判过程显得生硬、严厉、让步的程度小；洽谈一般在友好融洽的气氛中进行对话，过程温和、灵活、以达成共识为主要目的。洽谈是一场知识、信息、心理、修养、口才乃至风度的较量，是洽谈者综合素质的具体展现，在这个过程中，既要讲策略，又要讲礼仪，才有助于洽谈的成功。

（一）商务洽谈的基本原则

1. 客观原则　参加洽谈的人员首先应该秉持客观的原则。从洽谈之初整理材料起就要做到亲力亲为，不能道听途说或是随意听取对方散布的虚假信息，取得真实、准确的资料。在洽谈过程中及最后决策时，应该保持头脑清醒、态度冷静，不意气用事、妄作决定。

2. 预审原则　商务人员应从己方利益出发对洽谈方案认真完善、反复审核、精益求精。之后报请上级主管部门或主管人进行审查、批准。这样可以群策群力、集思广益，让方案更趋完美，减少或避免差错事故发生。

3. 自主原则 商务人员在准备洽谈或洽谈进行时，应充分发挥思维创造性和主观能动性，在合乎规范与惯例的前提下，力争突出自我意识，这样可以调动商务人员的积极性，能够更好的展示自我，又可以争取洽谈中的主动权，为自己争取有利位置。

4. 兼顾原则 在洽谈时，各方人员都应该以为己方谋取利益为目标进行洽谈活动。但出于搭建交流平台、促进长期友好合作的目的，在不损害自身根本利益的前提下，应留有余地，尽可能的为对手着想，主动让步为对方保留一定利益，让各方的要求都得到一定程度的满足，达成共识。有助于推进自己和对方的合作关系，也会在同行中赢得良好的口碑。

（二）洽谈者个人礼仪

洽谈者在洽谈活动中，不仅展示个人素质修养，同时也肩负着为单位塑造良好形象的任务。因此个人礼仪十分重要。

1. 仪容仪表 洽谈人员应按照商务礼仪的要求精心准备，整理好仪容仪表，做到服饰得体、装扮得当，符合传统、规范、简约、高雅的原则。

（1）仪容 发型要整洁，面孔要清爽，手部要干净。男士留短发，洁面剃须；女士头发不宜披散和过于摩登，应选择端庄、正式的盘发或束发；女士应化淡妆、喷淡香水，避免浓妆艳抹和香气袭人。

（2）着装 男士在商务谈判时应当穿深色西装套装（以深蓝色为最佳，灰色或黑色适合大多数商务场合），系简洁花色的领带，搭配白色或素色衬衣，给人以精神抖擞、斗志昂扬的感觉。女士的服装饰品搭配应大方庄重，穿着深色西装套裙搭配白衬衣，着肉色连裤丝袜和黑色半高跟皮鞋是最为正式的穿法，如果是非正式交谈可以稍微随意一点，如连衣裙等。

2. 举止行为 在洽谈中，商务人员待人接物应展现出举止文雅、落落大方、谦逊有礼的态度，避免给人拘谨慌张、自大孤傲、曲意逢迎的印象。

（1）坐、站、走的姿势要规范 谈判者只有坐得端正、站得笔直、走得潇洒，才显得精神饱满、朝气蓬勃。

（2）在握手时，遵循礼节、干脆有力；在自我介绍时，彬彬有礼、先后有序；在交换名片时，双手递接、认真收纳；在引导指示时，仪态自然、正确指引。

（3）遵循女士优先原则 当男士和女士同行的时候，对女士要谦恭礼让。

3. 交谈方式

（1）谈吐规范 洽谈人员的谈吐应轻松自如。双方见面后不宜直奔主题，应先略作寒暄，交谈一些轻松的话题，如旅途经历、季节气候、过往合作等，拉近彼此距离。在洽谈过程中，应注意表述清晰易懂，多使用书面语、避免口语，使用文明礼貌用语，体现自身的职业道德和商业形象。忌使用粗俗污秽、带有攻击性的语言。语气应注意抑扬顿挫、分清轻重缓急，避免声音忽大忽小或大吼大叫。

（2）礼貌问答 在洽谈中，提问的方式应委婉，语气应亲切平和，遣词造句要字斟句酌，避免给人居高临下、咄咄逼人之感，不利于洽谈的开展。

实例分析

实例　中国某医药公司和英国某生物科技公司洽谈一种新技术的共同开发事宜。按照商务礼仪要求，中方提前10分钟到达了会场。英国客人到达后，中方人员全体起立并鼓掌欢迎。双方落座后，只见外方人员男士人人西装革履，女士统一穿着西装套裙。反观中方人员中，只有洽谈负责人和翻译穿着西装，其他与会人员穿着十分随意，并不统一。有的男士穿着牛仔裤、夹克衫，有的女士穿着黑色短裤，带着硕大的装饰耳环。外方人员的脸上露出不快的神情。本应进行一上午的会谈只进行了不到一个小时，外方人员匆匆离去。

问题　1. 对于本次洽谈会，双方人员展示出足够的重视吗？

2. 为什么外方人员匆匆离去？

答案解析

（三）会议地点和座次安排礼仪

1. 地点的确定　根据商务洽谈举行的地点不同，可以分类为主座洽谈、客座洽谈、主客座轮流洽谈以及第三地点洽谈。主座洽谈是指在主办方所在地进行的洽谈；客座洽谈指的是在洽谈对手所在地进行的洽谈；主客座轮流洽谈指的是在洽谈双方所在地轮流进行的洽谈；第三方洽谈指的是在不属于洽谈双方的任何一方的地点进行的洽谈。

2. 座次的安排　根据不同的洽谈形式，洽谈可以分为双边洽谈和多边洽谈，座次礼仪要求如下。

（1）双边洽谈　通常使用椭圆桌或长条桌，双方人员分别就坐于桌子的两边。就坐时遵循“以客为尊、面门为上”。如洽谈桌横放（门与桌的方向平行），则面对正门的一侧为上座，由客人就坐；如洽谈桌竖放（门与桌的方向垂直），则进门右手的一侧为上座，由客人就坐。各方洽谈人员也要注意座次安排。主谈人员就坐己方一侧的正中，按照“右高左低”的原则，副手或翻译坐在主谈人员右侧第一个座位，其他人员以职位高低为序自近而远地分别在主谈人员的两侧就坐（图5－1，图5－2）。

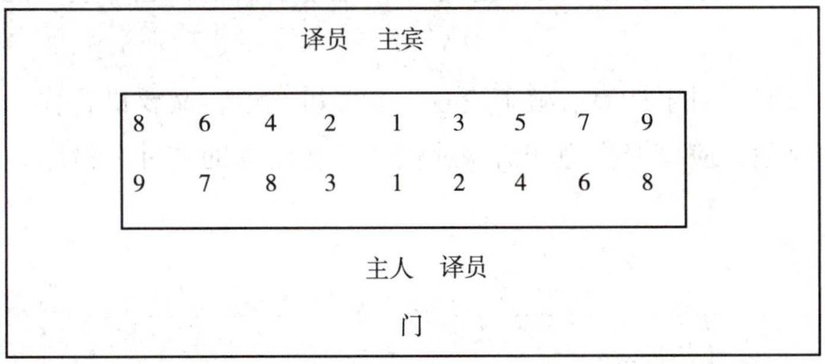

图5－1　洽谈桌座次示意图1

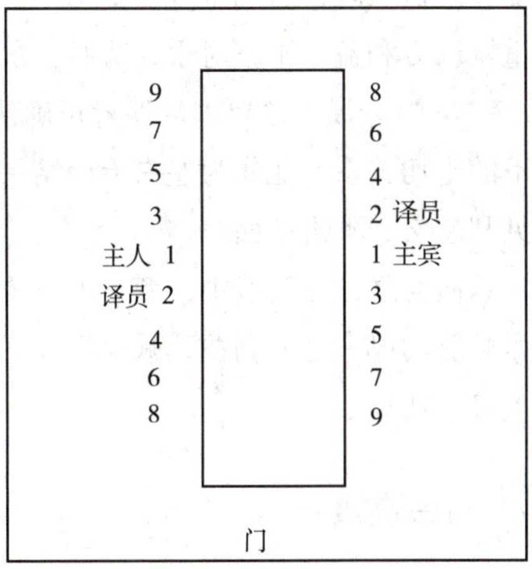

图5－2　洽谈桌座次示意图2

（2）多边洽谈　举行多边洽谈时，按照国际惯例，一般使用圆桌为洽谈桌，这种方法可以淡化尊卑高低的界限，以示友好公平。通常与会的各方人员（除主方人员外）应同时入场，同时就坐，主方人员应在客方人员就坐后再入座。

（四）洽谈中的礼仪

在洽谈过程中，双方人员的精神风貌、心理态度、方式方法都会对洽谈造成重大的影响。因此洽谈人员应树立正确的指导思想，克己待人、以礼待人、尊重对手，规范洽谈行为，主要注意以下六点：

1. 礼敬对手　礼敬对手是要求双方在整个谈判过程中，要排除主客观干扰，一如既往地表示诚意、礼遇对手。礼貌的态度能够在潜移默化中给对方留下十分良好的印象，有利于今后商务交往的开展。如交谈中态度温和、面带微笑、举止有礼，展示翩翩君子之风或婷婷淑女之态，能够消除对手的戒备、漠视、抵触心理，赢得对手的好感和尊重。反之，如态度蛮横、表情冷漠、举止粗鲁，就会在无形中伤害对方，从而大大加强对手的防卫性和攻击性，不利于洽谈活动的顺利开展。

2. 依法办事　洽谈会的目的是为利益而争，利益始终是各方关注的核心，但也要做到以法制为指导，即在洽谈过程中，应自觉树立法治思想，严格按照国家的法律法规办事，确保通过合法的途径获利。完全的法盲作风、心存侥幸心理、为利铤而走险、做事目无法纪都是得不偿失的行为。

3. 平等协商　洽谈实质上是有关利益各方在合理合法的前提下，经过努力从观点各异达成某种共识或观点一致的过程。成功洽谈的前提就是平等协商。要做到这一点，首先要求洽谈各方要树立地位平等的观点，做到互尊互重，不可依仗实力以大欺小、以强欺弱；其次，洽谈各方应通过协商谋求一致，避免出现强制、欺骗的情况；最后要做到以理服人，达成让各方都心悦诚服的协议。

4. 求同存异　洽谈的过程是不断要求和不断妥协的过程。所谓“共同点是基本的，分歧是局部的，可以求同存异。”求同存异就是谋求彼此共同点，同时保留不同意见，这是商务洽谈中经常使用的谋略。在任何一次洽谈中，都无所谓绝对的胜利者和绝对的失败者。在洽谈中，各方都会在己方底线之上互相让步，从中获得利益和维护自身的权益，但只要是出于公平、合理、自愿，则都是可以接受的。

5. 互利互惠　一场商务洽谈的圆满结局应当是：洽谈各方都能利益均沾、互利互惠，实现双赢或多赢的局面。把洽谈作为一个合作的过程，重视与对手的亲密关系，努力寻找双方都能接受的结果，这样能够降低风险，有利于今后更深入的合作。己方利益不应建立在伤损害方利益的基础上，如果过于强调重视己方利益，不顾对手，势必会危及合作关系，并在同行中留下“不能容人”的不良印象。

6. 人事分离　这要求洽谈者正确认识处理己方与对手之间的关系。切记朋友归朋友，生意归生意，私下的密切关系不能作为左右洽谈结果的因素。既不能指望对手能够念及情谊手下留情，也不应责怪对手见利忘义、不讲情面。

总而言之，在洽谈中，商务人员要对人友好、对事严肃、就事论事。既要讲竞争，又要讲合作。为了尽可能的谋求己方利益、减少损失、规避风险，应该严格遵守洽谈礼仪，并在洽谈的方针、策略、技巧上多下功夫。

知识链接

商务谈判技巧

技巧一　回答问题之前，要给自己留有思考的时间，进行认真的思考。“三思而后答”，催问的情况下，也要进行充分思考，避免仓促作答。诚实转告对方你必须进行认真思考，因而需要时间；要求对方把问题再复述一遍，为自己赢得思考时间；通过喝茶，整理文件，拖延回答时间。

技巧二　不要彻底的回答问题，因为有些问题不必回答。许多谈判专家认为，谈判时针对问题的回答并不一定就是最好的回答。回答问题的要诀在于知道该说什么和不该说什么，而不必考虑所答的是否对题。例如，对方问“你们打算购买多少?”如果你考虑先说出订数不利于讲价，那么就可以说“这要根据情况而定，看你们的优惠条件是什么?”。

技巧三　对于不知道的问题不要回答。参加谈判的人并不是全能全知的人。谈判中尽管我们准备得充分，也经常会遇到陌生难解的问题，这时，谈判者切不可为了维护自己的面子强作答复。因为这样不仅有可能损害自己利益，而且对自己的面子也是丝毫无补。谈判者对不懂的问题坦率地告诉对方不能回答，或暂不回答，以避免付出不应付出的代价。

二、签约礼仪

签约仪式是政府、部门、企业之间通过谈判，就政治、军事、经济、科技等某一领域相互关系协议、缔结条约、协定或公约时举行的仪式。它具有正式、庄重、严肃的特点，应遵守严格的程序及礼节规范。

（一）签约前的准备

为了规范签约程序，体现隆重热烈的仪式氛围，签约仪式开始前应注意以下准备工作。

1. 布置签约厅　签约厅布置的总体要求是庄重、整洁、安静。一般说来，可以选择常设专用的签约厅，若没有，则可以临时以会议厅、会客厅等办公场合替代。

标准签约厅的设置应在室内铺满地毯，只放置必备的签约所用桌椅，去除其他陈设。

签约桌为长桌，横放在签约厅内，签约桌后可根据参加人数摆放适量的座椅，使签约人就座时面朝正门。签署双边合同时，提供两张座椅供主客双方签约人员就座；签署多边合同时，可为每位签约人提供一张座椅，或只放置一张座椅，供各方签约人轮流就座。

签约桌桌面上铺设绿色台呢，事先放好待签的合同文本、签约笔等用品。如与涉及到与外商签订合同时，还需在签约人的正前方桌面上竖插放该方国旗。

2. 安排签约座次　签约仪式也叫签字仪式。商务谈判最后的阶段是签字仪式，从礼仪上来讲，举行签字仪式时，一定要郑重其事，认认真真。其中最为引人注目的，当属举行签字仪式时座次的排列方式问题。在正式签订文本前，由主办方负责在先期排定。

签字仪式座次的排列方式一般有三种：

一是并列式，是举行双边签字仪式时最常见的形式。它的基本做法是：签字桌在室内面门横放。双方出席仪式的全体人员在签字桌之后并排排列，双方签字人员居中面门而坐，客方居右，主方居左。

二是相对式，与并列式签字仪式的排座基本相同。二者之间的主要差别，只是相对式排座将双边参加签字仪式的随员席移至签字人的对面。

三是主席式，主要适用于多边签字仪式。其操作特点是：签字桌仍需在室内横放，签字席仍需设在桌后面对正门，但只设一个，并且不固定其就座者。举行仪式时，所有各方人员，包括签字人在内，皆应背对正门、面向签字席就座。签字时，各方签字人应以规定的先后顺序依次走上签字席就座签字，然后即应退回原处就座。

（1）签署双边合同文本时　主办方就座于签约桌后左侧，客方就座于签约桌后右侧。双方的助签人分别站立于各自一方签约人的外侧，便于随时为签约人提供服务。双方的陪签人人数应相近，可以按照职位高低，于己方助签人身后依次排列成行站立（自中间向两边，主方自右向左，客方自左向右）。

人数较多时，依照“前高后低”的惯例，遵照以上顺序排列成两行或多行。

（2）签署多边合同文本时　通常仅设一张签约椅，各方签约人依照事前约定的先后顺序，依次轮流上前签约。助签人应与签约人一起行动，并遵照“右高左低”的原则，站立于签约人左侧。其他各方随同人员按照一定序列面对签约桌站立或就座。

签约现场布置如图 5－3、5－4 所示。

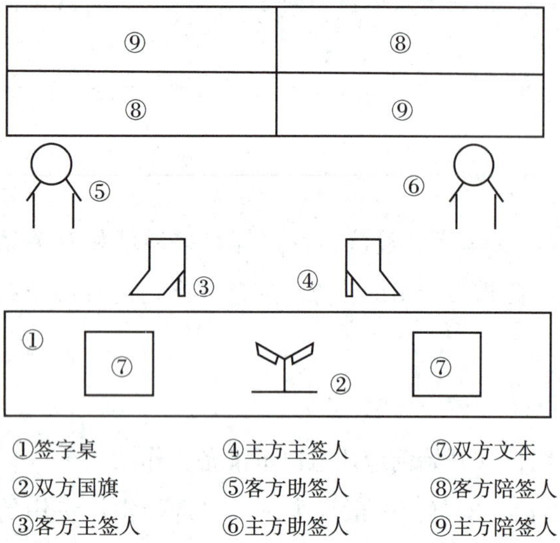

图 5－3　签约现场布置图 1

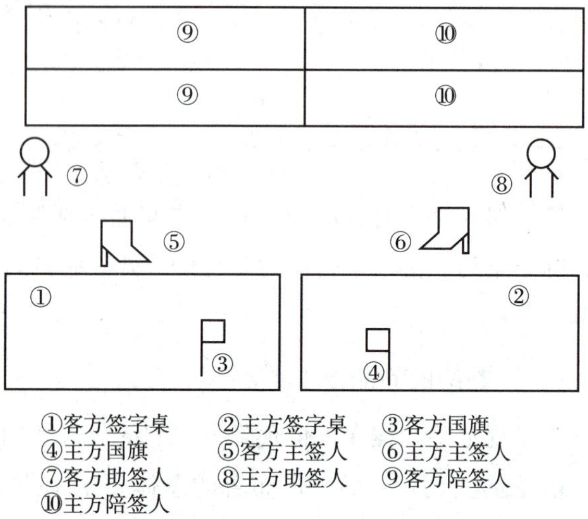

图 5－4　签约现场布置图 2

3. 准备签约文本　在签约仪式正式举行之前，由主办方会同各方指定专人共同参与负责合约的拟定、校对、定稿、印刷和装订工作，并准备好待签合约的正式文本。应注意核对商议条件与文本是否完全一致，最终文本一般不做任何更改。如果涉及到涉外签约活动时，正式文本的语言应该使用各方法定的官方语言或是国际通行的英文。用语需字斟句酌、反复推敲。在签约时，应为在文本上签约的各方均准备一份待签正式文本。必要时，还可向各方提供一份副本。

4. 规范签约人员的服装　按照惯例，参与签约仪式的各方人员均应着正装出席活动，以示重视和正式。男士可穿着深色西装套装、中山装套装等，系单色领带。女士可以身着西装套裙、具有礼服性质的连衣裙等。礼仪人员、接待人员可以穿着工作制服，或者是旗袍一类的礼仪性服装。

（二）签约仪式的流程

签约仪式的过程用时不长，但应做到程序规范、秩序井然、态度严肃、气氛热烈。

1. 签约仪式正式开始　各方人员有序进入签约厅，在既定座位上就坐。

2. 签约人正式签署文本　各方签约人在签署正式文本时，首先在自己保管的文本上签约，然后在交由其他方签约人签约，使得签约人在己方保留的文本上，签名排列首位。这种签名方式在商务礼仪上被称为“轮换制”。采取这一做法，体现了各方地位平等、机会均等的意义。

3. 签约人交换文本签署　签署双边合同文本时，各方签约人签署完自己保留的文本后，由助签人协助交换文本签署。

4. 饮酒祝贺　签约完毕之后，各方应起立握手，为正式达成合作互致祝贺。为表示庆祝，各方签约人当场饮用庆功香槟酒，并交换签约时使用的笔，以表纪念之意。

值得注意的是，签约仪式结束后，应将签约文本提交有关机构进行公证之后，合约才会正式生效。

即学即练

答案解析

某医药公司欲联合其他医药公司研发抗癌新药，前期已接洽完毕，即将付诸实施。此时应该开展哪一种商务活动？

A. 庆典仪式 B. 签约仪式 C. 剪彩仪式 D. 座谈会仪式

任务二 庆典和剪彩礼仪

一、庆典礼仪

庆典，是各种庆祝仪式的统称。通常，庆祝单位为了塑造形象、展现实力、扩大影响力，会举办以庆祝为中心意义的庆典仪式。整个仪式要体现出热烈、欢庆、喜悦的气氛。

（一）庆典仪式分类

1. 单位成立周年庆 某单位成立五周年、十周年或者它们的倍数时，可以举行周年庆典。

2. 单位获得某项荣誉的庆典 当单位本身获得了某项荣誉称号、单位的代表性产品在国际国内获得重大奖项后，会举行庆典仪式。

3. 单位取得重大业绩的庆典 单位在业绩上取得重大突破性成功后，如自助研发产品生产下线、销售营业额突破历史记录、千日无安全事故等，均可以举办庆典仪式，以示纪念。

4. 单位赢得显著发展的庆典 单位上市、兼并其他公司、连锁店不断开业时，可以举办庆典仪式，以示庆祝。

（二）组织筹备庆典仪式

在庆典仪式举行前，须进行精心细致周密的筹备工作，保证面面俱到、万无一失。总的原则如下：一是体现出庆典的特色和意义；二是安排好庆典的环节内容。尽力将欢快隆重的氛围灌注于各个具体程序之中。

1. 确定出席人员名单 庆典的出席人员应是与举办单位有密切联系或长期往来的群体。

（1）上级领导 包括地方党政领导、上级主管部门领导，都对单位发展给予过关心、指导和支持，为表示感谢之意，邀请其参加庆典。

（2）社会名流 在公共关系学中，有“名人效益”的原理，它指的是社会各界的名人对于普通民众具有极大的吸引力，邀请其参加庆典可以扩大影响力、提高知名度。

（3）大众传媒 在当下，无论是报纸、杂志等传统媒体，还是微信、微博等新兴媒体，对于信息飞速传播都有着非常重要的作用。与其合作，邀请它们参加庆典能够借助平台让更多的人了解本单位的成就，有助于加深社会对本单位的认识和赞同。

（4）合作伙伴 在商务活动中，合作伙伴之间交往密切、休戚相关、一荣俱荣。邀请他们参加庆典，可以更加拉近彼此距离，共同分享成功喜悦。

（5）社区关系 社区关系是指与本单位共处于一个区域、对本单位具有种种制约作用的社会实体。如，单位所在地周围的居民委员会、街道办事处、医院、学校、商店等。邀请其参加庆典，便于对方进一步认识了解，可以给予工作上更多的便利。

（6）单位员工　员工是单位的主人翁，是取得每一项发展成就、荣誉辉煌的“尖兵”。他们在工作中兢兢业业、不断进取。邀请其参加庆典活动，能够让他们油然而生强烈的集体自豪感，为单位全心奉献。

庆典的出席人员确定之后，应尽早发出书面邀请或采用电话等方式通知。

2. 精心布置仪式现场　对于举行庆典仪式的活动现场，往往需要精心布置安排，给全体出席人员留下深刻印象。

（1）选择地点　选择举行庆典仪式的地点并非越大越有排场，而应与庆典的规模、出席者的人数相对应。可以选择单位的内部场所，如礼堂、会议厅，或者选择附近人流量多、影响力较大的广场，但要注意维持秩序、控制噪音。

（2）美化环境　环境的布置要契合隆重、喜庆、热烈的氛围，着力美化现场环境。应排布大型海报或悬挂横幅说明庆典的具体内容，还可悬挂彩灯、彩带、气球烘托气氛。

（3）准备设备　仪式举办前就应调试好传声设备，做到麦克风无啸叫、音响音量适中。提前准备好欢快喜庆的乐曲，在仪式过程中穿插播放，渲染气氛。

（三）参与庆典仪式人员的礼仪规范

举办庆典时，各方人员都应该注重礼仪细节，体现良好素质。特别是主办方人员，更应该严格遵照礼仪规范接人待物，为单位形象起到正面宣传的作用。

1. 注重仪表装扮　与会人员应认真装扮。主办方人员宜穿着统一样式的制服，若没有则应穿着礼仪性服饰。男士着西装正装、白色衬衫、黑色皮鞋、素色领带。女士穿西装套裙，搭配肉色丝袜、黑色高跟鞋，或是颜色淡雅样式简洁的连衣裙。男士应剃须理发，女士应盘发淡妆。

2. 端正言谈举止　在接待来宾时，应积极热情主动，以友善的心态回答来宾提出的问题，解决他们的难题，不卑不亢，应对自如。行为举止端庄、得体、大方，在握手、递送名片、引导行进等礼仪中，均应该采用规范姿态，展现良好的精神风貌。

（四）庆典仪式程序

安排庆典程序仪式过程时应考虑两个决定性问题：一是仪式举行的时间不宜过长，一般控制在 1 小时以内；二是程序不宜繁复琐碎，内容宜少不宜多。

1. 宣布庆典仪式开始　由主持人宣布仪式开始，全体起立、奏唱国歌，主持人介绍嘉宾。

2. 各方负责人致辞　首先是本单位主要负责人致辞，介绍本次庆典的举办缘由，点明庆祝目的，对来宾光临表示感谢。其次依照上级领导、协作单位、社区关系单位的顺序邀请嘉宾上台讲话。贺信贺电不必一一宣读，但对署名单位或个人进行公布。

3. 邀请来宾参观　应安排嘉宾参观本单位的标志性建筑、庆典展览或具有纪念价值的场所等，增加来宾对本单位的良好印象。

二、剪彩礼仪

剪彩仪式是为了庆祝公司成立、周年庆典、工程开工、项目落成、道路开通等而举行的隆重的礼仪性程序。通常与开业仪式密不可分，是贯穿于开业仪式中一项十分重要、不可缺少的程序。剪彩礼仪就是要遵守剪彩仪式的惯例和规则。

（一）剪彩仪式的准备

1. 布置剪彩场地 剪彩仪式通常可以选择开阔的广场，或是公司正门内宽敞的大厅作为举行的场地。应注重环境布置，悬挂背景横幅、铺设红地毯、摆放绿色植物来营造喜庆而热烈的氛围。应事先调试好灯光、音响，烘托气氛。在准备过程中，做到认真细致、精益求精、力求完美。

2. 准备剪彩用品 在剪彩仪式中，必须要用到的物品主要有：红色缎带、簇新剪刀、白色薄纱手套、托盘等。

（1）红色缎带 即是剪彩仪式中的“彩”，选用整匹长条形红色绸缎于中间扎成数朵花球而成。在时下的流行做法也有用印有单位名称的长条缎带来代替。花球的具体数目和剪彩者的人数有关。一种是花球数目比剪彩者人数多一个，这样可以让每位剪彩者左右两旁都有花球，显得平等正式；一种是花球数目比剪彩者人数少一个。

（2）簇新剪刀 剪刀根据剪彩者人数而定，每人一把，专供剪彩者剪彩时使用，应准备崭新、锋利的剪刀。在剪彩时，剪彩者左右执缎带，右手拿剪刀，一刀剪下，一举成功。仪式完毕之后，可以将剪刀作为纪念品赠送给剪彩者。

（3）白色薄纱手套 为显示对剪彩仪式的重视，剪彩者可以每人戴上一双薄纱手套。主办方在准备时，要注意手套应配对、数量充足、洁白干净、大小适中。

（4）托盘 托盘用于盛放红色缎带、剪刀、白色薄纱手套，应注重崭新、清洁。通常的做法是选用圆形不锈钢托盘，在上面铺设红色丝绒布料或者红色绸布。托盘的数目和剪彩者人数一致，一个托盘对应提供相应物品给某一位剪彩者。

3. 确定剪彩人员 在剪彩仪式中，剪彩人员由剪彩者和助剪者组成。

在仪式举行之前，要提前确定剪彩者，并告知对方做好准备。可以选择上级领导、合作伙伴、社会名流、客户代表等作为剪彩者，剪彩者一般不应多于五人。事先应进行演练或彩排，使得剪彩者明确自己的职责、知道应做的事情、明白所站的位置，以确保剪彩仪式的顺利进行。邀请德高望重的剪彩者会提升剪彩仪式的档次。尤其要注意剪彩者的位次排列，应依照“中间高于两边，右侧高于左侧”的国际惯例。剪彩者中地位最高的人应站在正中间，距其越远者，位次越低。

助剪者是协助剪彩者顺利完成剪彩仪式的人员，一般多由主办方的女职员担任，也可以聘请专业的礼仪小姐承担此项任务。基本要求是：气质高雅、身材修长、面容姣好、反应机敏、言谈得体。

（二）参与剪彩仪式人员的礼仪规范

1. 剪彩者 剪彩者应塑造稳健干练的形象，精神热情饱满，穿着整洁庄重。男士或女士均应穿着正装出席，不宜带帽、佩戴墨镜、身着便装。

2. 礼仪人员 礼仪人员穿着宜大方得体，身着色彩统一、面料高档的单色旗袍或深色套裙，搭配肉色连裤丝袜、黑色高跟皮鞋，盘头束发，塑造典雅姿态。

（三）剪彩仪式的程序

剪彩仪式可以作为开业仪式中的一项重要程序开展，也可以单独独立出来。通常独立举办的剪彩仪式包含以下基本程序。

1. 邀请来宾就位 在剪彩仪式上，通常会为剪彩者、各级领导、嘉宾、单位负责人安排座位。在仪式开始前，应由礼仪人员引导来宾在事先安排的座位上就座，剪彩者一般就座于前排，便于活动有序进行。

2. 宣布仪式开始 由主持人宣布仪式开始，现场可燃放鞭炮、演奏音乐烘托气氛，全体到场者应热烈鼓掌。此后，主持人介绍到场重要来宾。

3. 奏唱国歌 全体人员起立，奏唱国歌。

4. 致辞讲话 由各方代表进行发言，顺序依次是：东道主单位的负责人、上级主管部门代表、地方政府代表、友好合作单位代表。发言内容重在介绍、道谢和致贺，内容应言简意赅，每人时长不超过三分钟。

5. 正式剪彩 助剪者排成一行持花球缎带，统一由舞台右侧或两边登台。助剪者两两之间留足距离，以便剪彩者就位。剪彩者在主持人的介绍下依次上台，应步伐稳重、落落大方、面带微笑。剪彩者在台上站定后，应左手持绸带，右手持剪刀，在主持人的倒数指挥之下将绸带一刀剪断。此时须注意花球应准确无误地落在托盘之中。剪彩者随即放下剪刀，与其他剪彩者一起鼓掌致意，握手致贺，在助剪者的引导下依次从舞台右侧下台，回原位就座。最后，助剪者依次退场。

6. 仪式结束 剪彩之后，主办方应安排陪同来宾进行参观，并介绍单位有关情况。同时可以向来宾赠送有纪念意义的纪念品。

总的来说，剪彩仪式宜紧凑、忌拖沓。在仪式进行时，既要体现现场气氛的隆重、热烈，又要注重程序衔接、秩序井然。

即学即练

答案解析

庆典仪式在什么情况下举行？（多选）

A. 单位成立周年庆　　B. 单位获得某项荣誉的庆典

C. 单位取得重大业绩的庆典　　D. 单位赢得显著发展的庆典

任务三　展览会和座谈会礼仪

一、展览会礼仪

（一）展览会的含义

展览又称展示会，简称为展览、展示，是指有关方面为了介绍本单位的业绩，展示成果，推销产品、技术或专利，以集中陈列实物、模型、文字、图表、影像等资料的方式，供人参观了解的一种宣传性聚会。它是现代社会传达和交流信息的重要手段，是一种常规性的公共关系活动。

展览会礼仪就是单位在组织、参加展览会时应遵守的礼仪和规范。

（二）展览会的分类

根据不同的分类方法，可以将展览会分为不同类型。

1. 根据内容分类 展览分为综合展览和专业展览两类。综合展览指包括全行业或数个行业的展览会，也被称作横向型展览会，如工业展、轻工业展。专业展览指展示某一行业甚至某一项产品的展览会，如钟表展。专业展览会的突出特征之一是常常同时举办讨论会、报告会，用以介绍新产品、新技术。

2. 根据目的分类 分为宣传型展览和销售型展览。宣传型展览会目的是向外界宣传，介绍参展单位的历史、理念、成就与实力，多以陈列会的方式开展。销售型展览会是为了通过展示参展单位的产品、技术和专利，用以促进生产和销售，多以展销会、交易会形式开展。

（三）展览会的特点

1. 传播方式直观形象 展览会通常以展出实物为主，并进行现场示范表演，具有直观、形象、生动的优势。例如在白酒博览会上，商家大多会展出成品白酒，甚至会邀请观众品尝，容易给参观者留下深刻印象。

2. 现场沟通迅速有效 展览会为商家和公众提供了面对面的沟通条件，通常参展单位都会派人负责解答参观者的问题，并就他们感兴趣的问题充分讨论，这样能增进公众对商家的了解，参展单位也可以根据公众反馈及时调整工作。

3. 各种媒体综合运用 在展览会上一般都会同时运用到多种媒介进行交叉混合传播，以期达到最佳的宣传效果。如声音媒介，有讲解交谈和现场广播等；如文字媒介，有印刷的宣传手册、资料等；如图像媒介，有各种照片、视频影像等；此外还有有网络媒介。

（四）展览会的组织

从组织形式来看，展览会可以由参展单位自行组织，宣传本单位的产品和成果，更多的是由专业公司、行业、政府出面组织的邀请有关商界单位参加的专业性和综合性展览。

1. 明确展览主题 展会前首先要确定好展览主题。组织者可进行市场调研，分析参展商的基本情况、参展目的，对展览会项目、服务、价格意见和要求，明确会展目标，打造与众不同的主题，激发参展单位参展兴趣，力求办成具有特色、号召力与吸引力的展览会。

2. 制定展览方案 提前制定展览方案，进行整体规划、全面设计，对确定展览场地、明确标语口号、设置服务部门、做好人员安排等都要进行周密安排。

3. 确定参展单位 对于参加展会的单位，主办方要依据展会主题和要求进行必要的资格审查和筛选，符合条件的，主办单位再发出正式邀请和进行召集，将展览会的相关情况告知对方，以便参展单位进行参展提前准备。

4. 布置展览现场 在确定好展览时间后，主办方应到工商、消防、安保各部门办理报批和备案，取得场馆使用的合法手续。对展览场馆的规划要围绕既定主题，也要兼顾参展单位需求，注重场地的合理划分与搭配，使之井然有序，方便参展商和观众有效率的参展和参观。

5. 做好宣传工作 为了扩大展览会的对外影响，主办方可以采取召开新闻发布会的方式，邀请媒体到场，提前造势宣传；也可以在现场举办展览会开幕式，宣传展览内容，吸引观众；在展会中也可以配合参展单位，邀请新闻媒体对展览活动进行现场报道。

6. 做好安全保卫 为了展会活动的有序进行，通常都会安排一定数量的专业安保人员进行会场保卫、人群疏导、安全巡逻等工作。主办方还应在展会入口或门票上，将参观的具体注意事项成文列出。必要时要对组织方的工作人员进行防盗、防火、防水等安全意识的培训，确保展览会顺利进行。

（五）展览会接待礼仪

参展商在展览会上能够取得预期效果，除了展示物的美观创新之外，与观众直接沟通的展位接待人员的整体素质也显得尤为重要，特别要注重礼仪的运用。

1. 装扮得体 站位接待人员一般统一着装，可身穿正式的西装、套裙，也可穿着本单位的制服，专门的礼仪小姐也可以穿着旗袍等礼仪性服装。同时要佩戴标明本人单位、职务、姓名的胸卡。按照礼仪惯例，接待人员不宜佩戴首饰，男士应剃须理发、仪表整洁，女士应略施粉黛、淡妆示人。

2. 待人有礼 展位工作人员应将礼貌待人贯穿落实在整个接待活动中。展览正式开始，接待人员应立即就位，站立迎宾，用微笑对待每一位经过展位的观众，主动招呼：“您好，欢迎参观！”“请您参观”等。当观众进行参观时，可随行其后，耐心介绍、主动服务、分发材料。当观众离去时，要真诚地欠身行礼，并道以：“谢谢光临，再见！”等礼貌用语。在任何情况下，工作人员都不得对观众置之不理、讥讽嘲弄，即使对于个别不遵守展览会规则的观众，仍需以礼相劝。

3. 善用技巧 展位的接待人员应学习展会的专业知识，全面了解展览产品的情况、竞争对手的信息以及重要客户的情况，明确参展目的和期望，有利于和客户进行顺利有效的沟通。在和客户沟通时，应专注而有意识地注意倾听，发现观众的兴趣和爱好，因人而异运用解说技巧，有针对性地向客户介绍展品，或是安排观看与展品相关的资料，必要时还可以为其现场示范或邀请客户进行体验活动，加深其对本单位及展品的良好印象。

知识链接

中国国际进口博览会

中国国际进口博览会（China International Import Expo，简称 CIIE 或进博会），由中华人民共和国商务部、上海市人民政府主办，是世界上第一个以进口为主题的大型国家级展会，旨在坚定支持贸易自由化和经济全球化、主动向世界开放市场。举办中国国际进口博览会是中国政府坚定支持贸易自由化和经济全球化、主动向世界开放市场的重大举措，有利于促进世界各国加强经贸交流合作，促进全球贸易和世界经济增长，推动开放型世界经济发展。首届于 2018 年 11 月 5 日在国家会展中心（上海）举行。

第三届中国国际进口博览会（2020 年）包括展会和论坛两个部分。展会即国家贸易投资综合展（简称国家展）和企业商业展（简称企业展），论坛即虹桥国际经贸论坛。国家展共有 82 个国家、3 个国际组织设立 71 个展台，展览面积约 3 万平方米。各参展国将展示国家形象、经贸发展成就和特色优势产品。作为东道主，中国设立了中国馆，包括港澳台展区。以“创新、协调、绿色、开放、共享”的新发展理念为主线，将展示中国改革开放的巨大成就，以及中国发展、共建“一带一路”给世界带来的新机遇。企业展分 7 个展区、展览面积 27 万平方米，来自 130 多个国家的 3000 多家企业签约参展。

答案解析

即学即练

展览会举办的前期工作中，最先要确定的一项工作是？

A. 展会主题　B. 制定方案　C. 确定参加人员　D. 做好宣传

二、座谈会礼仪

座谈会是邀请有关人员就某一个或某些问题召开的会议。座谈会的形式主要是收集人员对问题的反映或发表的看法。应注意以下礼仪。

（一）座谈会前准备

座谈会通常要求与会者发言讨论，因此会议通知应及时发送，至少在开会前一天要通知与会者，使其早作准备。会议通知上应注明召开座谈会的具体时间、详细地点、座谈内容、主办单位等信息。如以电话通知的方式告知与会者，应通知到本人，以示郑重，一般不通过他人带转。

（二）座谈会礼仪

1. 会前礼仪　座谈会的目的是为了进行交流讨论，因而通常是主持人和与会者一起围圈而坐，营造一种平等发言的氛围。如与会者彼此不熟悉，会容易拘谨导致会议冷场，主持人应在会前一一进行介绍，或引导他们做自我介绍，融洽会议气氛，建立彼此之间的信任感，调动发言情绪。

2. 会中礼仪　主持人应首先讲明本次座谈会的主题以及会议目标，以便与会者进一步明确自己与本次会议的关联，对发言内容进行修正。

在会议中，主持人起到的是关键的引导作用，应具备互动亲和的能力，让与会者合作参与；具备会议过程控制能力，语速适中，控制与会者的谈话脉络，避免跑题、延时，将每个成员的发言时间控制在合理范围内，既充分表达，又不显啰嗦；具备提问和倾听的能力，运用提问技巧挖掘问题本质，倾听与会者的真实表达，更好的理解他们真正的意见和态度。

对于与会者来说，也应该遵守座谈会的礼仪，即：要提前做好参会准备、准时到达会场、积极热情发言、耐心认真倾听。

3. 会后礼仪　座谈会结束时，主持者应总结归纳与会者的发言内容，并对大家发言提供的有效信息、认真态度表示肯定和赞善，表明本次会议中大家的意见建议对某项工作起了积极的作用。最后向大家再次表示感谢。

实例分析

实例　某大型医药公司与地方政府经过长期磋商，拟定签订战略合作协议。在正式签署协议的那一天，出席会议的有多位政府各部门官员、医药公司董事长、总经理和友好单位的负责人等近百位嘉宾。按照常规，应该按礼宾次序名单安排好每位嘉宾的合影位置，可会务负责人员嫌事务繁琐，只把地方主要领导、公司董事长等安排在第一排，对其他嘉宾任其自便了。合影时，整个会场显得十分混乱。

问题　一场好好的签约仪式为什么显得十分混乱？

答案解析

目标检测

答案解析

一、选择题（1～5 题为单项选择，6～10 题为多项选择）

1. 在商务交往中，存在利益关系的各方处理意见争端、消除分歧进行的磋商讨论活动是（　　）

　A. 洽谈会　　B. 展览会　　C. 发布会　　D. 座谈会

2. 介绍单位业绩、展示成果、推销产品宜选用（　　）

　A. 洽谈会　　B. 展览会　　C. 发布会　　D. 座谈会

3. 在洽谈中，应避免给人的言谈感觉是（　　）

A. 提问委婉　　B. 语气亲切　　C. 字斟句酌　　D. 咄咄逼人

4. 下列不属于展览会的特点的是（　　）

A. 传播方式直观形象　　B. 精心布置仪式现场

C. 现场沟通迅速有效　　D. 各种媒体综合应用

5. 签约仪式包括以下方面：①饮酒祝贺；②签约人交换文本签署；③签约人正式签署文本；④签约仪式开始，正确的流程是（　　）

A. ④③②①　　B. ①③②④　　C. ①②③④　　D. ①④③②

6. 座次安排应遵守的基本原则有（　　）

A. 以客为尊　　B. 面门为上　　C. 右高左低　　D. 左高右低

7. 商务洽谈的基本原则有（　　）

A. 客观原则　　B. 预审原则　　C. 自主原则　　D. 兼顾原则

8. 关于庆典仪式程序，以下说法正确的是（　　）

A. 仪式举行最好控制在1小时内　　B. 程序不宜繁琐

C. 如果嘉宾过多，完全可以不用介绍　　D. 贺信贺电应该一一宣读

9. 在剪彩仪式中，必备的物品有（　　）

A. 红色缎带　　B. 崭新剪刀　　C. 白色手套　　D. 托盘

10. 关于座谈会礼仪的叙述中，错误的是（　　）

A. 可以临时通知　　B. 主持人不必介绍与会者

C. 主持人只需要在开场说几句话　　D. 开完即散场

二、综合问答题

1. 在洽谈会中安排座次的要点是?

2. 商务人员在展览会接待中应具备的接待礼仪有哪些?

3. 说出剪彩仪式的程序。

三、案例解析

案例1　特殊的剪彩者

某大商场开业，剪彩者既不是领导人，也不是社会名流，而是几位商业劳模。特殊身份的剪彩者，引起了省内外媒体的广泛报道，一时传为佳话。这是一次高水平的策划。剪彩者的选定既要遵循一般规律，又要敢于创新。只有创新才能引起社会各界的关注，提高知名度。

分析：1. 剪彩者的选定应该遵循什么原则?

2. 剪彩者人数是不是越多越好?

案例2　某分公司要举办一次重要会议，请了总公司总经理和董事会的部分董事，并邀请当地政府委员和同行业知名人士出席。由于出席的重要人物多，领导决定用椭圆桌来布置合议桌。公司领导们坐在椭圆桌面门的一方。其他参加会议者都坐在对面。在会议的当天开会时，贵宾们都进入了会场，按安排好的座签找到了自己的座位就座．当会议正式开始时．坐在横头桌子上的分公司领导宣布会议开始，这时发现会议气氛有些不对劲，有贵宾相互低语后借口有事站起来要走，分公司的领导人不知道发生什么事或出了什么差措，非常尴尬。

分析：1. 为什么贵宾们要离开？

2. 该分公司在座次的安排上有什么不妥？

四、模拟实训

实训内容：明确商务人员在展览会礼仪规范、程序要求

1. 某健康科技有限公司应邀参加中国国际医药博览会，并准备在展览会上组织产品展出。假设你作为该公司的销售总监，请根据以上背景，模拟一次展览会的情景。

（1）说出该公司销售总监组织产品展览会的设想。

（2）模拟该次展览会展台不同接待人员的接待过程（注意礼仪规范的运用）。

2. 中秋快到了，师生欢聚一堂共庆中秋，召开中秋座谈会。

（1）做好会场布置、会议程序和座位安排。

（2）选定座谈会主持人，主持人恰当引导、参会人踊跃发言。

实训要求：

1. 老师提出实训要求并指导内容重点。
2. 学生分 6 ~ 8 人一组，课后准备，课堂实训。
3. 学生代表先阐述本组实训过程，再分角色进行情景模拟。
4. 师生共同观摩、点评。

书网融合……

知识回顾　　微课　　习题

项目六 商务职场礼仪

PPT

学习引导

西班牙女王伊丽莎白曾说过："礼节及礼貌是一封通向四方的推荐信"，确实如此。在我们求职应聘、职场办公时，非常有必要遵从一定的惯例与技巧等相应的礼仪规范。所以，学习掌握职场应聘礼仪和办公礼仪，做好充分的礼仪准备，才可能在职场中如鱼得水、无往不利。

本项目将按照时间顺序分别介绍求职前的准备礼仪、求职中的面试礼仪以及求职应聘相关的后续礼仪及职场办公礼仪等，旨在帮助学习者提升个人气质和修养，规范职业礼仪，把握就业机会，提高就业质量。

学习目标

1. 掌握　求职准备礼仪；求职面试礼仪；办公室基本礼仪。
2. 熟悉　求职应聘的后续礼仪；办公室文书礼仪。
3. 了解　相关会议礼仪，自觉提高礼仪修养。

任务一　职场应聘礼仪

美国职业学家罗尔斯曾说："求职成功是一门高深的学问。"职场应聘礼仪是求职者整体素质的一个重要表现，与能否实现求职者的意愿、能否被理想单位录用休戚相关。因此，求职者不仅应注意内在才识的修炼提升，更要注意在外在形象、行为举止、见面、应答和告别全过程的礼仪与礼貌。唯有如此，方能在激烈的市场竞争中战胜对手，赢得一席之地。

一般而言，求职应聘要讲究三个阶段的礼节，即应聘前、应聘过程中和应聘后。很多人在求职过程中都只注重了应聘过程中的礼仪，而忽略了应聘前的准备礼仪和应聘后的善后礼仪。其实无论是应聘前还是应聘后，每个环节的礼仪都不应该被忽视。

一、求职应聘准备礼仪

"凡事预则立，不预则废"机会总是青睐有准备的人。求职前的每项准备工作都应该得到求职者的高度重视，心理学家奥里·欧文斯说："大多数人录用的是他们喜欢的人，而不是最能干的人。"如何成为招聘人员喜欢的人，事前不下功夫，临时抱佛脚的成功几率将会非常渺茫。

（一）求职认识准备

1. 了解市场就业信息 就业信息一般包括国家政治经济状况、行业的发展情况、部门对就业者素质要求、求职单位的形象、历史及发展前景、单位近期的主要产品或经营项目等。了解的途径可以是新闻报道、互联网、杂志文章和各种书籍资料，也可以亲自到人才市场了解情况。另外，求职者可以打电话到拟应聘单位，从员工接听电话的态度来判断该单位的管理水平及实力，因为一个单位的整体形象就是靠每个员工的一言一行塑造出来的。

2. 研究面试题目 求职者应对面试官可能提出的问题有所准备。以下考题值得求职者思考：①你的长期和短期目标是什么？你何时、因何种理由树立起这些目标？你准备如何实现它们？②为什么选择来本公司应聘？③为什么辞去前一份工作？④过去的工作经历如何？⑤喜欢这份工作的哪一点？⑥在你的一生当中，你想做的最重要的事情是什么？⑦什么事情或东西将激发出你最大的热情？⑧你认为你的强项和弱点是什么？⑨为了你以后的职业生涯，在大学期间你都做了哪些准备工作？⑩我们为什么要雇用你呢？⑪你哪方面的资历将有助于你取得职业方面的成功？⑫你是怎样判断或评估成功的？⑬你认为业界的发展如何？⑭你认为你将以何种方式为我们公司做贡献？⑮谈谈人际关系生活经验。⑯谈谈在工作中接受挫败的经验。⑰工作类型和收入中的哪一个对你来说比较重要？⑱你希望的待遇是多少？⑲你希望5年后的收入达到多少？⑳你何时可以上班？

以上这些考题往往是要求应聘者作出正面回答，而也有一些问题考官并非想得到“正确”答案，而是借此考察应聘者是否能够创造性地思考问题，例如微软面试的经典考题：为什么下水道的盖子是圆形的？请估计北京有多少加油站？两条不规则的绳子，每条绳子的燃烧时间为1小时，如何在45分钟内烧完两条绳子？

3. 选择求职方式 求职有多种方式，一般来说，人们普遍采用的求职方式是借助职业中介机构参加招聘洽谈会，到各地教委主管大学生毕业分配的部门和学校的就业指导办公室咨询，刊登求职广告，亲自上门毛遂自荐，打求职电话，上网求职，根据对口专业报纸、杂志上的招聘广告发放求职资料，集体应聘等。

（二）求职心理准备

1. 具备良好的心态 求职者一旦具备了良好心态，就会在面试时精神饱满、意气风发，充满自信，讲起话来语意肯定、语气恳切，言辞得当，能极大的促进成功应聘。

（1）积极进取的心态 积极进取的求职者总是把每个面试机会看成是千载难逢的好机遇，在面试前认真做准备、打电话、查资料、去摸底，对每一个可能要问的问题都仔细思考一番，在面试时就可有正常或超常的发挥。

（2）输得起的心态 “输得起”是一种正常看待成败的心态，输赢并不重要，我们更应该重新站起来，为下一次面试做准备。

（3）双向选择的心态 现代企业招聘其实就是供需双方的双向选择。对应聘者而言，面试既是接受用人单位考察的过程，也是观察用人单位面试人员素质和单位实力的过程，因此，要以沉着、稳健、不卑不亢的气势应对用人单位的考察。

2. 克服不良的心态

（1）自视甚高的心态 这类求职者常把个人估计过高，自认为学历、能力，甚至长相都不错，用人单位肯定人见人爱，自然顺利通过。实际上，用人单位对这种自视甚高的应聘者，往往不买账。

（2）无所谓的心态　这类求职者面试时，表现出一种大大咧咧，满不在乎的神态，不认真回答问题，既不认真推销自己，把个人应聘的优越条件讲全、讲透，也不认真了解对方的需求。这种无所谓、碰运气的侥幸心态，很难使应聘获得成功。

（3）自惭形秽的心态　这类求职者在多人面试场合，看到别人学历、能力比自己高，面试时，手发抖、心发慌、头发涨，这就是我们所说的“面试恐惧症”。

实例分析

实例　一家中外合资的大型跨国医药集团公司通过对应聘人员多轮考核，层层筛选，最后只剩下一男一女两人。CEO是个外国人，他在与这两位求职者闲聊中，随便问了三个问题。

“会打羽毛球吗？”男的说“会”。女的其实是不错的羽毛球选手，却答道：“打得不好。”“给你们一辆小轿车，有没有把握学会驾驶？”男的说：“有。”女的则说：“做得不好。”经理再问：“厨房里有的是蔬菜，你俩能不能给我做几样拿手好菜？我这人不挑剔。”男的说：“没问题。”而女的却腼腆地说：“做得不好。”

最后，公司录用了男性，淘汰了女性。

问题　什么原因导致女性求职者的失败？从中我们得到哪些启示？

答案解析

（三）求职材料准备

“工欲善其事，必先利其器”，必要的材料准备是求职的基本前提。对应届大学毕业生而言，求职材料是找工作的“敲门砖”，推荐、面试、录用都离不开它。它的内容是否齐备、是否具有吸引力，将直接决定着毕业生能否得到用人单位的注意并通过初选进入到面试和笔试环节，甚至最终会影响到毕业生能否被用人单位录用。因此，毕业生一定要注重求职材料的准备。求职材料主要包括毕业生就业推荐表、个人简历、求职信、成绩单及各种证书（获奖证书，英语、计算机等各类技能等级证书）、已发表的文章、论文、获得的奖励、取得的成果等。

其中，“求职信”和“个人简历”是求职材料中最重要的两个部分，二者相辅相成。“求职信”可以使用人单位了解求职者的意愿和条件，是简要告诉招聘单位能为其做些什么。通常以书信形式来行文。而“个人简历”重在展示求职者能满足岗位要求的硬件条件，是求职信的补充和证明，其撰写形式多样。

1. 求职信（自荐信、求职申请）　信函求职是毕业生最常用的、最主要的求职方式。它可以使招聘单位进一步感受到求职者“鲜活”的形象和诚意，增加获得面试的机会。与个人简历的不同在于简历可以同时发给多个单位，而求职信则只给一个特定单位，甚至是一位有姓有名的主管人，所以针对性很强。

（1）求职信的基本内容　求职信内容包括求职愿望、所学专业、兴趣、特长等情况。最后应提醒用人单位留意附带的简历，请求给予同意等。

（2）求职信的基本结构　求职信由开头、正文、结尾和落款组成。开头，要有正确的称呼和格式，在第一行顶格书写，如“尊敬的人事处负责同志”等，加一句问候语“您好”以示尊敬和礼貌。正文部分主要是个人基本情况即个人所具备的条件。结尾部分可提醒用人单位回复消息，并且给予用人单位更为肯定的确认：“您给我一个机会，我会带给你无数个惊喜！”结束语后面是表示敬意的话，如“此致”“敬礼”。落款部分署名并附日期。如果有附件，可在信的左下角注明。最后，要留下正确联系方式。

（3）求职信选用的纸张　求职信的信封、信纸最好选用带有本学校标示的信封、信纸，忌选用带有外单位名字的信封、信纸。

（4）求职信的笔迹和篇幅　字迹应清晰工整，如果写一手漂亮的书法，最好手写，因为更多的人相信“字如其人”。篇幅要适中，不宜过长，1000 字以内较为合适。

（5）求职信的书写目的　求职信是个人与单位的第一次接触，文笔要流畅，可以有鲜明的个人风格，不可过高地评价自己，也不可过于谦虚。主要目的是给用人单位留下较为深刻的印象。

2. 求职简历　一份吸引人的个人简历，是获取面试机会的敲门砖。所以要制作一份“动人”的简历。求职简历的结构内容如下。

（1）个人基本状况　在“个人基本状况”栏目下，一般包括：①最重要信息：姓名、电话号码、手机号码、通讯地址、邮政编码和电子邮件地址；②次重要信息：职称、职务、年龄或出生年月；③不重要信息：性别、婚姻状况、国籍或出生地、现工作单位。在这部分，除非特别需要，对于不重要的信息应当避免在简历中提供。

（2）自我描述　在这部分给招聘者一个关于你的概述，强调你的主要经历和能力，展示你的“卖点”，刺激招聘者产生希望详细了解你的欲望。通常放在简历的开头，以“你是什么”开头，紧接着简洁地阐明你的关键卖点。一般不应该超过三句话。

（3）教育背景　在这部分，要强调高等教育，强调最相关的文凭和资质，按水平高低顺序排列。展示与申请职位相关的培训，但是要慎重使用部分敏感的培训课程。

（4）工作经历　在这部分，不要把工作经历写成流水账，不要只写职位和工作职责，不要使用第一人称。重点展示自己值得骄傲的工作经历、令客户满意的工作或者是能帮助增加组织效益或改善服务、提高效率的工作。

（5）取得的成就　取得的成就是指通过努力工作而得到的有效成果，不要将“成就”写成“活动”，活动是你做了什么，成就是活动产生的效果。简历中展示的成就，应当符合招聘者的目标和要求，应当是一个有效的成果，不仅要告诉招聘者“你有能力”，而且还要让招聘者能够评估你的能力。

（6）兴趣爱好　兴趣和爱好不是简历的重要部分，只是通过它给招聘者一个印象：你是一个真实的人！当然，通过技术处理，可以让兴趣爱好产生可能有益的暗示。

（7）其他信息方面　主要展示你的其他“卖点”，如：语言能力、计算机硬件或软件技术能力、发表的文章或出版的书籍、获奖项目和其他有用的信息。

知识链接

求职简历撰写技巧

1. 撰写简历的基本原则　内容简洁、优势突出、措辞明确、设计独特、制作精致。

2. 突出个人优势　针对求职岗位，简要列举个人素质及符合岗位的任职能力等优势，以引起招聘人员的高度关注。

3. 针对不同的求职目标修改简历　因为不同的招聘单位对人员的要求不同，求职者要根据职位的要求取舍素材。如果把同样的简历进行“海投”，很可能达不到预期效果。

4. 内容真实　虽然求职的关键是推销自己，“王婆卖瓜，自卖自夸”，但是不要虚构成绩、经历等，应诚实地描述自己大学期间的经历和所获的成绩，使阅读者产生信任感。招聘单位对于求职者最基本的要求就是诚实，阅历丰富的人力资源主管对简历有敏锐的分析能力，夸大其词终究会露出破绽，何况还有面试的考验。

5. 杜绝错别字 简历最忌讳出现错别字。许多人力资源主管指出：“当我发现错别字时，我就会停止阅读。”简历中有错别字说明求职者的质量意识不强，职业素质不高。

总而言之，一份好的简历应该具备以下几个条件：

（1）定位精准 简历所描述的能力符合行业和职业要求，有明确清晰的定位，与行业职业的关键词一致。

（2）素材有效 简历中所提及的能力均有足够的素材支撑，且素材与定位一致。

（3）亮点突出 评价一份简历的亮点是否突出，主要是看它是否令人印象深刻，有没有让人记住的内容或记住的内容是否一致。如果它具备独特的素材、团队中角色定位明确、采用创造性手段解决处理问题、效果上有显著成绩，那么我们可以说这是一份亮点突出的简历。

（4）完全正面 从本质上讲，简历就是给出一堆让求职单位给你提供面试机会的理由。因此必须反复评估素材、句子、措辞，反复查看素材和定位是否准确。

（5）格式规范完美 好的简历必须要格式规范、排版美观、内容完整、文字正确。

答案解析

即学即练

一份好的简历应该具备以下哪几个条件？（ ）

A. 定位精准 B. 素材有效 C. 亮点突出 D. 完全正面 E. 格式规范完美

二、求职应聘面试礼仪

求职面试礼仪是求职者在求职面试过程中应具备的礼貌行为和仪表形态规范。它一般是通过求职者的仪容、仪态、仪表和语言等方面体现其内在修养和素质。作为求职者，都希望在面试时给主考官留下一个良好的印象，从而增大录取的几率。所以，事先了解面试的相关礼仪，是求职者迈向成功的第一步。

（一）仪表礼仪

1. 着装正规得体 面试和以往学校里的考试有所不同，在穿着上尤为正规。一般来讲，面试着装适宜穿着适合职场的套装、套裙、皮鞋。男性以穿深色的西装为宜，女性可以穿颜色较鲜艳和款式时尚些的服装，但都不能穿着奇装异服，不能追求所谓的前卫、新潮、另类。男性穿西装一定要系领带，并且样式、图案等要与西服、衬衫相协调。女性忌穿露肩、露胸、露腰的服装。无论男性、女性都要保持皮鞋的干净清洁，不能穿着运动鞋等非正规场合穿着的鞋子。如果考官看到衣服上满布皱褶、鞋子上也都是灰尘，恐怕印象分会大打折扣。

2. 妆饰庄重适度 无论男女求职者，妆饰必须追求庄重适度。男性要切记理发、剃须、保持面部整洁，注意发型大方又有朝气，不可求新、求怪，更不能染发。女性宜化淡妆，不要过分的浓烈，发型亦不能过于时尚化，也不能染发，需追求雅致。女性的首饰以少戴为佳，也不能佩戴那些过于炫目、过于怪异的首饰。男女求职者均要注意保持手部卫生，女性尤其不能留长指甲或染指甲。求职者的妆饰要衬托出青春朝气又不失于浮华浅薄。

实例分析

实例　国外一位心理学家曾做过这样一个实验：分别让一位身着笔挺漂亮军服的海军军官，一位戴金丝边框眼镜、手持文件夹的青年学者，一位打扮入时的漂亮女郎，一位挎着菜篮子脸色疲惫的中年妇女，一位留着怪异头发、穿着邋遢的男青年到马路边搭车。

问题　请问哪位搭到车的成功率最高？哪位搭车最困难？为什么？

答案解析

（二）会面礼仪

1. 提前到达　守时是职业道德的基本要求。参加面试时要按照事先约定的时间、地点准时到达，提前15分钟左右到达效果最佳。不仅可以熟悉一下环境，而且能够表示出求职者的诚意和重视，给招聘者以信任感。此外，也有利于有充足的时间简单修整仪表，调整可能紧张的心态。反之，如果迟到了，肯定会给招聘者留下不好的印象，尤其大的单位面试往往一次要安排很多人，迟到了几分钟，你就可能失去面试的机会。

但是，有一点需要记住，那就是要允许和宽容招聘人员的迟到。无论什么原因导致招聘人员迟到，求职者都不能流露出不满的情绪，要表现出大度、开朗和宽容，否则招聘人员对其第一印象将会大打折扣，尤其有的招聘者出于某种目的而故意迟到，更应当警惕。

到达后如果被安排在会议室或前台等待，要坐在或站在指定的位置。不可乱跑乱窜，坐立不安；也不要东张西望，随便翻动周围的物品，除非负责接待的人员告诉你可以自己动手（如公司刊物）。注意，此时或许是对求职者的另一种考察，所以保持优雅的姿势，耐心等待是最好的表现。

2. 礼貌入场　微课1

（1）表现得体　自然进入面试场合要礼貌得体而不紧张焦虑。当听到自己名字时，有力地回答一声“是”后，冷静而自信地走进去。

（2）进门先敲门　如果门关着，应先轻轻敲门，得到允许后再进去。进入后再转身轻轻将门关好。开关门的动作要轻，做到自然从容。

（3）礼貌问候　进入面试现场后，应主动微笑向招聘人员行礼致意，可以点头、轻度鞠躬致意，礼貌地问候“您好！”或者“大家好！”但一般不应主动与考官握手，除非考官主动伸手。与考官打招呼，还要注意正确称呼对方。如果考官有职务，一般采用姓氏加职务称呼的形式，如“张部长”“刘经理”等；如果考官职务较低，可以不采用职务称呼，而以“老师”相称；如果对方职务是副职，则按照就高不就低的习惯以正职相称，略去“副”字。

（4）入座有讲究　进入面试室后，应在面试官指定的位置就座，并经面试官同意后方可入座。绝对不可以不请自坐。坐下时，应道声“谢谢”。坐下后要保持良好的体态，正襟危坐，双手自然放在膝盖上，千万不要大大咧咧，满不在乎。

（5）关掉通信工具　在进入面试室之前，求职者应主动将随身携带的手机调至静音或关机状态，以免手机的铃声影响到自身和考官的情绪，同时这也是面试进程中的必备礼仪。

（三）交谈礼仪　微课2

1. 举止自然　面试是考官与求职者相互交流的过程。据研究，面试中语言交流仅占30%的比例，眼神交流和面试者的气质、形象、肢体语言在很大程度上影响面试的成败，所以求职者在面试时不仅要注意自己的仪表及谈吐，还要注意神态和举止。

求职者的举止动作以自然为佳、大大方方，表现出自信而不随意的心态和良好的心理素质。既不要紧张慌乱，也不要矫揉造作，更不要出现指手划脚、手舞足蹈，甚至挠头、掏鼻、抠耳等不雅动作和不文明习惯。

（1）面带微笑　这不仅能融洽气氛，增强自信心，还可引起考官的注意和好感。

（2）目光接触　求职者应与考官保持目光接触，以表示对其尊重，盯住考官的鼻梁处，每次大约15秒，然后自然地转向其他地方。切忌目光犹疑，躲避闪烁，这是缺乏自信的表现。

（3）身体姿势和习惯动作　在进出面试考场时，要注意进退礼仪，保持抬头挺胸的姿态和饱满的精神状态。与人交谈时，不要频繁地耸肩，手舞足蹈，左顾右盼，坐姿歪斜，晃动双腿等。手势不宜过多，需要时适度配合表达。

（4）善于察言观色　求职者还要仔细观察考官的面部表情，并根据其表情变化及时调整面试内容。当考官对自己的谈话心不在焉时，应立即中止谈论，可采用提问等形式引起考官的兴趣或转换话题。

2. 谈吐文雅

（1）求职者一定要讲究语言艺术，重视自己的语言、语气、语调、语速等。求职者在回答问题时要完整、准确、简练，表达过程中要注意谈吐的连贯，前后有序，一气呵成，不说废话，不多说话，不说重复话，不能吞吞吐吐，东拉西扯，不带“嗯”“这个”等无关紧要的习惯语。无论是自我介绍还是回答问题，力求简明扼要，在表述时间上不要超过时限。而且尽量讲普通话，不说方言土语，控制说话的语速，不要尖声尖气或声细无力，应保持音调平和，音量适中等。

（2）不要使用“最什么”“特什么”“非我不可”等话语，以免让用人单位产生厌恶感。面试表述中要使用必要的谦词敬语，不能直呼对方姓名。面试前要向对方问候，面试后要向对方道谢。

（3）要避免与考官发生冲突。在与考官的意见不一致时，求职者不要据理力争，以免与考官发生冲突。即使与考官意见不同，也不能直接给予反驳，可以用诸如：“是的，您说得也有道理，在这一点上您是经验丰富的，不过我也遇到过一件事……”等话语避免与其直接发生冲突，同时又巧妙地表明了自己的观点。

3. 注意聆听　绝大多数应聘者会花90%以上的精力去准备如何说。其实，聆听是一种很重要的礼节。好的交谈是建立在聆听基础上的。不会听，也就无法回答好考官的问题。面试过程中的聆听是与考官进行有效交流的前提，尤其在回答考官提出的问题时，只有专心致志地倾听，才能抓住问题的实质，同时也无声地表达了对考官的尊重。聆听过程中，一要目光专注，有礼貌地注视考官并与之进行眼神交流；二要面带笑意，微笑是最好的表情，具有打动人心的力量，表情过分严肃不适于面试场合；三要适当回应，如用点头等对考官的话作出反应，并适时辅以“对”“是的”等简短而肯定的话语；四要察言观色，根据考官目光、表情等体态语的变化，来揣测考官对自己的认识和态度，力争掌握主动权。

4. 应答得体　答问往往是面试中的“重头戏”，求职者除了把握紧扣问题、抓住重点、有的放矢、简洁明了等几点基本要求外，特别注意不要出现以下禁忌：

（1）滔滔不绝　在考官面前口若悬河，喋喋不休，使对方没有开口的机会。

（2）打断对方　不等考官把话说完，就插嘴抢答，怕失去表现的机会。

（3）贬低他人　试图以贬低以前的上司、同事或其他任何人来获得考官的好感。

（4）不懂装懂　试图掩盖某些自己不懂的问题，结果往往欲盖弥彰。

（5）随声附和　试图一味地“讨好”考官，结果往往失去了独立的个性。

（6）争强好辩　当自己的意见与考官不一致时，直接反驳，据理力争，说话不讲技巧。

（四）道别礼仪

1. 主动道别　当考官宣布面试结束后，求职者应当有礼貌地道谢，及时退出考场，不要再补充什么或提出新的问题，如果认为确有必要，可以事后通过恰当的方式沟通。也有的考官用“同你谈话我感到很愉快”或“感谢你前来面谈”这样的辞令结束谈话，求职者应当对此反应敏捷，及时起身礼貌告辞。

2. 礼貌出门　当向考官道别出门的瞬间，也应注意一些细节，如相机与考官握手道别，将刚才坐的椅子扶正，后退两三步再轻稳转身，走到进门时的位置再次说声“谢谢”，并轻轻地带上门，切不可虎头蛇尾。即使你感觉到考官对你似乎“不喜欢”，也不要鲁莽行事，扬长而去，让对方感到你这个人“更不可用”。

（五）面试后的礼仪

面试结束并不代表求职过程的终结，也不意味着可以回去等待结果的到来。许多求职者只留意应聘面试时的礼仪细节，却忽略了面试后的善后工作，而恰恰是善后工作往往会带来意想不到的机会。

1. 得体应对面试结果　面试结束时，要根据面试结果予以不同的反应，一般而言，有如下几种情况。

（1）当场录用　如果求职者当场就告之被录用，切忌欣喜若狂，得意忘形。首先不忘向考官表达自己诚挚的谢意，并希望在今后的工作中合作愉快。

（2）当场弃用　如果未被录用也不必气馁，更不得情绪失控，做出过激行为。求职者应表示从面试中受益匪浅，同时希望今后还有机会与对方做进一步的沟通。但不要用哀求的语气，这样只会让对方感觉到求职者的无能。

（3）结果未定　如果当场不能知道录用结果，则应再次向考官强调自己对于这份工作的热情和兴趣，并表明自己的决心。同时还要感谢对方能够给予自己这次机会，以及对方能在百忙中抽出时间与自己交谈。

2. 面试后要致谢　为增加求职成功的可能性，面试后的两三天内求职者最好给招聘人员打个电话或写封信以表示感谢，感谢其为你花费的时间和精力。这也许会增加求职成功的可能性。感谢电话要简短，最好不要超过 3 分钟；感谢信要简洁，最好不超过一页纸。感谢信的开头应提及求职者的姓名、简单情况以及面试的时间，并对招聘人员表示感谢。中间部分要重申对公司应聘职位的兴趣，增加一些对求职成功有用的新内容，尽量修正求职者可能留给招聘人员的不良印象。感谢信的结尾可以表示求职者能符合公司应聘职位要求的信心，主动提供更多的材料，或者表示能有机会为公司的发展壮大作贡献的决心。

格式范例

感谢信

尊敬的××先生

感谢您昨天为我的面试花费的时间和精力。我和您谈话觉得很愉快，并且了解到许多关于贵公司的情况，包括公司的历史、管理形式及公司宗旨。

正像我已经谈到过的，我的专业知识、经验和成绩对公司是很有用的，尤其是我的钻研能力。我还在公司、您本人和我之间发现了理念、方法和管理上的许多共同点。我对贵公司的前途十分有信心，希望有机会和你们一起，为公司的发展共同努力。

再一次感谢您，并希望有机会与您再谈。

应聘者：×××

××××年××月××日

3. 不过早打听结果 一般情况下，每次面试结束后，招聘主管人员都要进行讨论和投票，然后送人事部门汇总，最后确定录用人选，这个阶段可能需要三五天的时间。求职者在此期间一定要耐心等候消息，不要过早打听面试结果。

4. 调整心情不放弃其它机会 如果同时向几家公司求职，在一次面试结束后，要注意调整情绪，全身心投入准备第二家单位的面试。因为在接到聘用通知之前，面试结果还是未知数，求职者不应该放弃其他机会。

5. 适时询问面试结果 一般来说，如果求职者在面试的两周后，或者面试官许诺的时间到来时还没有收到对方的答复，就应该写信或打电话给招聘单位，询问面试结果。这能表示出求职者的兴趣和热情，还可以从对方的口气中得出求职者是否有希望被录用。如果求职者在打电话询问情况时觉察出求职者有希望中选，但最后决定尚未做出，那求职者应该在一两个星期后再打一次电话查询。

6. 做好再冲刺的准备 万一在应聘失败也不要气馁，就业机会不止一个，关键是总结经验教训，找出失败原因，重做准备，谋求东山再起。

三、辞职、离职礼仪

市场经济时代，为谋求更大的发展空间，离职已成为职场中司空见惯的现象，讲求离职礼仪规范也是职业礼仪中非常重要的组成部分，因为离职也是一门艺术，它是为人处世的一个方面，善始善终，来一个漂亮的离职转身，给所有人留下一个完美的好印象，不仅能够体现良好的个人素质，也很可能对自身未来职业发展产生重大的影响。

（一）辞职程序

辞职前先仔细阅读与用人单位签订的劳动合同。有的劳动合同约定辞职的条件和时限，在辞职前一定要对此问题进行考虑，否则，可能会因为违反劳动合同而承担法律责任。另外，不同的工作岗位和单位的性质，在辞职时有不同的程序，以下主要对公务员和企事业单位人员辞职的程序进行介绍。

1. 公务员辞职程序 公务员辞职是指公务员根据本人意愿提出，并经过任免机关批准，依法解除其与机关的职务关系或者担任领导职务的公务员根据法律规定的条件和程序辞去所担任的领导职务。第一，由本人向本单位提出书面申请，填写《公务员辞职申请表》。第二，由所在单位按管理权限报任免机关审批。有关法规规定不能辞职的公务员不得辞职。第三，任免机关应在接到申请的三个月内予以审批，并将审批结果书面通知申请人或呈报单位。逾期未予批复的，视为同意辞职，并补办有关手续。第四，公务员在辞职审批期间或法规规定不得辞职时不得擅自离职。对擅自离职视情节轻重，给予开除处分或作辞退处理。

2. 事业单位和企业干部辞职程序 第一，本人填写《辞职审批表》一式五份，经用人单位和主管部门批准后报上级人事部门。第二，上级人事部门审核审批。第三，单位出具《辞职证明》。第四，将《辞职审批表》存入辞职人员的人事档案，并于三十日内将其档案转人才服务中心。第五，辞职人员持《辞职证明》到人才服务中心办理登记或人事代理手续。

3. 企事业单位一般工作人员辞职程序 第一，本人向用人单位或主管部门交辞职申请。第二，经用人单位或主管部门审核并批准，解除聘用合同。第三，办理相关手续，在此期间应交接好所有的工作。第四，正式离职。

（二）辞职申请书

既然决定离职，一份理由充分，措辞诚恳、委婉的辞职信是不可缺少的，这样既可达到离职的目的，又能维护当事双方的面子和情感，给上司及公司留下好印象。辞职信内容应包括四大要素：受文者名称；辞职的理由；感谢公司给予自己的工作机会，在工作上获得的宝贵技能及经验；祝愿词，祝愿公司发展顺利等。

格式范例

辞职信

尊敬的××经理：

您好！很遗憾在这个时候向公司正式提出辞职。

我来公司也快一年了，很荣幸自己成为××公司的一员。在公司工作的一年中，我学到了很多知识与技能，非常感激公司给予我在这样良好环境中工作和学习的机会。我确信在××公司里的这段经历和经验，将为我今后的职业发展带来非常大的利益。但因个人原因我需要辞职，我新购住房在城南，到公司的距离超过 15 公里，每天往返公司的时间超过 3 小时，这对我的工作已造成不良影响，因此，我不得不离开现在的岗位。

我希望在 5 月 31 日之前完成工作交接，请领导安排工作交接人选。在未离开岗位之前，我一定会站好最后一班岗，一定会尽自己的职，做好应该做的事。

祝您身体健康，事业顺心。并祝公司事业蓬勃发展。

此致

敬礼！

申请人：×××

××××年××月××日

（三）离职时的礼仪

1. 离职申请递交时间的把握　即使即将离职，也要站好最后一班岗，像平时谈工作一样，礼貌地与老板或主管预约时间，持书面辞职申请前往约定的地点，愉快地交谈，顺利地取得同意。不要在领导刚上班或即将下班时递交离职申请。

2. 离职时的着装、举止　在没有真正离开单位之前，请一定记住自己依然是员工，所以，在着装上首选还是原来的职业装（或制服），不能就此开始随意、休闲地着装。待取得同意辞职的手续后，再将制服洗好、熨烫，折叠整齐交还给原单位，不能私自带走或乱扔乱放。在递交辞呈时，举止大方、自然，微笑地注视着领导，用心倾听，不能哭哭啼啼也不能大声争执，不要乱做小动作，

3. 离职时的语言表达　离职时的语言表达也是一门艺术，一般来讲要注意以下几点：首先最好用真诚的语气表达自己辞职的真实原因，不要夸大其词；其次，从语气语调上显示自己的弱势，博取同情，以便顺利达成；再次，在称呼上仍然沿用原来对领导的尊称，不能因即将辞职而忘记对方的权力和身份；最后，一定要充分表达前期在此单位工作时对领导培养的谢意。

4. 离职时的工作移交　办理好工作交接和所有相关手续。有些工作岗位按法律规定必须办理交接手续，比如财务会计人员如果不办理交接手续，就违反了《会计法》；有些工作岗位虽然法律未规定必须办理交接手续，但是职业道德和辞职礼仪要求辞职者做好这方面的工作。不带走任何不属于自己的物品。尽量清楚地交接自己手中正在使用的公物，不要拿走公司的任何资料，甚至连名片夹也不要带走，你只应拿走属于你的私人用品和你本人的名片。

5. 离职时的同事关系处理 离职期间要控制好自己的情绪，不要抱怨更不要炫耀。即使内心很想一吐为快，出一出长期以来积压的怨气或吹嘘自己下一个单位的好风景，但明智的做法是管住嘴巴。

（四）离职后的礼仪

离职后，应该与原单位的老同事、老领导们保持联系，彼此互相照应。若离职后进入原公司的竞争公司，应尽量避免谈及原公司的竞争策略与业务机密。即便谈论这些可能会因此提高自己的薪酬与职位，但更会因此而落个背叛与出卖的恶名。更要避免以负面方式谈论原公司，这会影响你在行业内的声誉。不要积极挖原公司的人进新公司，否则新公司虽然短期获益，却同样也会令新公司对你渐生防范之心，对自身而言，恐怕会得不偿失。

任务二 职场办公礼仪

办公室不仅是公司职员日常工作的地方，也是对外广泛联系、接待外来客人和贸易伙伴的场所。本章节仔细归整了办公室合宜礼仪，让每个职场人为自己所任职的公司构建正面形象外，更能为自己加分，成为职场赢家。

一、办公室基本礼仪

（一）办公室工作交往礼仪

1. 汇报工作礼仪

（1）做好汇报前的准备工作 对要汇报的工作内容须了如指掌，包括具体工作的内容、时间、地点、人物、存在的问题、解决的方案等，做好预案。如果汇报时对上司提出的问题一问三不知或者对情况不熟悉，则是非常失职、不专业、不负责任的表现。

（2）遵守时间 向上司汇报工作，务必准时按约定的时间开始，否则，不仅会耽误上司的宝贵时间，还可能让上司对你的工作能力产生怀疑。

（3）注意仪态 汇报时，表情自然，彬彬有礼。语速适中，音量适中，能让上司轻松而又准确地听清你的汇报内容。千万不要诚惶诚恐，语无伦次，或是指手画脚，走调失声。

（4）语言表述 汇报的语言要自然朴实、言简意赅、用词准确、简练。控制好时间，日常工作的汇报应在10分钟之内，专项工作的汇报看具体情况而定。汇报的语气上，要充分表现出对上司的尊重。反映问题时，口气不要太“冲”，更不能非难、责怪和侮辱对方。上司在发表意见时，不要插嘴，不要显得不屑一顾。

（5）汇报结束后，应等到由上司表示结束时才可以告辞 告辞时，整理好自己的材料、茶具、座椅，当领导送别时要主动说“谢谢”或“请留步”。

2. 执行工作礼仪

（1）准确把握上司布置工作的意图 上司在安排工作或布置任务时，要专心致志，愉快接受，作好记录，确保准确，然后认真执行并及时汇报。作为商务人员，切不可目无领导，随心所欲。

（2）应具备团队协作精神，注意集思广益 没有任何组织欢迎个人英雄主义，那种不听从安排、顶撞领导、任意妄为，甚至抵制领导的做法，是任何企业所不容的。只有充分听取他人意见，分工不分家，知人善用，才能确保圆满完成工作任务。

（3）发扬精益求精、创新进取的工匠精神　敬业爱岗，工作热情饱满，责任心强，开创性地干好自己的工作。工作中一丝不苟，讲究效率，减少或杜绝差错，按时、按质、按量地完成每一项工作，并恪尽职守，严守机密。

（4）勇于担当　工作中做错了事，要学会自我检讨，不要找借口，推辞责任，更不能说“是您叫我这样做的呀”等。受到上司的批评时，要态度诚恳，虚心接受。即使上司的批评是错误的，也不能当面顶撞，应通过其他方式与上司交流，消除误会。

（5）要有与时俱进，不断学习的品质　在工作中，往往会不断遇到新挑战，特别是对于个人专业以外的工作，要加强学习，不断更新知识结构，才能确保综合工作能力进一步提升。

（二）个人办公区礼仪

1. 办公区卫生礼仪　鲁迅先生说“几案精严见性情”。个人办公区要保持办公桌位清洁，办公用品摆放整齐，最好不要摆放与工作无关的个人用品，如餐具、玩具、装饰品等。当有事离开自己的办公座位时，应将座椅推回办公桌内。下班离开办公室前，使用人应该关闭所用机器的电源，将台面的物品归位，锁好贵重物品和重要文件。不得擅自带外来人员进入办公区，如有会谈和接待，可安排在洽谈区域。

2. 办公设备使用礼仪

（1）使用计算机礼仪　计算机外壳要保持干净，键盘、屏幕擦拭干净，确保正常运转。不要安装与工作无关的软件。注意文件的保密。不要在病毒发作日使用计算机。每次使用前，若有时间可将电脑杀毒，安全使用。

（2）接打办公电话礼仪　接打电话时说话态度要自然，语言要礼貌，内容要文明、准确、简洁、得体，接听要及时，应对要谦和，挂断要有礼。一般不要随便使用办公室电话接打私人电话，保持电话畅通。每一个重要的电话都要做详细的电话记录，包括来电话的时间、公司及联系人、通话内容等。

（3）收发传真礼仪　传真应当包括联系信息、日期和页数。发传真要选择好传真的时间，当接收方的传真设备为多人共用时，应事先给收件人去电话。最好使用有本公司名称的公文纸发送，须传送图片时，以黑白为宜。未经允许不要发传真。

（4）使用复印机礼仪　复印机是公司里使用频率较高的公共设备，同事容易在使用时间上发生冲突，一般来说，遵循先来后到的原则。不要将与工作无关的资料拿到办公室去进行复印。如果碰到需要更换碳粉或处理卡纸等问题，要及时处理。使用完毕后，不要忘记将原件拿走，否则容易丢失原稿或走漏信息，带来不便。此外，使用完后，还应将复印机设定在节能待机状态。

（三）到他人办公区礼仪

1. 提前预约并准时赴约　不同的部门即使是在同一个办公楼里办公，在见面之前，也一定要提前预约，而且要准时赴约。

2. 遵守他人办公室的规章　在拜访别人的办公室时要自觉遵守其办公室的规章，例如档案室，它是一个单位的机要部门，除其内部工作人员外，任何人不得随便进入。

3. 不要乱动他人的东西　到了他人的办公室不要乱动东西。如果确实需要使用某人的设备，应事先征得同意。不要乱翻文件，更不要偷看桌上的文件。如果用坏别人的办公工具，应该向其说明，并征求是否需代为修理或给予赔偿。

4. 及时离开到他人办公室　拜访时，无论是否达到拜访的目的，都不要停留过久，到了该走的时间就要离开，因为停留过久会影响被拜访人的工作。

（四）公共办公区礼仪

1. 搭乘电梯礼仪

（1）等候电梯　陪同客人、长辈或上级等候电梯时，应主动按电梯按钮，切不可让客人或长辈动手。等候时应站在电梯门口两侧。

（2）进入电梯　电梯到时，遵循“先出后进”的礼仪规范，切不可争先恐后，有损风度。若与客人、长辈或领导共同搭乘，则应视对方人数的多少决定进入的顺序。一般而言，若对方只有一人时，应请对方先行入梯，以示尊重；若对方不止一人，则应先行进入电梯，一手按“开门”按钮，另一手按住电梯侧门，礼貌地请客人们、长辈们或领导们进入电梯。

（3）进入电梯后　要及时按要上或要下的楼层按钮；与客人、长者、领导或外宾共同搭乘时，应礼貌地询问他们要到哪一层，然后代为按钮。如果电梯内有专门的服务人员负责操作，则可在进入时礼貌地说出所去的层数，以方便服务人员操作。

（4）搭乘电梯时　要注意电梯内不可吸烟，也不应与人大声交谈或打电话。不要紧贴他人站立，即使乘客特别多、电梯特别拥挤，仍应尽力与他人保持少许的距离。如果无意中碰撞、踩到他人，则应立即向对方道歉，不可若无其事地装作没事，这样会显得没有礼貌。

（5）走出电梯到达目的地时，应及时离开，不可磨磨蹭蹭，耽误他人时间；若站得比较靠后，则应先说声“对不起”，再请别人让路。与客人、长辈、领导同出时，应先出电梯，然后等在电梯门边等候对方出来。若有残障人员同时出电梯，则应特别加以扶助。

2. 步行楼梯礼仪　个人上下楼梯时，应靠右行走。与他人一起上下楼梯，应根据同行的对象进行先后的安排。一般而言，引领他人上楼或下楼时，应走在前面；与长者、上级同行，若是上楼应走在后面，若是下楼则应走在前面。与女士同行时，只有下楼才适用“女士优先”的礼仪原则，而上楼时应该走在女士的前面。非工作原因不在楼梯间做过多停留。

3. 接待室礼仪　如果外出约见客户，到达对方公司接待室时，应告诉接待员你的名字和约见的时间，递上名片，以便接待员通知对方。等待时要安静，不要通过谈话来消磨时间，这样会打扰别人工作。如果等得太久，不要频繁看手表，可以问接待员客户什么时候有时间。如果确实等不及，可以向接待员解释并另约时间。不管对客户有多么不满，对接待员也一定要礼貌。

4. 公共厨房礼仪　部分公司有为员工提供公共厨房，如果有此设施，要注意：别将脏了的咖啡杯放在洗碗池内，亦不要将糊状或难以辨认的垃圾倒入垃圾箱。避免用微波炉加热气味浓烈的食物，若你喝的是饮水机最后一杯水，请及时添补等。

二、办公室会议礼仪

办公会议是领导者进行人员交流与组织沟通的常用形式。随着社会经济生活日益占据主导地位，商务会议已成为商务活动中必不可少的环节。会议礼仪是会议中应当遵循的礼节和仪式，熟悉商务会议的礼仪规范，既是尊重自己、尊重他人的表现，更是展示自身良好风范，提升社会形象的高效方式。

（一）会前礼仪

参加会议，首先应该在会前了解会议的时间、地点、与会人员、讨论的问题等，做好必要的会议准备；其次，穿着整洁、仪表大方，尤其要注意的是，女士应选择端正、素雅的发型，并且化淡妆，不要使用香气过于浓烈的化妆品。另外，准时入场或者提前一点入场，进出有序，根据会议安排落座。

（二）会议座次礼仪

在正式的公务会议上，通常讲究会议排位。会议排位一般有以下几种。

1. 主席台式　这种排位是在群众席正前方设有居高临下的主席台。主席台式场面较大，多用于大型、特大型会议。注意大型会议的主席台，一般均应面对会场出入口。主席台必须排座次、放名签，以便领导对号入座，避免上台之后互相谦让。主席台座次排列，应以主要负责人为中心，然后按职务一左一右排列（按照我国传统以中心人的左方为上，若在台下看，即为右方）。若主席台上人员为双数，将主要负责人定位后按职务一右一左排列（图 6－1，图 6－2）。

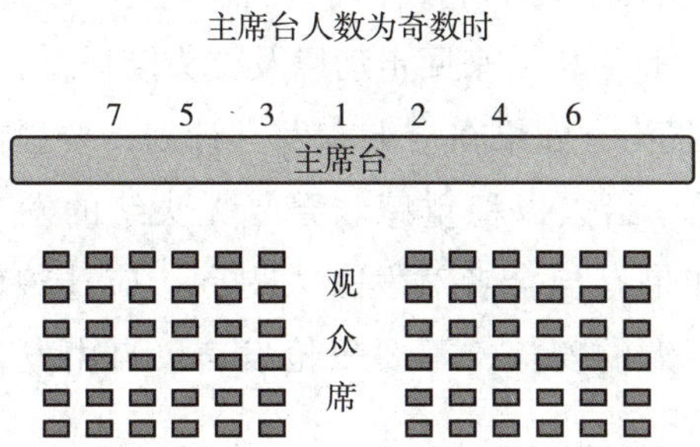

图 6－1　主席台式 1

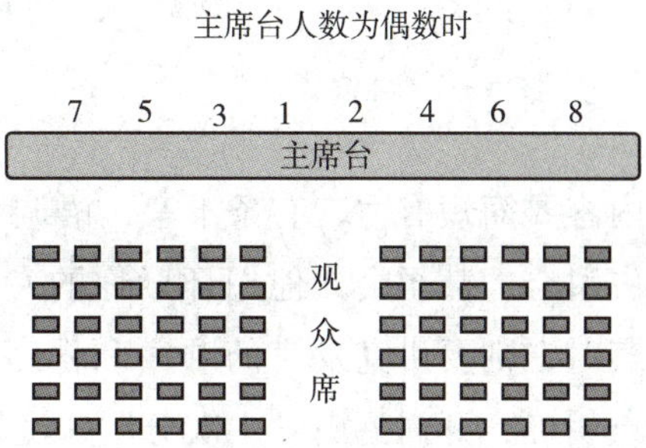

图 6－2　主席台式 2

2. 方桌式或圆桌式　就是在会场中央安放一张大型方形会议桌或椭圆形会议桌，请全体与会者在周围就坐，适用于讲座及培训等小型讲习会。在方桌会议中特别要注意座次的安排。如果只有一位领导，那么他一般坐在这个长方形的短边一边或者是以会议室的门为基准点比较靠里的位置。如果是由主客双方参加的会议，一般分两侧来就坐，主人坐在靠门一边，而客人对门一边。在圆桌会议中，以门作为基准点，比较靠里面的位置是比较主要的座位（图 6－3，图 6－4）。

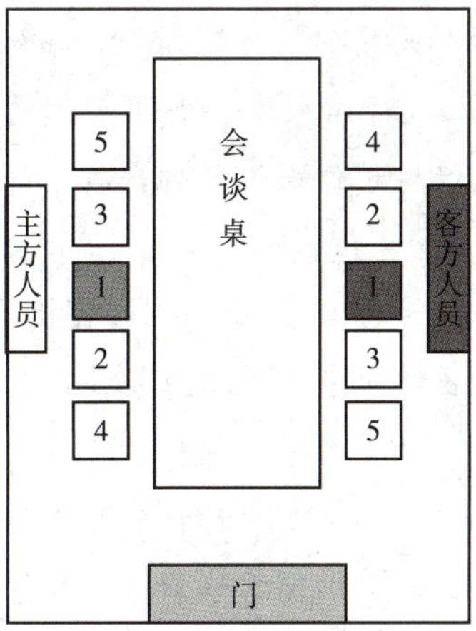

图 6－3　方桌式 1

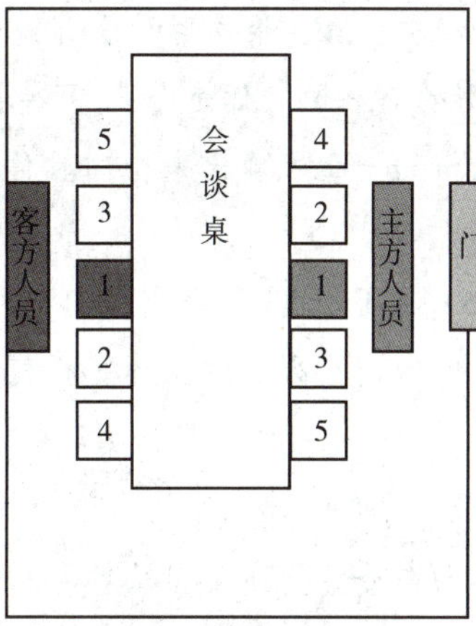

图 6－4　方桌式 2

3. 环绕式　就是不设立主席台，把座椅、沙发、茶几摆放在会场的四周，不明确座次的具体尊卑，与会者在入场后自由就座。适用于接待性的中小型会议。注意会议主位要设在面门之处或设在进门的右侧（图 6－5）。

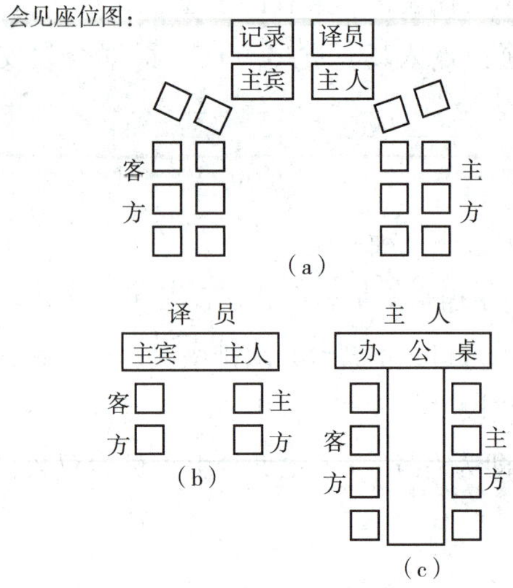

图6－5 环绕式

4. 散座式 散座式排位常见于在室外举行的茶话会。它的座椅可以四处自由地组合，甚至可由与会者根据个人要求而随意安置。这样就容易创造出一种宽松、惬意的社交环境。

要注意的是：如果受到邀请参加一个排定座位的会议，最好等引导员将自己引导到座位上去。

（三）参会礼仪

1. 保持安静 参会保持安静是最基本的职业素养和工作态度，体现了对发言者和与会者的尊重。所以，开会期间要保持安静，不擅自离席。他人发言时，不高声喧哗或窃窃私语，不趴在桌子上或仰靠在椅子上不停地打哈欠，不接打电话、玩手机、来回走动以及交头接耳。

2. 发言提问 如果在会上有发言计划，要提前做好发言报告，内容要简短有力，有条不紊；语调要尽量压低，给人以稳重感。繁复无头绪的发言不仅会让听众失去耐心，甚至会让他们怀疑你的专业水准。如果有与会者对发言人提问，应礼貌作答。在不自由发言时，则要讲究发言的顺序和秩序，听从主持人的安排，不要争抢发言。自由发言内容应简短，观点明确，开门见山、主次分明、逻辑清晰。

3. 鼓掌礼节 鼓掌作为一种礼节是对发言者的鼓励、赞赏和祝贺。职场中人要学会鼓掌，做得恰到好处。一般在发言者有较长时间的停顿时、发言出现高潮时或者发言结束时，都应该鼓掌致意。切忌乱鼓掌、鼓倒掌，更不要在鼓掌时伴以吼叫、吹口哨、跺脚、喧哗起哄等。

知识链接

测试你的职场礼仪

当你跑到游乐园里的哈哈镜馆，看到满屋子各种形状的哈哈镜，你先会照哪个？

A. 圆形的哈哈镜　　B. 长方形的哈哈镜　　C. 椭圆形的哈哈镜　　D. 梯形的哈哈镜

答案：A. 圆形的哈哈镜。你是个凡事要求尽善尽美的人，对你来说，周围人都是你的老板，你会在他们面前把你最好的一面表现出来；同时你也很自信，礼仪对于你来说是自我展现的一种途径，你在赞美声中微笑。

答案：B. 长方形的哈哈镜。你是个中规中矩的人，你不曾想通过对某些人有礼貌而得到点什么，你认为这是你应该做的。在办公室里你是楷模，不管对于亲密的同事还是上级领导，你都会很有礼貌地表现自己.

答案：C. 椭圆形的哈哈镜。你是个很有上进心的人，在与人的交往中，你很注意别人的礼仪，做好随时吸收新知识的准备。你希望自己在职场中可以不断成长，你很擅长从公司的礼仪文化中获取你想要的机会。

答案：D. 梯形的哈哈镜。你认为礼仪是必要的，但要看场合而运用。对于熟识的同事可以省略基本的礼貌用语，但对于某些礼仪，例如办公室里的个人隐私，你很清楚界线在哪，不会越界。所以办公室里的人都会很熟识并且喜欢你偶尔的“没礼貌”。

三、办公室文书礼仪

文书写作是办公室职员的一项重要工作，同时也是做好办公室工作的重要内容。办公室职员应了解和掌握公务文函在格式、文体、遣词造句上的要求。鉴于公务文函种类众多、内容庞杂，本节选取几种比较常用的文书，有针对性地进行介绍。

（一）通知

1. 通知的概念 主要是上级部门向下级部门发布的下行公文，是指上级部门批转下级部门的公文，转发上级部门和不相隶属单位的公文，传达要求下级部门办理和需要有关单位周知或者执行的事项以及任免人员时使用的一种公文文种。

2. 通知的写作格式 通知一般由标题、主送机关、正文三部分组成。

（1）标题 通知的标题有两种写法，一是“发文机关 + 主要内容 + 文种”；二是“主要内容 + 文种”。在起草通知的过程中，需要特别注意通知标题的拟写。使人一看标题就知道是谁发布的通知，通知什么事情或者要求做什么事情。

（2）主送机关 通知的主送机关较多，要注意主送机关排列的规范性。

（3）正文 通知的正文由通知缘由、通知事项和执行要求三部分组成。①通知缘由。发布指示、安排工作的通知，其缘由主要用来表述有关背景、根据、目的、意义等。批转、转发文件的通知，根据情况，可以在开头表述通知缘由，但多数以直接表述转发对象和转发决定为开头，无须说明缘由。发布规章的通知，多数情况下“篇段合一”，无明显的开头部分，一般也不交代缘由。②通知事项。这是通知的主体部分，要有条理地叙述发布的指示、布置的工作、提出的方法、措施和步骤等。③执行要求。提出贯彻执行的有关要求。

3. 通知的写作要求

（1）明确行文目的 首先要明确为什么写这个通知，通知的主要内容是什么，然后确定怎么写。其次是要确定写作的范围和对象，针对什么问题，解决什么问题。

（2）提出的措施切实可行 通知要体现对下级部门的领导和指导，既要讲清楚任务、要求，又要阐述方法、步骤、措施。

（3）结构严谨，层次清晰 通知的结构可以采用自然段形式，也可以采用条文形式，要求条理清晰，杜绝出现内容交叉、重复现象。

4. 通知的主要写作形式

（1）一般通知 当上级需要下级知悉或办理某项事宜，比如请下级报送材料或数据、庆祝节日、调整机构、启用印章、更正文件差错等，就需要使用一般性通知。包括发布性通知、知照性通知、事项性通知、指示性通知、批转性通知、颁发性通知、转发性通知等。

（2）任免通知 交代任免的时间、机关、会议或文件依据，以及任免人员的具体职务等。

（3）会议通知 要求写得明确具体，交代清楚会议名称、主持单位（人员）、会议内容、起止时间、参加人员、会议地点、报到地点、发言人员、会议材料等。

格式范例

关于召开××××工作会议的通知

×××部门：

根据上级×××文件精神，经研究，决定召开××××工作会议。现将有关事宜通知如下：

一、会议时间：20××年×月×日上午8：00~10：00。

二、会议地点：综合楼4楼会议室。

三、主持人：×××院长

四、会议议程

（一）×××领导讲话。

（二）×××部门负责人发言。

（三）自由交流。

五、参会人员：×××公司××部门全体员工。

×××公司综合办公室

20××年×月×日

即学即练

答案解析

一份会议通知应包含以下哪几个内容？（　　）

A. 会议名称、主持单位（人员）　B. 会议内容、起止时间

C. 参加人员、会议地点、报到地点　D. 发言人员、会议材料

（二）报告

1. 报告的概念　是广泛采用的重要上行文，指下级部门向上级部门汇报工作、反映情况、提出意见建议、答复询问所使用的公文文种。根据报告的内容，可将报告分为情况报告、工作总结报告、调研报告等。

2. 报告的写作格式　报告由标题、主送机关、正文三个部分组成。

（1）标题　报告的标题有两种写法：一是“事由＋文种”；二是“发文机关＋事由＋文种”，如“×××公司关于××××××的报告”。

（2）主送机关　向上级机关行文，应当主送一个机关；如需其他相关的上级机关阅知，可以抄送。

（3）正文　报告的正文分引据、主体、结语3个部分。①引据。概括说明全文主旨，可用起句立意法。即一开头就简要地将工作的有关情况如依据、目的、总的行动以及对整体工作的评价等作概述，以点名全文主旨。通常用“现将有关情况报告如下”承上启下，领起下文。②主体。正文的核心，叙述报告事项。对于工作报告，应将各方面工作的主要情况并列分段加以表述，阐明工作的进展情况、主要做法、取得的成效等，再写明存在的问题和下一步工作打算，然后概括出基本经验。对于问题报告，侧重写明问题状况及其来龙去脉、分析原因，说明其后果，并提出解决问题的方法和措施。对于答复报告，则应强调针对性，紧紧围绕上级的询问和要求，写清问题，表明态度，提出意见。③结语。报告的结语应根据报告的不同内容采用与之相应的结语。常用的有“特此报告”“专此报告”“请审核”“请审

示”“以上报告，如有不妥，请指正”等。④落款。写上发文单位和成文日期。

3. 报告的写作要求

（1）立意要新，善于归纳总结　在大量材料的基础上分析研究，善于总结有规律的内容，提炼主题，发现有价值的材料，从新视角审视问题，透过现象看本质，对今后的工作才具有指导意义。

（2）突出重点，点面结合　根据主题的要求安排内容，分清主次轻重。同时注意处理点和面的关系，既要有典型又要有综合，做到点面结合、眉目清楚、说服力强。

（3）内容要真实　如果报告情况失实，会影响上级部门决策的准确性和科学性。

（4）不得夹带请示事项　上级部门对报告不负答复责任，因此，报告中夹带请示事项影响工作的处理。如有请示事项，应另用请示文种行文。

格式范例

××医药公司关于20××年××省××药品市场调研报告

为进一步提升公司医药服务能力，拓展××药品的市场，我司对××省××药品的使用和销售情况开展市场调研，现将调研情况报告如下：

一、基本情况

20××年，××省所需的××药品大部分依靠××医药公司供应。经市场调查，居民对××药品的药物效果基本满意，药店经营企业反映××药物的销售额占比与去年相比较有所提升，约占比2.3%。

二、对××药品的新要求

经调研，××省客户对××药品提出了新的意见和要求。

（一）药品包装不利于携带，有待改进。

（二）药品销售网点分布不均，购药不便。

（三）药品价格相对其他品牌较高。

三、满足××药品新要求的措施和方法

（一）与×××广告设计公司合作，设计时尚、小巧的新型包装。

（二）加大医药经营企业药店网点分布，特别是在居民小区内增设销售网点。

（三）充分利用配额，提高药品价格竞争性。

下一步，我公司将针对市场提出的新需求改良产品，使客户能以更实惠的价格购买到更好的服务，使客户的使用体验更满意，提高公司市场美誉度和竞争力。

×××医药公司

20××年×月×日

（三）请示

1. 请示的概念　请示是指下级部门向上级部门或业务主管部门请示某项工作中的问题，明确某项政策界限，审核批准某事项时使用的请求性的上行公文。

2. 请示的写作格式

（1）标题　请示标题大致有两种：一是写明请示事项和文种；二是写明请示部门、请示事项和文种。如：×××部门关于××××××的请示。特别注意请示事项要写得简明扼要，文种不能写成“请示报告”。

（2）正文　正文通常包括三个部分：①请示缘由。请示开头首先写明请示的原因或理由。请求具体帮助的请示要用稍多篇幅陈述理由，把原因说清楚。而请求核准、审批的请示，缘由可以简单写甚至不写。②请示事项。要明确提出本部门对解决这一问题的意见，供上级参考。同时，具体提出对上级的请求。如一份请求拨给会议经费的请示事项，就要写明：请拨给会议经费 5000 元。③结束语。一般另起一行空两格，用套语结束，结语要写得谦和得体，如“妥否，请批复”“以上请示，请予审批”“以上请示，请予批准”等。

3. 请示的写作要求　①如何陈述请示理由，是一份请示的关键。一份请示能否得到预期的回复，在很大程度上取决于请示理由是否充分。因此在拟写请示的原因时，不能只从本部门的立场出发，更要从上级的立场出发，尽可能联系全局来说明请示事项的迫切性、重要性和必要性。②要一文一事，避免多头请示和越级请示。

格式范例

市场部门关于组织员工到上海市进行培训的请示

尊敬的×××总经理：

随着互联网和信息机技术的飞速发展，公司员工的市场拓展能力面临新的机遇和挑战。为切实提高市场部员工的业务技术素质，拟组织本部门人员到上海市信息技术培训中心进行培训。现将有关事宜请示如下：

一、培训人员及费用

拟选派市场部业务员 20 人参加培训学习。培训费用为 2000 元/人。

二、培训时间

20××年 1 月 5～11 日。

三、培训内容

（一）互联网新技术的应用

（二）拓展网络市场的技术技能

（三）电商直播专项能力提升

以上请示妥否，请批示。

×××公司市场部

20××年×月×日

（四）礼仪文函

与为开展日常工作而撰写的公务文函相比，礼仪文函更多的是出于社会交往中的礼节性需要。社交礼仪文书种类繁多，本节选取几种常用的形式加以概述。

1. 请柬　请柬是私人和公务场合中广泛使用的一种文书形式，是人们举行吉庆活动或某种聚会时，为表示对客人的尊重和邀请者的郑重态度，专门向邀请对象发出的邀请文书。请柬由标题、正文、结尾及落款和时间组成。标题一般写在封面，如“请柬、请帖”；正文是请柬的主体，要写明受邀请人的姓名，拟举行的活动名称，活动的时间、地点及注意事项等。结尾处可写致敬语“敬请光临指导”“届时敬请出席”“此致、敬礼”等。落款注明发请柬的单位名称或个人姓名，并写明发请柬的年月日，如果

是单位发请柬，还须加盖公章。（请柬的格式范例参见本书项目三相关内容）

2. 邀请书 邀请书是为了增进友谊，发展业务，邀请客人参加庆典、会议及各种活动的信函。实际上就是一种比较复杂的请柬，除了具有请柬的作用外，还有向被邀请者交代有关需要做的事情的作用。主要由以下部分组成：标题、称谓、正文、落款。起草邀请书的人要全面了解各方面的情况，如会议宗旨、食宿安排、报到时间、地点等，这样写出来的邀请书才能准确、清楚、有条理。（邀请书的格式范例参见本书项目三相关内容）

3. 贺电 贺电是对收电人表示祝贺赞颂的电报。一般用于当对方取得重大成就、获得某种荣誉、有重大喜事等场合，语气上力求感情真挚、热情大方。由以下部分组成：称谓（或单位的全称）；主体写祝贺的事实（成就、贡献、影响、意义等）；结尾写祝愿词，如“表示热烈祝贺”；署名、日期。

格式范例

贺　电

×××工程开发总公司：

值此×××水电站开工典礼之际，×××市政府对此表示热烈的祝贺！

×××水电站是我省西电东送的重点工程，是西部大开发的战略性工程。建设×××水电站，对于促进东西部区域协调发展、推动全面建设小康具有重要的意义。

希望你们继续坚持以科学发展观为指导，深入贯彻×××会议精神，提高自主创新能力，为我国水电事业的发展，为促进国民经济的可持续发展做出新的更大的贡献！

×××市政府

××××年××月××日

答案解析

目标检测

一、选择题（1～5 题为单项选择，6～10 题为多项选择）

1. 在电梯，一手按开门按钮，另一手按住电梯侧门，请客人们先进；进入电梯后，按下客人要去的楼层按钮，行进中有其他人员进入，应（　　）

A. 主动询问要去几楼，帮忙按下　　B. 适当退让，方便他人按楼层按钮

C. 假装没看见其他人　　D. 以上都不对

2. 在拜访别人办公室的时候，你应该（　　）

A. 敲门示意，征得允许后再进入　　B. 直接推门而入，再作自我介绍

C. 直接闯入，不拘小节　　D. 以上都可以

3. 参加重要会议时什么时间到最好（　　）

A. 准时到达　　B. 提前 10～15 分钟

C. 会议开始后 10 分钟到达　　D. 以上都可以

4.（　　）是找工作的“敲门砖”，推荐、面试、录用都离不开它。它的内容是否齐备、是否具有吸引力，将直接决定着毕业生能否得到用人单位的注意并通过初选进入到面试和笔试环节，甚至最终会影响到毕业生能否被用人单位录用

A. 求职材料　B. 感谢信　C. 辞职信　D. 邀请函

5. 请示的写作要求包括（　　）

A. 一文一事　B. 可以多头请示　C. 可以越级请示　D. 请示事项越详细越好

6. 求职有多种方式，一般来说，人们普遍采用的求职方式是（　　）

A. 参加招聘洽谈会　B. 上门毛遂自荐　C. 刊登求职广告　D. 集体应聘

7. 求职面试中要努力克服以下几种不良的心态（　　）

A. 自视甚高的心态　B. 无所谓的心态　C. 自惭形秽的心态　D. 越挫越勇的心态

8. 开会期间，参会人员应做到以下几点（　　）

A. 不高声喧哗或窃窃私语　B. 不当众接打电话

C. 不擅自离席　D. 保持安静

9. 以下文书属于上行公文的是（　　）

A. 通知　B. 报告　C. 请示　D. 贺电

10. 请示的正文包括哪几个部分（　　）

A. 标题　B. 请示缘由　C. 请示事项　D. 结束语

二、综合问答题

1. 求职面试时的着装礼仪有哪些？
2. 面试交谈时，聆听显得非常关键。关于面试时的聆听礼仪有哪些注意事项？
3. 一位应聘者询问：“在应聘面试之后，我正焦急地等待招聘单位的回音，这期间，我能做些什么？”请你给他一些建议。

三、案例分析

案例　北京某大学的一位高材生应聘一家外资企业，一路过关将，顺利地进入最后一道程序。这时候，轮到人事总监出场谈话了。这位高材生踌躇满志，充满自信，准备好好发挥一下口才。然而，还没等他施展自己的才华，事情就急转直下。原来总监一眼瞥见他手里的一纸信笺，上面印着“××有限责任公司”字样，当即发问：“你用的是谁的信笺？”“我的，我在那里找工作……”应聘者话说到一半，情知不对，但改口已来不及了。其结果自然可想而知。他因为这一点小事功败垂成，只得悻悻地说“这么大的公司，聘人却专找小事情小问题。”

分析：这位高材生的抱怨是否合理？从中我们得到哪些启示？

四、模拟实训

实训内容：

1. 柳明是药品经营与管理专业的毕业生，要到三阳公司应聘医药销售代表一职，柳明已经投了简历，现在三阳公司的人事处李处长要打电话给柳明进行电话面试。请两个同学一组，分别扮演柳明和人事处李处长，模拟这一过程。
2. 某连锁药店招聘营业员，要求男性或女性，23 岁左右，品貌端正，身体健康，无不良嗜好，大专以上文化。掌握流利的普通话，能操作电脑，掌握基本的药品功效和使用知识，有较强的沟通协调能力。口语表达能力强，有吃苦耐劳的精神，掌握一定的市场营销知识和技能。

实训要求：

1. 请根据角色分工，自行设计面试题目。
2. 将学生分为两组，每组 2 ~ 4 人，一组作为招聘方提问，一组作为应聘方回答。

3. 请根据上述招聘广告，做好相关准备，进行即席回答。
4. 指导教师和旁观学生要及时进行点评和指导。

书网融合……

知识回顾 微课1 微课2 习题

项目七 涉外商务礼仪

PPT

学习引导

随着社会的发展和科技的进步，世界变成了一个地球村，各国之间的商务交往也日益频繁。在东西方之间、国与国之间以及不同地区、不同民族之间，由于历史、文化、宗教和习俗等存在着很大差别，使得涉外商务礼仪更具特殊性和复杂性。在进行跨国交往与合作时，我们怎样才能做到既尊重对方，又维护我方的尊严呢?

本项目主要介绍涉外商务礼仪的基本原则、涉外商务交往的一般礼仪、世界主要国家的礼俗。

学习目标

1. 掌握　涉外商务礼仪的基本原则。
2. 熟悉　涉外商务交往的一般礼仪。
3. 了解　世界主要国家的礼俗。

任务一　涉外商务活动的基本礼仪

涉外商务礼仪是指在外事商务活动中应该遵循的礼节和贯例。它是在外事商务活动中逐步产生、发展并为人们接受的行为准则，具有跨地域性和跨文化性。它强调交往中的规范性、对象性、技巧性。

一、涉外商务礼仪的基本原则

（一）不卑不亢

在涉外交往中，人与人、国与国之间应是平等的关系。涉外交往时不卑不亢，是涉外商务礼仪的一项基本原则。它要求每一位参与涉外交往的人都必须意识到自己是国家、民族和所在单位的代表。其言行应当从容得体、堂堂正正。一方面，我们应努力做到“不卑”，以自尊、自爱和自信为基础，在外国人面前表现出谨慎但不拘束，主动但不盲动，切忌在外国人面前卑躬屈膝；另一方面，我们又要努力做到“不亢”，虚心学习他国长处，尊重他国风俗习惯。坚持自立、自强的精神面貌而又不高傲自大、盛气凌人、自以为是，甚至冷漠无情。

同时，商务人员还应注意对任何交往对象都要一视同仁、一律平等，给予同等的尊重与友好，不要因大国小国、强国弱国或富国穷国而亲疏有别，或对大人物和普通人厚此薄彼。

知识链接

遵纪守法，注重环保

在日常生活里，每一个人都有义务对人类所赖以生存的环境自觉地加以爱惜和保护。能否以实际行动“爱护环境”，已被视为一个人有没有教养、讲不讲社会公德的重要标志之一。在当今国际舞台上，“爱护环境”已经成为舆论备加关注的焦点问题之一。近年来，人们的环保意识已逐步增强，但是还有的人仍不以为然，自行其是。如，有些人为了向外国友人表现热情好客，不惜花巨资购买珍禽异兽款待，而重视环保的外国友人却丝毫不予领情。这种“好客”违背了人类生存的共同利益，违背了当前爱护环境、保护环境这一时代的主旋律。

（二）维护形象

个人形象指个人仪容、表情、举止、服饰、谈吐、待人接物的综合表现。每个人的形象，是他个人品位教养的真实体现，客观地反映出个人的精神风貌与生活态度。在涉外交往中，个人的形象不仅代表个人，还代表企业的形象甚至国家民族的形象。因此，每个人都必须时时刻刻注意遵照规范的、得体的方式塑造、维护自己的个人形象，特别是初次见面时的第一印象。

（三）求同存异

世界各个国家和民族的礼仪习俗存在着一定程度的差异，在涉外交往时，应理解对方、尊重对方。在交往中，为了遵守礼仪，表达自己对交往对象的友好与善意，要做到求同存异，要有宽广的胸怀和外交家的风度。既要遵守国际通行的礼仪惯例，也要尊重交往对象所在国的特殊礼仪与习俗。

（四）入乡随俗

各个国家和民族在长期的历史发展过程中，形成了各自的文化、风俗和习惯。在涉外交往中，我们应尊重他国的习俗，增进中外双方的理解和沟通。同时，在涉外交往中自己作为东道主时，讲究“主随客便”，而当自己作为客人时，要讲究“客随主便”，这也是贯彻“入乡随俗”尊重对方的具体表现。在涉外交往中，做到“入乡随俗”，最重要的是注意到两个问题：一是必须充分地了解与交往对象相关的习俗，必须认真做好“入境问禁，入乡问俗，入门问讳”；二是必须无条件地对交往对象特有的习俗加以尊重，不能少见多怪、妄加非议。

（五）尊重隐私

在涉外交往中，务必要尊重外国友人的个人隐私。凡是涉及个人隐私的问题应主动、有意识地回避。一般而言，个人收入、年龄、婚姻、身体健康状况、家庭住址、个人经历、信仰政见和所忙何事等都被认为是个人隐私。

（六）女士优先

“女士优先”是国际社会公认的一条重要的礼仪原则。其含义是：在一切社交场合，每一位成年男子都有义务主动自觉地去尊重、照顾、体谅、关心、保护女性，并且想方设法为女性排忧解难。国际社会强调“女士优先”的原则，主要原因并非女性是弱者，需要同情、帮助和保护，而是认为女性是人类的母亲，对女性处处给予优待，就是对母亲的尊敬和感恩。

实例分析

实例 在一个秋高气爽的日子里，迎宾员小郝，穿着一身剪裁得体的新制衣，第一次独立地走上了迎宾员的岗位。一辆白色高级轿车向饭店驶来，司机熟练而准确地将车停靠在饭店豪华大转门的雨棚下。小郝目视客人，礼貌亲切地问候，动作麻利而规范，一气呵成。他看到后排坐着两位男士，副驾驶座上坐着一位身材较高的外国女宾，便一步上前，以优雅姿态和职业性动作，先为后排客人打开车门，做好护顶关好车门后，又迅速走向前门，准备以同样的礼仪迎接那位女宾下车。但那位女宾满脸不悦，使小郝茫然不知所措。

问题 小郝错在哪里？

答案解析

（七）信守约定

“信守约定”，是指在一切正式的国际交往之中，都必须认真而严格地遵守自己的所有承诺。信守约定，讲求信用，从一点一滴做起，它事关信誉与形象。失实与失约的失礼行为，往往使自己所做的工作走向失败的开端。为此，要做到以下三点。

1. 谨慎承诺 一切从自己的实际能力以及客观可能性出发，切勿草率从事，轻易承诺，凡承诺和约定必须慎之又慎，一定要字斟句酌、考虑周全。

2. 如约而行 承诺一旦做出，必须兑现，如约而行。应尽量避免对已有的约定任意进行修正变动，随心所欲乱作解释。做到“言必信，行必果”，只有这样才能赢得交往对象的好感与信任。

3. 对失约致歉 如果由于遭受不可抗力，致使自己单方面失约，或有约难行，需要尽早向有关各方通报，如实解释，并且还要郑重其事地向对方致以歉意，并主动承担给对方造成的损失。

（八）实事求是

实事求是，即有一说一，有二说二，不能浮夸，不能只讲优点、成绩，不讲缺点、不足之处，报喜不报忧。虽然对于牵涉对方的话题，为表示尊重而采用委婉的说法，但外国人特别是西方人往往喜欢直率的谈吐，而禁忌那些言不由衷的客套。

（九）不必过谦

在涉外交往中，遵守不必过谦的原则，会使人感到自己为人诚实，充满自信，因为过分的自谦、客套，只能给人以虚伪、做作的感觉。在涉外交往中，特别是在面临如下情况时，更要敢于、善于充分地从正面肯定自己。

1. 面对赞美时 当外国友人赞美自己的相貌、衣着、手艺、工作、技术等时，一定要落落大方高兴地道一声“谢谢!”，而不应加以否认和自我贬低。接受对方的赞美是对其本人的接纳和承认，是自信和见过世面的表现。

2. 赴宴、馈赠时 宴请外国人出席宴会时，不必说“今天没什么好菜，随便吃一点”；当送礼给外国人时，也不要说“礼品很不像样子，真不好意思拿出手来”之类的话，而应得体大方地说“这是本地最有特色的菜”“这是我特意为您挑选的礼物”等。反之，在接受外国人的赴宴邀请或接受外国人送的礼物时，也不应过于谦虚地没完没了地说“真不敢当”“受之有愧”之类的话，它会使人产生不愉快的感觉，使宴请和送礼者感到难堪，及时表示谢意是得体的做法。

3. 做客、拜访时 到外国人家做客、拜访时，对主人准备的食物不要推辞不用。如果主人问：“喝点什么，茶还是咖啡”，你可以任选一种；若桌上备有小吃，可随意取用，但不可失态。若主人问是否加糖或加牛奶，可按自己的喜好谢绝或选择其中一种。

4. 交往应酬时　当同外国友人交往应酬时，一旦涉及自己正在忙什么、干什么的时候，无论如何都不要脱口而出，说自己是“瞎忙”“混日子”“什么正经事都没有干”，否则会被对方认为自己是不务正业的人。

即学即练

答案解析

在涉外交往中，下列说法不正确的是（　　）

A. 当外国友人赞美自己时，要落落大方高兴地道一声“谢谢！”

B. 当送礼给外国人时，要得体大方地说“这是我特意为您挑选的礼物”

C. 当同外国友人交往应酬时，一旦涉及自己正在忙什么的时候，要谦虚地说自己是“瞎忙”

D. 到外国人家做客、拜访时，对主人准备的食物不要推辞不用

二、涉外商务交往的一般礼仪

（一）着装礼仪

着装指服装的穿着和打扮，是一个人的修养和品位体现，同时也是一门艺术。涉外商务活动中，无论男士还是女士都应该注意自己要着装得体，按照涉外着装礼仪，在正式场合都应当穿着正式服装。

1. 男士的着装　男士的正式服装有：西服套装、中山套装、民族服装、特殊制服等。其中以西服套装最常见。西装色彩以深色为主，首选黑色、藏蓝色及灰色，质地、面料要好，一般首选毛料。西服套装最好配系黑色皮鞋和线、棉、丝、毛袜，袜子的颜色要深。在正式场合，男士穿着西服套装时，要注意三色原则。穿西装必须系领带，西装、领带、衬衣三者的色调应该是和谐的，领带是三者中最醒目的。

2. 女士的着装　女士的正式服装有：西服套裙、旗袍、民族服装、连衣长裙等。其中，女士出席涉外商务场合，着装以套裙为佳；出席社交场合，则宜穿旗袍、民族服装、连衣长裙或礼服等。套裙应当是高档面料缝制的，上衣与裙子应当采用同一质地、同一色彩的素色面料，较少使用饰物、花边进行点缀，裙长应当及膝或者过膝。女士的配饰有皮包、围巾、耳环、戒指、项链、手镯（链）、胸针等。佩戴装饰用品要因时、因地、因人制宜，饰物应简单、精致，不宜过多，最好保持在三件以内。

知识链接

涉外商务礼仪中穿戴的注意事项

进入室内场所后通常应脱下手套和帽子，脱掉大衣、外套、风衣等等。

室内通常不戴墨镜或其他有色眼镜，特殊情况下必须带有色眼镜是应主动说明并表示歉意，而且握手交谈时应该摘下墨镜。

西方妇女的纱手套、纱面罩、披肩、短外套等作为服装的一部分是可以在室内穿戴的。

（二）称呼礼仪

称呼是人们在交往应酬中所采用的彼此之间的称谓语。在涉外交往中，称呼的运用与对外交往对象的态度直接相关，恰当地使用称呼，是交往顺利进行的第一步。依照国际商务交往惯例，在商务会面中，最正式的称呼主要有以下几种：

1. 尊称 它几乎适用于任何场合，主要有“先生”“小姐”“夫人”“女士”。如果知道他们的姓氏，最好在这些尊称前面带上对方的姓，如“布朗先生”“史密斯小姐”等。在使用尊称的时候，对男士，不管对方多大年纪，都可以称呼对方为“先生”，但是对于女士来说，需要根据其婚否，分别以“小姐”或“夫人”相称，若一时难以判断，则可以称之为“女士”。

2. 以职务相称 在商务交往中，以对方的职务相称，以示身份有别、敬意有佳。可以仅称职务，如“经理”“处长”等，也可以在职务之前加上姓氏，如“王经理”“李市长”等。

3. 以身份相称 对医生、教授、法官、律师等从事令人尊敬职业的人可单独称其为“医生”“教授”“法官”等；对有博士学位的可称呼“博士”等，表示对其职称的认可和尊敬。也可以加上姓氏或加上“先生”“小姐”等。

（三）介绍礼仪

在涉外商务交往中，介绍是重要的礼节之一，是人们从陌生走向熟识的第一步。

1. 自我介绍 应包括本人工作单位、所属部门、职务和姓名，注意工作单位和所属部门务必使用全称。自我介绍要及时。在涉外交往中遇到自己不认识的人时应马上先作自我介绍，不能与人见了面不打招呼转身走开，过一会儿再转回来向对方作自我介绍，这是非常不礼貌的行为。自我介绍时要保持亲切、愉快的笑容，发言要清晰，语速要适当。

2. 为他人介绍 介绍者一般将双方的姓名、工作单位、所属部门、具体职务一并介绍。介绍时通常遵守以下顺序：向主人介绍客人；向同事、朋友介绍家人；向女士介绍男士，女士应该微笑，先伸出手；向职位高者介绍职位低者；向年长者介绍年轻人；向已婚者介绍未婚者；向一群人介绍一个人；向先来的介绍后来的。介绍他人时，介绍人的身份要恰当。在一般外事接待中，介绍人应为主办方的礼宾人员、公关人员、文秘人员以及其他负责接待的人员。在重要的接待活动中介绍人一般由主方或宾主双方在场人员中的身份最高者担任。

（四）握手礼仪

在涉外商务交往中，握手是一项很重要的礼仪。握手必须基于双方的自然意愿，不可强求。握手时注意次序，一般身份为尊者首先伸手；女士首先伸手；来宾抵达时，主人首先伸手；来宾告辞时，来宾首先伸手等。握手时应当面露微笑，起身站立，正视对方的双眼，伸出右手，四指并拢，拇指张开与对方相握，上下晃动两三下。用力应适度。男士若戴手套须先将要握手的那一只手套取下，女士则不在此限。握手时，不要用左手握手；不要戴着墨镜或帽子等握手；多人握手时，不要交叉握手。

（五）使用名片礼仪

名片犹如我们的另一张脸面，它承载着个人的联络信息，在涉外商务交往中发挥着重要作用，掌握递接名片礼仪是十分必要的。在参加商务活动时，要随时准备好名片。随身携带的名片，最好放在专用的名片包、名片夹里。

1. 递名片 递名片给他人时，应郑重其事，使用双手或者右手，将名片正面面对对方（最好是将名片上印有对方认得的文字的那一面面对对方），交予对方。切勿以左手递交名片，不要将名片背面面对对方或是颠倒着面对对方，不要将名片举得高于胸部，不要以手指夹着名片给人。将名片递给他人时，口头应有所表示。可以说："请多指教""多多关照""今后保持联系"等或是先作一下自我介绍。与多人交换名片时，要讲究先后次序，或由近而远，或由尊而卑，切勿采用"跳跃式"。

2. 接名片　当他人表示要递名片给自己或交换名片时，应立即停下手头的事，起身站立，面带微笑，双手捧接或以右手接过。接过名片时首先要仔细阅读名片信息，而且应口头道谢。切忌接过名片看也不看，或手头把玩，或弃之桌上，或装入衣袋，或一言不发，都属失礼。按照惯例，在涉外商务活动中，一般不宜主动向外国友人索取名片，但可以率先递送自己的名片给对方。

任务二　世界主要国家的商务活动礼仪

在涉外商务交往中，商务礼仪受到国别、地域、宗教信仰、文化背景、民族习俗、社会风俗和政治制度等多方面的影响而千差万别。因此，在涉外商务活动中，我们要了解和尊重有关国家的礼仪习俗，做到因人施礼。

一、亚洲地区主要国家的礼俗

（一）日本的礼俗

1. 交际习俗　日本是以注重礼节而文明的国家，讲究言谈举止的礼貌。

（1）鞠躬礼　日本人见面时，要互相问候致意，鞠躬礼是日本最普遍的施礼致意方式。初次见面时，向人表示恳切和歉意时的鞠躬礼是30°，告别时是45°，遇到长辈和重要交际对象时是90°。如果是通常的见面礼，职位高的人要让职位低的人弯得比自己低。行鞠躬礼时，双手自然垂落放在膝前或两侧，手指自然并拢，脖子和背部挺直，以腰为轴向前深鞠一躬，鞠躬时眼睛朝下看。男性双手放在身体两侧，女性双手合起放在身体前面。行鞠躬礼时不得戴帽子。

（2）交换名片　与日本人谈生意，交换名片是一项绝不可少的仪式。初次见面不带名片，被视为失礼或无诚意交往。在互赠名片时，要先行鞠躬礼，并双手递接名片。接到对方名片后，要认真看阅，用点头表示已清楚对方的身份。日本人认为名片是一个人的代表，对待名片就像对待他们本人一样。如果接过名片后，不看而随手放入口袋，便被视为失礼。在交换名片时，忌讳从屁股后兜掏出或装入，这是对人极不尊敬的举动。如果去参加谈判或其他活动，必须向房间里的每一个人递送名片，并接受他们的名片，不能遗漏任何一个人，这是相互友好和尊敬的一种方式。

（3）语言礼仪　日本人善用礼貌用语，语言分敬语与简语两种。日本人等级观念很重，上下级之间、长辈晚辈之间界限分明，因此，凡对长者、上司、客人都要用敬语讲话，以示尊敬；而对平辈、平级、小辈、下级则一般用简语讲话。最常用的敬语有："拜托您了""请多多关照""打扰您了"等。

2. 餐饮礼俗　日本饮食一般称之为"和食"或"日本料理"，其特点是以鱼、虾、贝等海鲜为烹调原料，可热吃、冷吃、生吃或熟吃。日本人主食为大米，逢年节和生日喜欢吃红豆饭，喜欢吃酱和酱汤。不吃肥猪肉和猪内脏，有人不喜欢吃羊肉、鸭肉。日本人非常爱喝酒，也普遍爱好饮茶，常常餐前餐后一杯清茶。不论在家中或餐馆内，座位都有等级，一半听从主人的安排即可。进餐时，如果不清楚某种饭菜的吃法，要向主人请教，夹菜时要把自己的筷子掉过头来使用。日本人喜欢宴请客人到日本餐馆用“和食”。“和食”除了料理十分独特之外，就餐的方式也十分特别，男性盘腿席地而坐就餐，女子则采用跪食，若不习惯盘腿或跪食，要先向对方表示歉意，然后方可按中国的方式坐食。不习惯吃的日本菜，可以婉言谢绝，但勿乱加评论。日本人忌讳用餐过程中整理自己的衣服或用手抚摸、整理头发。

3. 服饰礼俗 日本人在交际应酬中对穿着打扮十分精心。在商务、政务以及对外场合，通常穿西式服装。在民间交往中，有时也会穿和服，配布袜、木屐或草屐。日本人认为穿着不整齐便意味着没有教养，或不尊重交往对象。所以，在与日本人会面时，一般穿着不宜过分随便，特别是不要光脚或穿背心。参加庆典或仪式时，不论天气多热，都要穿套装或套裙。

4. 主要喜好与禁忌 日本人喜欢仙鹤和乌龟，认为它们是长寿的象征。日本人有送礼的喜好。去日本人家里做客，要买一些包装食品作礼物。节日里，日本人习惯送水果、肉类、酒等食物作为礼品。日本人的忌讳礼俗很多。不喜欢紫色，认为是悲伤的色调；最忌讳绿色，认为是不详之色。忌荷花图案；反感用狐狸和獾的图案装饰物品，因为在日本狐狸象征狡猾，獾象征狡诈。日本人有三人不合影的习俗，因为他们认为在中间被左右两人夹着是不幸的预兆，很不吉利。日本人忌讳“4”和“9”两个数字，因为他们分别与“死”和“苦”发音相似。日本人喜欢奇数，不喜欢偶数。

（二）韩国的礼俗

1. 交际习俗 韩国人普遍注重礼仪。晚辈对长辈，下级对上级有严格的规矩、礼数，必须表示特别的尊重。韩国人见面时的传统礼节是鞠躬，晚辈、下级走路时遇到长辈或上级，应鞠躬、问候，站在一旁，让其先行，以示敬意。男人之间见面打招呼互相鞠躬并握手，鞠躬礼节一般在生意人中不使用。韩国女性一般不与人握手，只行鞠躬礼。韩国民间仍讲究“男尊女卑”。男女一同就座时，女子应自动坐在下座，并且不得坐得高于男子，女子不得在男子面前高声谈笑等。

2. 餐饮礼俗 韩国人以米饭、冷面为主食，爱吃的菜肴主要有泡菜、烤牛肉、烧狗肉、人参鸡等。汤是每餐必不可少的。韩国人一般不吃过腻、过油、过甜的东西，并且不吃鸭子、羊肉和肥猪肉。韩国人的餐桌一般是矮腿小桌，放在地炕上。用餐时，男人盘腿而坐，女人把双腿收拢在一起跪坐，若身着韩服，则需要右膝支立，左腿和地面平行坐下。若是在长辈面前，应跪坐在自己的脚板上。无论是谁，绝对不能把双腿伸直或叉开，否则会被认为是不懂礼貌或侮辱人。进餐时讲究食礼。吃饭时应先为老人或长辈上菜，老人或长辈动筷后，其他人才能吃。吃饭时不要随便发出声响，更不许交谈。敬酒时，要用右手拿酒瓶，左手托瓶底，然后鞠躬致祝辞，最后再倒酒，且要一连三杯。敬酒人应把自己的酒杯举得低一些，用自己杯子的杯沿去碰对方的杯身。敬完酒后鞠躬才能离开。

3. 服饰礼俗 韩国人十分在意社交场合的穿着打扮。在交际应酬中通常都穿西式服装，男性穿深色西服套装，女性穿裙装，样式不要太夸张。在逢年过节或某些特定场合，往往会穿着本民族传统服装。在韩国，衣着打扮不会过于前卫，而是整洁、庄重和保守的。

4. 主要喜好与禁忌 韩国人大多喜爱白色，崇拜熊和虎。韩国人喜欢用狗肉招待客人。韩国人对数字“4”十分反感，因为发音与“死”相同。受西方习俗的影响，不少韩国人也不喜欢“13”。韩国人的民族自尊心很强，反对崇洋媚外，提倡使用国货。在韩国，穿着一身外国品牌服装的人，往往会被人看不起。

（三）印度的礼俗

1. 交际习俗 印度是一个讲礼节的民族，也是一个东西方文化共存的国度。印度人见到外国人时，有的用标准的英语问候“你好”，有的则用传统的佛教手势——双手合十，但注意，切莫在双手合十的时候也点头，那就破坏了亲切和气的气氛，显得有点不伦不类。现在，城市中男女见面已多用握手礼，表示亲热时还用拥抱礼。在大多数地方，男性相见或分别时，握手较普遍。但男性不和女性握手，而是双手合十，轻轻鞠躬。男性即使在公共场合也不和女性单独说话。在印度，迎送贵宾时，主人献上花环，套在客人的颈上。印度南部一些地方，人们惯于以摇头表示同意，或先把头稍微歪到左边，然后立刻恢复原状，表示“Yes”“知道了”“好的”。在印度的孟买，60% 的人是素食主义者，因此，宴请印度人时，事先必须确认对方的习俗，是否是素食主义者。

2. 餐饮礼俗 印度在美食上南北差异较大，北印度以面饼为主食，南印度以米饭为主食。印度人做菜喜欢加入很多口味较重的调料，最普遍是咖喱粉。因为宗教信仰问题，印度的食物很少出现牛肉和猪肉，肉以鸡肉为主，很多印度人都是素食主义者，所以在印度吃饭，最常吃到的应该是素食。目前许多正式场合，印度人已经开始用刀叉吃饭，但在私底下，他们仍然习惯用手直接抓取食物。印度人吃饭用盘子，特别要注意，只用右手抓食物，而左手绝对不得用来触碰食物，因为他们认为左手是不洁的。印度人很重视身份，若身份不同或所属阶级有异，就不能同席共桌吃饭。

3. 服饰礼俗 印度妇女的服装比较艳丽，纱丽是她们最钟爱的传统服装，最早的纱丽只是在宗教仪式时穿，后来逐渐演变成妇女的普通装束。此外，印度妇女还有一种服饰比较普遍：上衣比较宽松，长至膝部，叫“古尔蒂”，下身是紧身的裤子，叫“瑟尔瓦”，再加上一条纱巾往脖子上一围，长长地向后飘去。印度男子平常大多身穿长衫和宽松的围裤，头上缠有厚厚的头巾。长衫一般长不过膝，头巾长达几米。不过在城市里，男子服装已经趋于西化，西装是男子最为普遍的服装。在一些较正式又要求体现民族特点的场合，印度男子多穿“尼赫鲁服”。首饰在印度人生活中很重要，男女都喜欢佩金戴银。

4. 主要喜好与禁忌 印度人普爱绿色，认为其是吉祥的色彩，象征着春天和新生。他们对蓝孔雀十分崇拜，将其视作吉祥、如意、幸福的象征。他们还非常尊敬牛，印度教徒把牛奉为神明，每逢饭前都要先敬牛。不要在有牛的地方照相。印度人禁止穿戴皮革制品，特别是在圣地。进入印度的庙宇或清真寺，要脱去鞋子，要跨过门槛而不能踩着门槛而过。3 和 13 是忌数。忌用左手递接东西。头是印度人身体上最神圣的部分，不可直接触摸他们的头部，尤其是不可以拍孩子的头部。忌讳弯月图案，忌讳送人百合花。赴印度经商，要注意印度人每逢节假日一般都不再进行各种商务活动。

（四）新加坡的礼俗

1. 交际习俗 在社交场合，新加坡与他人所行的见面礼节多为握手礼。由于新加坡政府注重保护环境，注重保护各民族的传统，因此新加坡的礼仪与习俗也呈现出多元化的特点。如，社交活动中，华人往往习惯于拱手作揖或者行鞠躬礼，而马来人则大多采用其本民族传统的“摸手礼”。跟新加坡人打交道时，最明智的做法不仅是要“入国而问禁”，而且要牢记“遇人而问俗”。在待人接物方面，新加坡人特别强调笑脸迎客、彬彬有礼。

2. 餐饮礼俗 由于新加坡多为华人，因此他们在饮食习惯上与中国人可以说是大同小异，中餐通常是他们的最佳选择。新加坡华人因为籍贯方面的缘故，口味喜欢清淡，偏爱甜味，讲究营养，平日爱吃米饭和各种生猛海鲜，不太喜欢吃面食。粤菜、闽菜和上海菜，都很受他们的欢迎。马来人忌食猪肉、狗肉、自死之物和动物的血，不吃贝壳类动物，并且不饮酒。印度人则绝对不吃牛肉。在用餐时，不论是马来人还是印度人都不用刀叉、筷子，而惯于用右手直接抓取食物，但是，他们绝对忌用左手取用食物。

3. 服饰礼俗 在商务交往中，新加坡人的着装非常讲究，男子一般要穿白色长袖衬衫和深色西裤，并且打上领带；女子则穿套装或深色长裙。在对外交往中，新加坡人则大多按照国际惯例要穿深色的西装或套裙，并穿皮鞋。在日常生活中，不同民族的新加坡人穿着打扮往往各具其民族特色。在许多公共场所，穿着过分随便者往往会被禁止入内。在国家庆典和其他一些隆重的场合，新加坡人喜欢穿自己的国服。新加坡人的国服，是一种以胡姬花作为图案的服装。

4. 主要喜好与禁忌 绝大多数新加坡人都非常喜欢红色，认为是庄严、热烈、喜庆、吉祥的象征；对白色也普遍看好，视之为纯洁与美德的象征。黑色、紫色则不为新加坡人所欢迎，认为不吉利。日常生活里，新加坡华人对传统民俗非常讲究，吉祥字、吉祥画在他们周围随处可见。最受他们喜爱的吉祥字有“囍”“福”“吉”“鱼”等，最受欢迎的吉祥画有表示“平安”的“苹果”，表示“和平”的“荷花”，表示“力量”的“竹子”等。忌说“恭喜发财”，认为“发财”两字含有“横财”之意，“横财”就是不义之财。在公共场合不准吸烟、吐痰和随地乱扔废弃物品，否则必受处罚。

即学即练

答案解析

假设公司组织去新马泰考察，面对新加坡严厉的环境卫生处罚制度，你觉得可取的态度是什么？（ ）

A. 尊重　B. 努力适应　C. 藐视　D. 不予理睬

（五）印度尼西亚的礼俗

1. 交际习俗 印尼人和善，易接近，讲究态度谦虚，与人相见彼此握手为礼，有时会采用传统的见面礼：用右手按住自己的胸口，然后互相问好。印尼人最喜欢笑，也喜欢开玩笑，他们认为笑口常开是社交上的一种礼貌，与印尼人的相处之道是不可愁眉苦脸。在印尼人与人之间有相互打招呼的习惯，即使是对陌生人也是如此。加深与印尼人的交情，还必须记住的一点是，印尼人喜欢客人到他们的家中做客访问。商业谈判，如果选择在印尼人的家中进行，是再好不过的事，这可以消除主客之间的隔阂，交易洽谈的效果更佳。在与印尼人进行商务交往时，通常不要询问印尼人的姓名，因为他们的姓名有长有短，其长度往往与他们的富裕程度成正比，最好以其正式头衔相称，采用“先生”“小姐”“夫人”等西式称呼也是可行的。印尼人特别注重送名片，初次见面，客人就应该把自己的名片送给主人，否则会受到主人长时间的冷遇，递送名片时不可单用左手，应用右手或者双手递送。拜访印尼商人，应酌情向其赠送一些价值不太高的礼品，如化妆品、T恤衫、水果、鲜花等，不要送酒类物品，而且人们接受礼品是不能当场打开包装的。主人若有馈赠，应亲切有礼地接受，因为推却不受是不礼貌的。印尼商人做决定甚慢，业务谈判一般都很长，为求好结果，最好准备停留一周以上。去拜访印度尼西亚人的家，如果家里铺着地毯，进屋前要把鞋脱掉，进入圣地特别是清真寺，则一定要脱鞋。就坐时双脚交叉也是不允许的，坐下后双脚最好平放在地面上，千万不要翘起脚来，尤其是不要用脚底或脚尖朝向他们。

2. 餐饮礼俗 印尼人以大米为主食。由于印尼人绝大部分信仰伊斯兰教，所以大部分印尼人不吃猪肉，而是吃牛羊肉和鱼虾之类。印尼人吃饭不用筷子，而是用勺和叉子，有时也喜欢用手抓饭。用餐时用右手抓取食物，绝对不用左手取食。因为天气热，印尼人一般不喜欢吃热饭、热菜，不喝很烫的汤。饭后有喝咖啡或茶的习惯，喝时一般都加糖。

3. 服饰礼俗 印尼人的穿着打扮属于朴素保守型，讲究干净整洁。印尼男子在外出或参加庆典时，腰间总要挂着一把精致而漂亮的名为“格里斯”的短剑，在商务活动中，最好不要去触摸“格里斯”，印尼人认为这是一种极为不恭的行为。在印尼进行商务访问，一般应穿白衬衫，打领带和着长裤，女子一般穿套裙，如果是访问政府办公机关应穿正式西装。

4. 主要喜好与禁忌 在印度尼西亚人看来，人的头部神圣不可冒犯。因此与印尼人打交道时，务必要对对方的头部敬而远之，特别是千万不要抚摸印尼小孩的头部，在印尼人眼里，这样做是一种侮辱和伤害。印度尼西亚尼的伊斯兰教徒忌食猪肉和猪制品，忌饮烈性酒。去参观庙宇或清真寺，不能穿短裤、无袖服、背心或裸露的衣服。进入任何神圣的地方，一定要脱鞋。男士对女伊斯兰教徒（一般戴面纱者）不要主动伸手要求握手。招呼人时忌讳随便用手、尤其是用食指示意，那是对人的不敬。与印尼人交谈应避开政治，宗教等话题。印尼人有敬蛇之习，将蛇视为智慧、本领、德性的象征；对乌龟特别忌讳，认为乌龟是一种令人厌恶的低级动物；也忌讳老鼠，认为老鼠是一种害人的动物。印尼是一个多民族的国家，很多民族有自己的特殊喜好与禁忌。

（六）沙特阿拉伯的礼俗

1. 交际习俗 在人际交往中，沙特阿拉伯人大都表现得热情友好，落落大方。沙特阿拉伯人打招呼的礼仪很讲究，见面时首先互相问候，说："撒拉姆，阿拉库姆（您好）"，然后握手并说："凯伊夫·哈拉克（身体好）"。有的沙特人会伸出左手放在对方右肩并吻双颊。沙特阿拉伯男子习惯拉着朋友的手在路上走，认为这是双方关系亲密友好的表示。由于受伊斯兰教教规的限制，沙特阿拉伯的妇女极少有人在外面抛头露面，并且不允许与异性进行接触。在遇到沙特阿拉伯的妇女时，自己如果是一位男士的话，要注意不要主动上前对其问候和行礼。与沙特阿拉伯男子打交道时，也不要问候其妻子或恋人，更不要向她们赠送礼物。作为客人，在沙特阿拉伯人家里主人劝你喝咖啡是不可不喝的，而且喝咖啡最好一饮而尽，才是礼貌之举。如不想再喝，可将小盅左右一摇，主人便知。在公共场合，沙特阿拉伯人主张"男女授受不亲"。不论坐车、乘电梯，还是上银行，男女往往是需要各自分开的。在与沙特阿拉伯人交谈时，不要谈及中东政治、宗教矛盾、女权运动和石油政策等。商务会面须先预约，但沙特人松散不守时。在洽谈业务时，沙特人员常被来往人员打断，他们认为这是"家庭"的延伸，不认为是失礼。伊斯兰教是国教，穆斯林每天五次祈祷，一到这个时间，所有工作停止，大家一齐跪下朝麦加方向朝拜。在斋月，午后不办公。星期五是伊斯兰教的圣日——"聚礼日"，一切商务活动停止。

2. 餐饮礼俗 沙特阿拉伯人以牛、羊为上品，忌食猪肉及有贝壳的海鲜和无鳞鱼。每日习惯两餐，平时以玉米、大饼和手抓饭为主食，上层人士则常吃西餐。喜欢喝茶和咖啡。

3. 服饰礼俗 沙特阿拉伯男子通常穿的是长袖、高领、镶里子的外套，头上戴白头巾，用黑色绳圈压着。女子的传统服装是身裹长袍、头戴面纱，头发和皮肤不能外露，只露出两只眼睛。

4. 主要喜好与禁忌 沙特阿拉伯人崇拜白色、蓝色和绿色，因为认为它们分别代表纯洁、生命和希望，是吉祥之色，忌用黄色。沙特阿拉伯人认为，娱乐会令人堕落，所以不要与其谈论休闲、娱乐。在沙特，无酒、无电影、无夜总会，市面虽有香烟出售，但不能在公共场合、街上及主人宴会上抽烟。不要在沙特拍摄宗教过程的照片，更不要给妇女拍照。在沙特庆祝圣诞节、做圣诞树都是禁忌。忌讳烈性酒和带有动物图案的礼品。沙特阿拉伯人忌用左手递送东西，厌恶别人用眼睛盯着自己。沙特阿拉伯人是不下国际象棋的，因为他们认为那种玩法是对国王有失恭敬。

二、欧美地区主要国家的礼俗

（一）美国的礼俗

1. 交际习俗 美国人以不拘小节、自由自在著称。美国人的见面礼非常简单，通常是点头微笑致意，礼貌地打招呼就行了，即使是初次见面，也不一定要握手。亲吻礼只限于特别亲近的人之间，且只吻面颊。分手时也习惯挥挥手，说声“明天见”“再见”。如果别人向他们行礼，他们会用相应的礼节作答，如握手、点头、行注目礼等。美国人只在正式场合行握手礼。介绍后握手需简短有力。在公共场合，女士会主动伸手（其他场合则不一定），女士先伸手，男士才能握住女士的手。若女士无意握手，则男士应点头或鞠躬致意。与女士握手不可太紧。握手前应脱手套，来不及脱应向对方致歉。美国人很少用正式的头衔来称呼别人。他们喜欢别人直接叫自己的名字，视为亲切友好的表示。正式头衔尤其是行政职务一般只用于法官、军官、医生、教授、宗教界领袖等人物。美国人谈话时不喜欢双方离得太近，习惯于两人的身体保持120~150cm之间，最少也不得小于50cm。美国人的时间观念很强，约会一定要事先约定，并且准时赴约。

2. 餐饮礼俗 美国人口味清淡，强调营养搭配、方便实惠。汉堡包是美国人日常食用的食品。美国人不爱吃肥肉，不吃清蒸和红烧的食品，讨厌奇形怪状的食品，如鸡爪、鳝鱼、猪蹄等。美国人用餐时，不允许发出声响，不允许替他人取菜，不允许吸烟，不允许劝酒，不允许当众脱衣解带，不允许议论令人作呕之事。

3. 服饰礼俗 美国人平时的穿着打扮不太讲究，崇尚自然，偏爱宽松，讲究着装体现个性。但在正式场合，美国人非常讲究服饰，注重整洁，衬衣、袜子、领带必然是每天一换。穿肮脏、折皱、有异味的衣服，在美国是被人看不起的。在一般的商务活动场合，最好身着质地好的西服套装。女士最好不要穿黑色皮裙，切忌浓妆艳抹，更不要在大庭广众之前化妆补妆，这在美国是被视为缺乏教养的行为。

4. 主要喜好与禁忌 写信几乎是每个美国人的嗜好，是生活中不可缺少的事情。美国人一般比较喜欢浅淡的颜色，喜爱白色，忌讳黑色。忌讳数字13和星期五。忌讳蝙蝠图案，也不喜欢我国的山水和仕女图案，以及镰刀、锤子之类的图案。美国人偏爱白头鹰和白猫的图案。因为在美国有“瘦富胖穷”的说法，见面时不要对美国人说：“你胖了”。

（二）英国的礼俗

1. 交际习俗 英国被视为是严肃而又有绅士风度的国家。待人接物上讲究含蓄和距离，人际交往中崇尚宽容和容忍，在正式场合注重礼节和风度。见面时的称呼遵照传统的礼仪习惯：年长的英国人喜欢别人称他们的世袭头衔或荣誉头衔，对尊长、上级、不熟的人用尊称，在对方姓名之前要冠以职称、衔称或先生、女士、夫人、小姐、阁下等称呼，亲友和熟人之间常用昵称，以示亲切。对初次相识的人行握手礼。与英国人刚认识就与其滔滔不绝地高谈阔论，会被认为是失礼。英国人与人相见应酬话很少，往往以读报来避免与人寒暄。天气、动物是英国人最普遍的话题，也是熟人间互相致意的客套。英国人有很强的时间观念，他们不喜欢突然到访，更反感约会迟到或随意占用晚上的私人时间。英国人谈话时彼此之间要保持一米左右的距离。

2. 餐饮礼俗 英国人的饮食习惯是一日四餐，即早餐、午餐、午茶餐和晚餐。英国人口味清淡、酥香、鲜嫩，不喜欢吃带粘汁和辣味的菜。他们每餐都吃水果，夏季爱吃各种果冻和冰淇淋，冬天则爱吃蒸的补丁。他们进餐时喝酒，爱喝葡萄酒、香槟酒、冰过的威士忌等。英国人爱喝牛奶，也喜欢喝茶，但喝茶的习惯不同于中国：一是比较定时，一般在上午10时左右和下午4~5时喝茶；二是不喝清茶，先要在杯中倒入冷牛奶，然后冲茶，有的还放糖，若先倒茶后倒奶会被认为缺少教养。英国人吃东西比较节制，狼吞虎咽或打饱嗝等都被认为是失礼行为。他们讲究座次排列，就餐时，对服饰、用餐方式等都有规定。

3. 服饰礼俗 英国人的仪表整洁、服饰得体。穿着因时而异。在交际应酬中英国人最讲究“绅士风度”和“淑女风范”。在参加宴会时，男士要穿燕尾服，头戴高筒礼帽，手持“文明棍”或雨伞；女士穿礼服。在正式场合，男士穿三件套的西装，女士穿深色套裙或素雅的连衣裙，庄重、肃穆的黑色服装往往是英国人优先的选择。参加正式的宴会时，忌打带条纹的领带；忌系长衬衫袖口的纽扣；忌浅色皮鞋配深色西服；忌穿着凉鞋。大多数妇女至今保持着在公关场所戴帽子的传统习惯。

4. 主要喜好与禁忌　英国人比较喜欢蓝色和白色，反感墨绿色。忌讳“13”“3”和“星期五”。不喜欢我国的山水、仕女和大红花朵图案。不喜欢用动物图案作商标，尤其讨厌山羊、大象、黑猫、孔雀。忌送百合花。忌讳随便将任何英国人都称为英国人，一般将英国人称为“不列颠人”或具体称为“英格兰人”“苏格兰人”等。注意在给英国人点烟时，不能连续给三人点。

（三）法国的礼俗

1. 交际习俗　法国人爱好社交，善于交际。他们在人际交往中大都爽朗热情，善于雄辩，高谈阔论，好开玩笑，讨厌不爱讲话的人，对愁眉苦脸者难以接受。法国人渴求自由，习惯“迟到”。和法国人约会必须事先约定时间，准时赴约是有礼貌的表示，但不要提前，同时也要对他们可能的姗姗来迟事先有所准备。在人际交往中，法国人所采取的礼节主要有握手礼、拥抱礼和吻面礼。与女士握手时，一定要等其先伸手，她们可戴着手套，而男士一定要摘下手套，无论在何处，男士都要让女士先行。与法国人初次见面，一般不需送礼，第二次见面时，则必须送点礼物，否则会被认为是失礼。法国人对礼物十分看重，有特别的讲究。宜选择具有艺术品味和纪念意义的物品，不宜选择刀、剑、剪、餐具或是带有明显的广告标志的物品，也不宜选择表示过于亲密的礼品，如不能以香水作为礼物送给女士。接受礼品时若不当着送礼者的面打开包装，则是一种无礼的表现。

2. 餐饮礼俗　作为举世皆知的世界三大烹饪王国之一，法国人十分讲究饮食。用料讲究，花色品种繁多，其特点是香浓味厚、鲜嫩味美，注重色、形和营养。在西餐之中，法国菜可以说是最讲究的。法国人爱吃面食，面包的种类很多。法国的奶酪世界闻名，是法国人餐桌上必不可少的食品，他们大多爱吃奶酪。在肉食方面，他们爱吃牛肉、猪肉、鸡肉、鱼子酱、鹅肝，不吃肥肉、宠物、肝脏之外的动物内脏、无鳞鱼和带刺骨的鱼。法国人特别善饮，他们几乎餐餐必喝，而且讲究在餐桌上要以不同品种的酒水搭配不同的菜肴。除酒水之外，法国人平时还爱喝生水和咖啡。法国人用餐时，两手允许放在餐桌上，但却不许将两肘支在桌子上，在放下刀叉时，他们习惯于将其一半放在碟子上，一半放在餐桌上。

3. 服饰礼俗　法国人对于衣饰的讲究，在世界上是最为有名的。在正式场合，法国人通常要穿西装、套裙或连衣裙，颜色多为蓝色、灰色或黑色，质地多为纯毛。出席庆典仪式时一般要穿礼服。男士所穿的多为配以蝴蝶结的燕尾服或黑色西装套装，女士所穿的多为连衣裙式的单色大礼服或小礼服。对于穿着打扮，法国人认为重在搭配是否得法。在选择发型、手袋、帽子、鞋子、手表、眼镜时，都十分强调使之与自己着装协调一致。

4. 主要喜好与禁忌　法国人生活中离不开花，特别是探亲访友、应约赴会时，总要带上一束美丽的鲜花。对于菊花、牡丹、杜鹃、水仙、康乃馨、金盏花和纸花等，一般不宜随意送给法国人。法国人比较喜欢蓝色、白色、红色而忌讳黄色与墨绿色。忌讳数字“13”和“星期五”。法国人对类似纳粹的任何图案都极为反感，也不喜欢在商品和包装上出现宗教性的标志图案和锤子、镰刀图案。

（四）德国的礼俗

1. 交际习俗　德国人对于任何事情、工作总是一丝不苟，在公开场合注重礼仪，讲究风度。和德国人交流的时候基本上不会看见他们皱眉头等漫不经心的动作，因为德国人对自己的一些小动作很克制，认为这些动作是对客人的不尊重，也是自身缺乏友善和教养的表现。德国人在社交场合和他人会面的时候基本上行握手礼。如果是遇到熟人、朋友或者是家人的话，通常是行拥抱礼。和客人交流的时候，更喜欢称呼对方的头衔，但是大多数德国人不喜欢别人的恭维。如果你和对方刚认识的话除非他说可以直接称呼其名字，否则不宜直呼其名。德国人拥有很强的时间观念，所以只要是约定的时间的话就必须要及时到达，不管是迟到或者是太早到的话都被看作是不礼貌的行为。

2. 餐饮礼俗 德国人是十分讲究饮食的。德国人最爱吃猪肉，其次才能轮到牛肉。德国人喜油腻之物。外出用餐时，德国人很爱选择自助餐。德国人在用餐时注重以右为上和女士优先的原则。德国人十分重视就餐时的坐姿，始终保持上身笔直，两臂尽量贴近身体，一般只有手腕以上部分在桌面上。德国人在举办宴会的时候通常两周前发出请帖。他们用餐讲究餐具的质量和齐备。宴请宾客时，桌子上摆满了各种的酒杯盘子，在刀叉的使用上有个很特别的地方，那就是吃鱼的刀叉是不可以用来吃别的食物的。

3. 服饰礼俗 德国人在服饰方面不喜欢太过花哨，所有的衣服都非常的注重整洁，如果是穿西装的话一定要系领带。参加宴会或者是去剧院等正式场合的时候，男士多穿深色礼服，女士则穿长裙。在德国的东部地区，如果是已婚人士，出门在外多佩戴金质戒指。

4. 主要喜好与禁忌 在颜色方面，德国人不喜欢使用茶色、红色或深蓝色。不宜随意以玫瑰或蔷薇送人，前者表示求爱，后者则专用于悼亡。向德国人赠送礼品时，不宜选择刀、剑、剪、餐刀和餐叉。以褐色、白色、黑色的包装纸和彩带包装、捆扎礼品，也是不允许的。饮食上忌食核桃。忌讳数字13和星期五。和他们交流的时候不要讨论打垒球、篮球或美国式的橄榄球，如果不知道要谈及哪些内容的话，建议大家可以谈谈德国的原野、个人的业余爱好等其他的一些类似于足球等体育项目。

（五）俄罗斯的礼俗

1. 交际习俗 在人际交往中，俄罗斯人素来以热情、豪放、勇敢、耿直而著称于世。在交际场合，俄罗斯人惯于和初次会面的人行握手礼，但对于熟悉的人，尤其是在久别重逢时，他们则大多要与对方热情拥抱。在迎接贵宾之时，俄罗斯人通常会向对方献上“面包和盐”，这是给予对方的一种极高的礼遇，来宾必须对其欣然笑纳。在称呼方面，在正式场合他们也采用“先生”“小姐”“夫人”之类的称呼。在俄罗斯，人们非常看重人的社会地位，因此对有职务、学衔、军衔的人，最好以其职务、学衔、军衔相称。依照俄罗斯民俗，在用姓名称呼俄罗斯人时，可按彼此之间的不同关系，具体采用不同的方法。只有与初次见面之人打交道时，或是在极为正规的场合，才有必要将俄罗斯人的姓名的三个部分连在一道称呼。接待客人时，俄罗斯人经常使用“您”字，表示尊敬和客气，而亲友之间往往以“你”字相称，这样显得更加随便。外出时，他们非常注重仪容仪表，衣扣要扣得完整，男子一定要把胡子刮净。赴约准时。俄罗斯人讲究“女士优先”，在公共场合里，男士往往自觉地充当“护花使者”。不尊重妇女，到处都会遭以白眼。

2. 餐饮礼俗 在饮食习惯上，俄罗斯人讲究量大实惠，油大味厚。他们喜欢酸、辣、咸味，偏爱炸、煎、烤、炒的食物，尤其爱吃冷菜。一般而论，俄罗斯以面食为主，他们很爱吃用黑麦烤制的黑面包。除黑面包之外，俄罗斯人大名远扬的特色食品还有鱼子酱、酸黄瓜、酸牛奶等。吃水果时，他们多不削皮。俄罗斯人很能喝冷饮。具有该国特色的烈酒伏特加，是他们最爱喝的酒，此外，他们还喜欢喝一种叫“格瓦斯”的饮料。用餐之时，俄罗斯人多用刀叉。他们忌讳用餐发出声响，并且不能用匙直接饮茶，或让其直立于杯中。通常，他们吃饭时只用盘子，而不用碗。参加俄罗斯人的宴请时，宜对其菜肴加以称道，并且尽量多吃一些，俄罗斯人将手放在喉部，一般表示已经吃饱。

3. 服饰礼俗　俄罗斯人大都讲究仪表，注重服饰。在俄罗斯民间，已婚妇女必须戴头巾，并以白色的为主；未婚姑娘则不戴头巾，但常戴帽子。在城市，俄罗斯目前多穿西装或套裙，俄罗斯妇女往往还要穿一条连衣裙。拜访俄罗斯人时，进门之后务请立即自觉地脱下外套、手套和帽子，并且摘下墨镜。

4. 主要喜好与禁忌　在俄罗斯，被视为“光明象征”的向日葵最受人们喜爱，它被称为“太阳花”，并被定为国花，拜访俄罗斯人时，送给女士的鲜花宜为单数。俄罗斯人大多数喜爱红色，视红色为美丽和吉祥的象征，认为黑色是丧葬的代表色。最偏爱数字7，认为它是成功、美满的预兆，忌讳13与“星期五”。非常崇拜盐和马。俄罗斯人主张“左主凶，右主吉”，因此，他们不允许以左手接触别人或以之递送物品。俄罗斯人忌讳的话题有：政治矛盾、经济难题、宗教矛盾、民族纠纷、前苏联解体、阿富汗战争，以及大国地位问题。

知识链接

西方文化在社交礼俗上的表现

1. 时间观念很强，日程安排很紧凑　拜会和约请西方人一定要提前预约，预约时间通常在一周以上。没有预约的造访或临时约请往往会遭到拒绝。每个职业人士对于工作时间和个人时间都有严格的区分。

2. 对待赞美　喜形于色，总是用“Thank you”来应对他人的赞美。

3. 待客和做客　无论主人客人，都非常直率，无需客套。

4. 礼品馈赠　尽管节日、生日、拜访时常常向亲友赠送礼物，但并不太重视礼尚往来。喜欢馈赠小礼物，一般不看重礼品价值，认为送礼不是满足对方某种需求而仅仅是为了表达感情。

5. 非常注重私人空间（拉美人除外）　即使在公共场所，大家都会非常自觉地为对方留出一定的私人空间。

三、大洋洲和非洲地区主要国家的礼俗

（一）澳大利亚的礼俗

1. 交际习俗　澳大利亚人在人际交往中呈现出第一个基本特点，即“亦英亦美”，以英为主。在澳大利亚，同时生活着许多民族，在一定程度上保留了本民族的传统礼仪与习俗，因此，澳大利亚的社交礼仪便形成了第二个基本特点，即兼容并包，多姿多彩。澳大利亚人见面时所行的既有拥抱礼、亲吻礼，也有合十礼、鞠躬礼、握手礼、拱手礼、点头礼，可谓五光十色。土著居民在见面时所行的勾指礼，就极具特色，即相见的双方各自伸出手来，令双方的中指紧紧勾住，然后再轻轻往自己身边一拉，以示相亲、相敬。澳大利亚人普遍乐于同他人进行交往，并且表现得质朴、开朗、热情，过分地客套或做作，均会令他们不快。在公共场合，他们爱跟陌生人打招呼、聊天，并且爱请别人到自己家里做客。在第一次见面或谈话时，通常互相要称呼为“先生”“夫人”或“小姐”，熟悉之后就直呼其名。初次见面不要直接询问个人问题，如年龄、婚姻、收入等，特别不要问原国籍的问题。他们很注重礼貌修养，说话总习惯轻声细语，很少大声喧哗。在他们眼里，高声喊叫是一种不文明的粗野行为。时间观念强，赴约准时并珍惜时间。

2. 餐饮礼俗 澳大利亚人的饮食习惯、口味和英国人差不多。口味清淡，不喜油腻，忌食辣味。有不少的澳大利亚人还不吃味道酸的东西。澳大利亚人大都爱吃牛肉、羊肉，对于鸡肉、鱼肉、禽蛋也比较爱吃。他们的主食是面包，爱喝的饮料则有牛奶、咖啡、啤酒与矿泉水等。澳大利亚人不吃狗肉、猫肉、蛇肉、动物的内脏与其头、爪。对于加了味精的食物，他们也十分厌恶，他们认为味精好似“毒药”，令人作呕。在用餐时，澳大利亚人是使用刀、叉的，吃饭时要注意西方的餐桌礼仪。在有些地方，如在达尔文市，人们外出用餐时必须衣冠楚楚，否则，将被禁止入内。平时，澳大利亚人还很爱外出野餐，并以烧烤为主。澳大利亚土著居民目前大多数不会耕种粮食、饲养家畜，他们靠猎渔为生，并且经常采食野果。他们的食物品种甚多，制作方法往往也各具特色。在进食的时候，他们经常生食，并且习惯于用手抓食。

3. 服饰礼俗 澳大利亚人除了在极为正式的场合穿西装、套裙之外，平时一般穿着T恤、短裤，或者牛仔装、夹克衫。由于阳光强烈，他们在出门时，通常喜欢戴上一顶棒球帽来遮挡阳光。在澳大利亚的达尔文市，当地居民的穿着自成一体，他们在正式场合一定要穿衬衫、短裤和长袜。这种穿法，当地人叫做“达尔文装”。澳大利亚的土著居民平时习惯于赤身裸体，至多在腰上扎上一块围布遮羞而已。但他们通常要佩戴额箍、鼻针、臂环、项圈等多种饰物，有时他们还会在身上扎上一些羽毛，并且涂上各种颜色。

4. 主要喜好与禁忌 金合欢花与桉树，分别是澳大利亚的国花和国树，被视为澳大利亚的象征。澳大利亚人最喜爱的动物是袋鼠与琴鸟，前者被澳大利亚人视为澳洲大陆最早的主人，后者是澳大利亚的国鸟。他们认为，兔子是一种不吉利的动物，碰到了兔子，可能是厄运将临的预兆。蛋白石，是澳大利亚人珍爱的一种宝石，同时也是该国的国石。受基督教的影响，澳大利亚人对“13”与“星期五"极为反感。议论种族、宗教、工会和私生活以及等级、地位问题，最令澳大利亚人不满。和他们谈论跑马，是非常受欢迎的话题。澳大利亚的基督教徒有“周日做礼拜”的习惯，要避免在这天和他们邀约。

（二）埃及的礼俗

1. 交际习俗 在人际交往中，埃及人所采用的见面礼节，主要是握手礼。与其他伊斯兰教国家的人士打交道时的禁忌相同，同埃及人握手时，最重要的是忌用左手。除握手礼之外，埃及人在某些场合还会使用拥抱或亲吻礼。埃及人所采用的亲吻礼，往往会因为交往对象的不同，而采用亲吻不同部位的具体方式。其中最常见的形式有三种。一是吻面礼，它一般用于亲友之间，尤其是女性之间；二是吻手礼，它是向尊长表示敬意或是向恩人致谢时用的；三是飞吻礼，它则多见于情侣之间。埃及人在社交活动中，根据交往对象行过见面礼节后，往往要双方互致问候，“祝你平安”“真主保佑你”“早上好”“晚上好”等都是他们常用的问候语。在打招呼或问候时，埃及人讲究年轻者要首先问候年长者，位低者要首先问候位高者，步行者要首先问候骑乘者，一个人要首先问候多数人。为了表示亲密，埃及人只要当时有时间，问候交往对象时，往往会不厌其烦。除个人隐私问题之外，当时所能想到的人和事，他们几乎都会一一不漏地问候一遍。他们的这种客套，有时会长达几分钟，甚至十几分钟。与埃及人打交道时，除了可以采用国际上通行的称呼，倘若能够酌情使用一些阿拉伯语的尊称，通常会令埃及人更加开心。埃及人非常好客，贵客临门，会令其十分愉快。去埃及人家里做客时，应注意事先需预约，并要以主人方便为宜，通常在晚上六点以后以及斋月期间不宜进行拜访；按惯例，穆斯林家里的女性，尤其是女主人是不待客的，故切勿对其打听或问候；就座之后，切勿将足底朝外，更不要朝向对方 。

2. 餐饮礼俗 埃及人的主食有米饭，面包等，荤菜有牛肉、羊肉，素菜有洋葱，黄瓜等，喜欢吃大蒜和洋葱。当地人就餐前一般都要说：以大慈大悲真主的名义。在正式用餐时，忌讳交谈，否则会被认为是对神的亵渎行为。遵守伊斯兰教教规，忌讳喝酒，喜欢喝红茶。忌吃猪、狗肉，不吃虾、蟹等海味、动物内脏（肝除外）、鳝鱼、甲鱼等。

3. 服饰礼俗 埃及的传统服装是阿拉伯大袍，在农村不论男女仍以穿大袍者为多，城市贫民也有不少是以大袍加身。在大中城市埃及人的打扮已与国际接轨，但是老年人着装较为保守，奇装异服通常不问津。当地妇女喜欢戴耳环手镯等。在一些边远地区，女子外出还保留着蒙面纱的习俗。穿背心、短裤和超短裙严禁到清真寺。

4. 主要喜好与禁忌 埃及人喜欢绿色和白色，讨厌黑色和蓝色。喜欢金字塔形莲花图案。“针”为其特有的忌讳物与忌讳语。喜欢数字 5 和 7，忌讳 13。不要与其谈论宗教纠纷、中东政局及男女关系。注意如果送礼品给埃及朋友一定记住，图案千万不要是星星、猪、狗、猫及熊猫的图案。

目标检测

答案解析

一、选择题（1～5 题为单项选择，6～10 题为多项选择）

1. 在涉外交往中，在外国人面前我们表现出谨慎但不拘束，主动但不盲动，而且虚心学习他国长处，尊重他国风俗习惯，体现的涉外商务礼仪原则是（　　）

A. 维护形象　　B. 求同存异　　C. 入乡随俗　　D. 不卑不亢

2. 涉外商务交往中，介绍是重要的礼节，关于介绍礼仪，以下错误的是（　　）

A. 遇到自己不认识的人不能不打招呼转身走开，应马上先作自我介绍

B. 自我介绍应包括本人工作单位、所属部门、职务和姓名

C. 向职位高者介绍职位低者

D. 向后来者介绍先来者

3. 下列说法中符合印度餐饮礼俗的是（　　）

A. 食物很少出现鸡肉，肉以牛肉和猪肉为主　　B. 吃饭用左手抓取食物

C. 身份不同不能同席共桌一起吃饭　　D. 做菜喜欢清淡口味

4. 约会习惯“迟到”的国家是（　　）

A. 英国　　B. 法国　　C. 美国　　D. 德国

5. 下列说法中符合法国交际习俗的是（　　）

A. 和法国人约会必须事先约定时间，而且要提前赴约

B. 与法国人初次见面需要送礼

C. 可以送香水给女士

D. 讨厌不爱讲话的人

6. 下列说法中符合日本人禁忌的是（　　）

A. 不喜欢乌龟　　B. 忌荷花图案　　C. 忌数字 4 和 9　　D. 忌三人合影

7. 下列说法中符合韩国礼俗的是（　　）

A. 见面时的传统礼节是鞠躬　　B. 男女一同就座时，女子应自动坐在下座

C. 用餐时可以进行交谈　　D. 用餐时不可先于长者动筷

8. 下列说法中符合新加坡礼俗的是（　　）

A. 与他人所行的见面礼节多为握手礼　　B. 礼俗呈现多元化特点

C. 待人接物强调笑脸迎客、彬彬有礼　　D. 公共场合穿着过分随便者会被禁止入内

9. 下列说法中符合美国人禁忌的是（　　）

A. 忌讳白色　　B. 忌讳白头鹰和白猫图案

C. 忌讳数字 13 和星期五　　D. 不喜欢我国山水和仕女图案

10. 下列说法中符合澳大利亚礼俗的是（　　）

A. 不爱跟陌生人打招呼、聊天　　B. 时间观念强，赴约准时

C. 说话习惯轻声细语，很少大声喧哗　　D. 喜欢吃辣味

三、综合问答题

1. 涉外商务活动中应遵守的礼仪基本原则有哪些？
2. 如何理解“女士优先”？
3. 依照国际商务交往惯例，在商务会面中，最正式的称呼主要有哪几种？

四、案例分析

案例　王经理是某医药公司的负责人，携秘书张小姐一行到沙特阿拉伯参加商务洽谈。在正式拜访对方公司的时候，恰巧遇上他们祷告时间，没有马上受到接待，以办事效率高而闻名的王经理感到非常不满。当晚东道主特意举行晚宴招待王经理一行。王经理等男士穿西服正装，秘书张小姐穿着黄色无袖旗袍。当东道主见到他们时，表情异常。为表示敬意，主人向每一位中国来宾递上饮料，当习惯使用左手的王经理很自然地伸出左手接饮料时，主人立刻面露愠色，直接将饮料放在了桌上。

分析：王经理一行有哪些失礼行为？

拟实训

容：

论是涉外交往礼仪还是涉外商务礼仪都要求多用礼貌用语。例如：“Excuse me，may I ask you a uestion? 打扰了，我能问您一个问题吗？”假设：你想让对方帮你往墙上挂一下照片，并在之后对其表示感谢。你应该怎么表述？

. 公司即将接待一位来自印度的合作方经理，谈谈你对接待方案的初步设想。

3. 如果你的办公室来了一位英国女士，作为一位男士，试演示你在陪同过程中应该注意的礼俗细节。

实训要求：

1. 学生分组，4 ~6 人一组，小组成员根据角色分工，按照要求准备。
2. 根据上述描述，各小组学生自行设计场景，分不同角色进行模拟演练。
3. 各小组演示完毕，派代表做知识点的运用说明。
4. 指导教师和旁观学生观看，并及时进行点评和指导。

书网融合……

知识回顾　　微课　　习题

参考文献

[1] 张丽，位汶军．实用医药商务礼仪［M］．3版．北京：中国医药科技出版社，2017.
[2] 金正昆．商务礼仪教程［M］．5版．北京：中国人民大学出版社，2016.
[3] 张岩松，王琳．现代礼仪教程［M］．2版．大连：大连理工大学出版社，2019.
[4] 李娜，杨志慧．现代礼仪教程［M］．广州：华南理工大学出版社，2018.
[5] 朱力．商务礼仪［M］．北京：清华大学出版社，2016.
[6] 黄建武，万婷，张荻．现代商务礼仪［M］．北京：北京邮电大学出版社，2021.
[7] 奚锦芝，孔令俭．护理礼仪与人际沟通［M］．北京：中国中医药出版社，2015.
[8] 徐涛．涉外商务礼仪［M］．北京：中国商务出版社，2015.
[9] 叶明．商务礼仪基于国际视野［M］．北京：清华大学出版社，2015.
[10] 张浩．行政办公室文秘协作必备全书［M］．北京：北京工业大学出版社，2011.